학교를 말한다

30년 현직교사의 교직사회에 대한
통절한 반성과 제언

학교를
말한다

초판 1쇄 인쇄 2018년 5월 18일
초판 1쇄 발행 2018년 5월 28일

지은이 이성우
펴낸이 김승희
펴낸곳 도서출판 살림터

기획 정광일
편집 조현주
북디자인 꼬리별

인쇄·제본 (주)현문
종이 월드페이퍼(주)

주소 서울시 양천구 목동동로 293, 22층 2215-1호
전화 02-3141-6553
팩스 02-3141-6555
출판등록 2008년 3월 18일 제313-1990-12호
이메일 gwang80@hanmail.net
블로그 http://blog.naver.com/dkffk1020

ISBN 979-11-5930-068-4 03370

이 도서의 국립중앙도서관 출판예정도서목록(CIP)은
서지정보유통지원시스템 홈페이지(http://seoji.nl.go.kr)와
국가자료공동목록시스템(http://www.nl.go.kr/kolisnet)에서 이용하실 수 있습니다.
(CIP제어번호: CIP2018015621)

30년 현장교사의 교직사회에 대한
통절한 반성과 제언

학교를
말한다

이성우 지음

살림터

책을 내면서

30년 전 교단에 첫발을 내디뎠을 때 내 눈에 비친 학교의 모습은 정상적인 이성과 식견으로는 납득할 수 없는 기이하고 비상식적인 일상의 연속이었다. 신규 교사였으니 학교에서 만나는 사람들은 모두 나의 연장자였다. 그런데 교육 선배로서 내게 본을 보여야 할 그들의 행태는 도무지 교육자다운 면모와는 거리가 멀었다. 당시 학교의 생리 가운데 납득하기 힘들었던 것 중 하나가, 일터에서 내게 가장 큰 영향력을 행사하는 교장·교감 선생님이 교육청 관료에게 저자세로 대하는 모습이었다. 이 기괴한 인과관계를 이해하는 데 그리 많은 시간이 걸리지 않았다. 무릇 개인 간의 역학관계는 '갑-을 방정식'으로 설명되는바, 학교 교사 앞에선 갑 행세하는 교장·교감이 교육청과의 관계에서는 을 행세하는 이유는 이들이 자기 입신의 열쇠를 쥐고 있기 때문이다. 그리고 오늘 학교에서 을의 위치에 있는 선배 교사들이 내일 갑이 되기 위해 무엇을 부지런히 지어가는 모습도 포착되었다. 그들이 지극정성을 쏟으며 가꾸는 것은 '승진'이라는 나무였다. 승진을 좇는 교사가 군림하는 교실생태계에서 아이들이라는 민초는 그 나무의 그늘에 가려 왜소해진다. 교실에서 아이들에게 왕노릇 하는 이들이 승진점수를 좌우하는 관리자와 교육청에는 비굴할 정도로 열과 성을 다하는 모습은 역겹기만 했다.

그로부터 30년이 흐른 지금, 학교는 많이 변했다. 예전에 교사를 호령하던 장학사가 지금은 교사를 섬긴다. 만인의 지탄을 받는 악한 관리자도 현저히 줄었다. 그러나 교육의 본말이 전도되고 학생교육이 소외되는 부조리의 본질적인 측면은 달라진 게 없다. 학생교육에 전념해야 할 교사가 쓸데없는 페이퍼워크로 시간과 열정을 소진해가는 현실 속에서 학교교육 역량의 중대한 손실은 불가피하다. 교육자로서 원대한 포부와 이상을 품고 교단에 서자마자 교단을 벗어나기 위한 승진 준비에 여념이 없는 곳에서 교육의 밝은 미래를 기대하긴 어렵다.

이 책 전체를 관통하는 주제는 1부의 제목이 말하듯 "교원승진제도가 학교교육 만악萬惡의 근원이라는 것"이다. 학교에서 빚어지는 대부분의 교육 부조리가 승진제도와 연관되어 있는 이유는 학교의 모든 것이 교장의 뜻에 따라 돌아가기 때문이다. 교육청-학교장-교사의 철저한 유착관계를 근간으로 하는 현행 승진제도는 학교사회 내에 엄격한 위계질서와 관료적 통제 구조를 파생시켜 학교장에게 절대권력을 부여한다. 절대권력 체제하에서는 선한 교장도 본의 아니게 학교를 망치기 쉽다. 평교사들이 감히 자기 목소리를 내지 못하는 구조하에서는 집단지성이 작동하지 않기 때문이다. 학교의 중요한 의사결정에서 학생교육을 직접 담당하고 있는 교사 대중이 침묵을 한다면 학교교육이 효율적으로 돌아갈 수 없는 것이다. 그래서 내부형 공모 교장의 학교에서는 교무회의를 의사결정기구로 정례화하고 있지만, 교총은 이들이 교장자격증이 없다는 이유로 '무자격 교장'으로 폄하하고 있다.

교장자격증은 교장의 자격을 보증하지 않는다. 젊을 때부터 자신의 성장에 아무 도움도 안 되는 조잡한 점수를 차곡차곡 모으고 윗사람에게 과잉 충성해야만 승진할 수 있는 이 제도는 전 세계의 어느 곳에서도 찾아볼 수 없는 식민지적 유산이다. 온갖 반교육적 부조리로 점철된 이 기형적인 승진제도를 통해서는 오히려 자격이 없는 교장이 양산될 가능성이 많다. 그리고 승진제도는 교육공동체를 파괴하여 교사집단을 승진한 교사와 승진 못한 교사로 양분하고 묵묵히 교단을 지키는 교사들마저도 패배주의에 젖게 만든다. 그 결과, 조기 퇴직이 속출하는 '교직 엑소더스' 신드롬이 빚어지고 있다. 젊은 교사들이 교실 탈출을 꿈꾸고, 탈출에 실패하거나 탈출을 기도하지 않은 중년의 교사는 열패감에서 교직사회 탈출 날짜를 손꼽아 기다리는 이러한 교단에 무슨 희망이 있겠는가? 다른 무엇보다 국가의 앞날을 위해 이 망국적 교원승진제도는 하루속히 개혁되어야만 한다.

이 책 2부에서는 행정이 교육을 돕지 않고 오히려 교육을 잠식해 가는 교육행정의 주객전도 현상을 폭로하는데, 주로 교육청과 교육제도의 문제를 다루고 있다. 전시행정과 관료주의로 요약되는 교육청의 고질적인 병폐는 지역 실정이나 교육감의 성향에 따라 적잖은 차이가 있을 것이다. 2부에서 지적한 문제들의 상당 부분은 경북을 비롯한 보수 지역 교육청에 국한된 내용일 수도 있다. 선진된 교육청의 교육 동지들은 경북교육청의 사례를 반면교사 삼아 읽어주시기 바란다.

한편, 30년 전 교직사회의 적폐가 아직도 고쳐지지 않은 데는 교사집단의 문제도 있다. '반지성적, 반교육적 학교문화'라는 제목으로 엮은 3부에서 그런 문제점들을 거론할 것이다. 1부와 2부의 글들이 교장·교감 선생님들이나 교육청 장학사님들께 불편하게 다가갔다면, 3부의 글들은 교사들에게 불편하게 다가갈 것이다. 나도 같은 교사로서 이 이야기들을 써 내려가기가 불편했다. 그럼에도 독한 마음으로 집필을 감행한 것은 이 퇴행적인 교사문화를 우리 후배 교사들에게 물려주고 싶지 않아서였다. 초임 시절 나는, 직원협의회 때 말도 안 되는 지시에 입도 벙긋 못하는 사람들이 친목배구 한다 하면 생기발랄해지는 교사집단의 군상이 너무 경멸스러웠고, 그 속에 내가 있는 게 끔찍이도 싫었다.

교사는 지성인이다. 그런데 현실 속 교사집단의 에토스는 지성과는 거리가 멀다. 그 단적인 예가 초등교직사회에 만연한 배구과잉몰입 문화다. 30년 전 나와 내 동기들이 그랬듯이 지금 후배 교사들도 배구에 목숨 거는 이 기괴망측한 풍속에 적응이 안 될 것이다. 하지만 교사문화라는 거대한 구조 속에서 개별 교사의 건강한 이성은 시나브로 함몰되어간다. 수요일마다 강당에 모여 팔뚝에 멍들어가며 '아자! 아자!' 몇 번 외치다 보면, 선배 교사들과 똑같이 후배 교사들도 지성과 멀어져간다. 우리 때와 달리 요즘 교대생들은 학교 다닐 때 수재 소리 들었다. 똑똑한 젊은이들을 교대의 무능한 교수들이 하향 평준화시켜 내보내고, 학교에 발령받은 후에는 이 못난 교사집단의 문화가 멀쩡한 후배 교사들을 반지성의 구렁텅이로 몰아넣는 것이다. 초등임용고시 카페에서 예비 교사들이 "배구 적게 하는 지역이 어디인가?" 하는 정보를 주고받는 것을 본 적이 있다. 젊은 여교사들은 배구 안 하는 지역을 골라 임용고시를 치려 하고, 교단에 첫발을 내디딘 남교사는 어떻게 하면 배구 잘할 수 있나 고민하게 하는 교직사회 문화는 바뀌어야만 한다.

3부까지는 내부자로서 참담한 심정으로 교직사회를 성찰하고 그 문제점들을 세상에 알리는 백서를 써 내려갔다. 다행히 이 불편한 진실들이 학교 모습의 전부는 아니다. 기형적인 교원승진제도에 의해 뒤틀리고 질식되어가는 한편으로 학교는 건강한 모습을 꾸준히 지켜왔다. 이 건강성의 담지자들은 교총이 강변하듯 승진에 필요한 근평을 대가로 학교 일 열심히 하는 사람들이 아니라, 승진은 교사의 길이 아니라고 믿는 신념의 소유자들이 주를 이룬다. 전국 곳곳에서 '새로운 학교'를 건설하기 위한 교사들이 이런저런 네트워크를 이뤄 유용한 정보를 나누고 역량을 결집하며 서로 선한 영향력을 주고받고 있다.

4부에서는 1~3부의 우울한 정서를 뒤로하고 교육계의 밝은 미래의 맹아를 엿볼 수 있는 사례로, 경북에서 몇 안 되는 자생적 혁신학교인 다부초등학교의 교육 일상을 소개하고 있다. 여기 글들은 필자가 2013년에서 2016년까지 다부초에 근무하면서 경험하고 실천한 것을 교육일지 형식으로 기록한 것이다. 어떤 글에서는 나의 소박한 교육 이론이나 사상을 피력하기도 했다. 이론은 실천을 토대로 빚어지는 까닭에 현장교사들은 교육 이론가가 될 수 있다. 자칭 현장교육학자인 내게 다부초는 존 듀이의 시카고학교the Laboratory School in Chicago에 비견될 실험실이기도 했다. 그렇다고, 다부초의 학교교육이 우수하다거나 다부초 교사들의 교육 실천이 다 옳다는 것은 아니다. 타 학교에 비해 다부초가 부족한 면도 많다. 다만, 학교 혁신에 관심 있는 분들이나 혁신학교에서 교육 실천을 하고 계시는 선생님들께 다부초의 교육 프로그램이나 다부초 교사들의 고민거리가 참조물로 유용하게 쓰이기를 바라는 마음이다.

다부초에서의 4년은 내 교직 삶에 커다란 획을 그었다. 그곳에서 근무하면서 교사로서 내가 해야 할 일과 하고 싶은 일에는 빠져든 반면, 하지 않아도 되는 일은 안 해버리는 교직 삶을 지어갔다. 본문에서 '교육하는 삶'이라 일컫은 것이다. 다부초에서 교육하는 삶을 산 뒤로 학교 일상 가운데 예전에는 별 문제의식을 갖지 않던 것이 지금은 심각한 문제로 보이기 시작한다. 말하자면, 사물을 있는 그대로 볼 수 있는 식견이 회복된 것이다. 이 책의 글들은 많은 부분 그러한 식견의 소산이다.

학교의 일그러진 민낯을 글로 올리면, 교사들 가운데도 간혹 '요즘도 이런 학교가 있냐?'는 반응을 보이는 분들이 계신다. 나는 과거에 비해 학교가 변했다는 말에 별로 동의하지 않는다. 사실 우리 사회에서 학교보다 변화와 거리가 먼 곳도 없다. 물론, 촌지문화나 학생 체벌이 근절되고 성 관련 비위가 엄중 단속되는 등의 굵직한 몇몇 변화는 있다. 하지만 이러한 변화들조차 극히 최근에 이루어진 것이며, 무엇보다 학교 내부자들의 자정 노력에 의한 것이 아니라 외적으로 강제된 것이라는 사실이 중요하다. 학교, 그리 변하지 않았다. 어떤 지역에서는 지금도 장학지도가 이루어지고 있고 장학사 수업 참관에 대비해 판서를 어떻게 하라는 지침까지 하달하곤 한다.

30년 전 나의 선배 교사들은 학교를 '공장'으로 일컫었다. 나는 '명품 ○○교육'이니 하는 말보다 차라리 이 자조적 수사법이 정직하게 '학교를 말한다'고 생각한다. 현재의 학교에서는 행정적인 이해관계가 교육 본연의 입장을 질식시키고 있다. 업무 담당자인 교사들이 저마다 재촉해대는 업무 요청 메시지는 수업시간 쉬는 시간을 가리지 않고 쇄도하며 교사들은 업무를 쳐내기 위해 때론 수업을 제쳐두고 영혼 없는 페이퍼워크에 몰입한다. 이 불구화된 교직 일상에서 교사는 한없이 초라해진다. 이건 학교가 아니라 공장이다. 교육자가 아니라 행정업무자이고 교사가 아니라 지식기능공이다.

이 언어도단의 교육 현실에서 우리 교사들이 기능공이 아닌 교육자로 존재하기 위한 첫걸음은 왜곡된 학교문화에 비판적 입장을 견지하는 것이다. 그리고 교사를 망가뜨리고 학교를 불구화시켜가는 반교육적 시스템에 저항하고 고쳐가야 한다. 30년 전에 비해 오늘의 학교에서 제일 슬픈 점을 말하라면, 집단주의collectivism가 실종되고 개인주의individualism가 횡행하는 풍속도라 하겠다. 어느 시대나 젊은이가 희망이다. 젊은이가 꿈틀거려야 교직에도 희망이 있다. 30년 전 비지성적인 학교문화에 질식할 것만 같았던 나와 비슷한 열병을 앓고 있는 후배 교사들이 적지 않으리라 생각한다. 이 초라한 책은 그런 분들을 위한 것이다. 단위 학교에서 고립되어 교직에 대한 심각한 회의와 절망 속에서 분열적인schizophrenic 삶을 살아가는 후배 여러분께 이 책이 약간이나마 위로가 되기를 바라는 마음에서 마르크스의 유명한 서문에 나오는 마지막 문장으로 글을 맺는다.

네 갈 길을 가라, 남이야 뭐라 하든Segui il tuo corso, e lascia dir le genti!

2018년 봄
이성우

● 차례

책을 내면서 5

1부 승진제도, 학교교육 만악의 근원 15

1부

승진제도, 학교교육 만악의 근원

교장자격증 속엔
교장의 자격이 없다

교장자격증과 교장자격을 혼동하지 않기

올 초에 정부가 교육 적폐 해소의 첫걸음으로 내부형공모제교장 확대를 발표하자 교총에서 총력투쟁 운운하며 분란을 일으켰다. 교총의 성격에 관해서는 다음 글에서 상세히 논하겠지만, 간단히, '교장에 의한 교장을 위한 교장의' 교원단체다. 이 나라 교단에서 빚어지는 거의 모든 교육 적폐는 질곡의 현행 승진제도와 연관되어 있다. 50만 전체 교사 가운데 현재 승진해 있거나 승진을 꿈꾸는 경우를 제외한 대다수의 교사들은 새 정부의 이 정책에 반대할 이유가 없다. 이들이 교총의 이름으로 마치 많은 교사들이 정부 정책에 반대하는 양 저항의 세를 과시하는 것은 교육현실을 호도한 얄팍한 복화술에 지나지 않는다.

'나쁜 정책', 무자격교장공모 전면 확대 해지 청원!

교총회장의 이름으로 청와대 게시판에 올라온 청원 제목이다. 타이틀에서 '나쁜'과 '무자격'이란 수사가 눈길을 끈다. 무자격교장이란 '자격 없는 교장'이란 뜻이렷다. 대관절 자격은 뭐고 무자격은 무엇을 말하는 것일까? 이들은 과연 자격 있는 교장들일까?

"내부형공모제교장=무자격교장 vs 승진교장=자격교장"이라는 프레임의 허구성은 자격이란 낱말에 있다. '자격'의 사전적 의미는 일정한 신분이나 지위를 갖거나 일정한 일을 하는 데 필요한 조건이나 능력을 뜻한다. 하지만 현실 속의 결과는 이들의 주장과 정반대로 나타나고 있다. 내부형공모교장제 시행 후 한국교육개발원의 연구 결과에 따르면, 교장 자격과 관련한 8개 항목(학교민주화, 자율성, 교장 자질, 학업성취도 등) 모두에서 초빙형보다 내부형의 만족도가 높게 나왔다. 이 통계 결과는, 이들이 말하는 '무자격교장'이 '자격교장'보다 더 자격이 있음을 웅변해준다.

정부 예산과 교육부 예산 비교

구분	공모 유형		
	내부형	초빙형	개방형
교원	4.03**	3.85	3.94
학부모	4.13*	4.04	4.04

유능한 교장 초빙에 대한 응답

구분	공모 유형		
	내부형	초빙형	개방형
교원	4.23	4.19	4.16
학부모	4.34*	4.25	4.16

학생의 학업성취도 향상에 대한 응답

구분	공모 유형		
	내부형	초빙형	개방형
교원	4.01	3.93	3.88
학부모	4.17	4.11	4.13

교장공모제 성과분석보고서 설문 결과, ⓒ오마이뉴스 윤근혁

현실 속 교육 주체들의 체감도도 그러하다. 학교사회를 아는 학부모나 현장교사들은 승진의 사다리를 밟고 교장실에 입성하는 것은 교육자적 자질과 무관할뿐더러 오히려 그 반대라고 생각한다. 아마 교총도 승진제도의 교육적 폐해를 어느 정도 인정할 것이다. 그렇다면 이들의 자격 프레임에서 자격은 자질을 말하는 것이 아니라 자격증을 말한다. 교장자격증이 교장의 자질을 보증하는 것은 아니다. 오히려 이 둘은 조응하기 어렵다. 교장자격증은 교육자적 자질을 포기한 대가로 주어지기 때문이다.

우리 시절에는 30대 중반쯤 돼서 승진에 눈뜨는 교사가 많았다. 그런데 요즘은 발령받자마자, 아니, 교생실습 때부터 승진을 꿈꾼다고 한다. 20대든 30대든 전도양양한 젊은 교사가 승진점수 모으기에 혈안인 교단은 참담할 뿐이다.

몇 해 전 일이다. 교육청 연수에 참여했더니 연수에 앞서 담당 장학사가 무슨 전국대회에서 우수한 성적으로 입상한 젊은 교사를 소개했다. 단상에 선 그 교사는 그 영광스러운 상을 타기까지 피땀 흘려 노력한 과정과 비법을 소개하였다. 장학사는 경상북도교육청의 영광이고 우리 지원청의 축복이라며 자화자찬했지만 좌중의 우리 선배 교사들은 씁쓸했다. 아이들 가르치는 교사가 승진점수 따는 일에 2시간밖에 잠 안 자고 혼신의 노력을 기울인 것이 자랑일 수 없기 때문이다. 공동 수상자들은 모두 20, 30대였는데 그중 한 교사는 후문이 아주 안 좋았다. 시골학교에서 6학년 담임을 맡고 있었는데, 그 교실에 보결수업 들어간 교사가 전하길, 12월이 되도록 교과 진도의 반도 안 나간 상태였다고 한다. 보통 6학년 교실에선 졸업 업무 처리를 위해 12월 중순이면 교과 진도를 끝낸다. 하지만 승진이력서에 이 심각한 과오는 기록되지 않을 것이고, 아마 이른 나이에 승진할 것이다.

청운의 꿈을 품고 선생이 되었으면 가르치는 일에 애착을 가질 일이건만, 왜 발령받자마자 교실을 탈출할 꿈을 꾸는가? 또 그것을 잘한다고 부추기는 교육청은 뭐 하는 곳인가? 요즘 교대 들어가기가 얼마나 어려운가? 이 똑똑한 학생들이 선생 되어 아이들을 똑똑하게 만들면 사회적으로 축복이련만, 앞길이 구만리 같은 교사가 아이들 내팽개치고 승진점수 쌓기에 여념 없는 이 교단에 무슨 희망이 있겠는가?

대한민국 교사는 승진의 길에 접어드는 순간 교육자이길 멈춘다. 교장자격증은 교육자의 자질을 포기한 대가로 얻어진다. 아이들을 소외시키고 교사 영혼을 황폐화하는 이 망국적 승진제도를 폐지해야만 한다. 그 첫걸음으로 시행하는 내부형공모교장제는 더욱 확대해서 종국적으로 모든 교장이 선출로 자격이 부여되게 해야 한다. 붕어빵 속에 붕어가 없듯이, 교장자격증 속에는 교장의 자격이 담겨 있지 않다. 교장자격증과 교장 자격을 혼동하지 않길 바란다.

교총과 전교조

교총회장을 중심으로 교장단에서 내부형공모제교장 확대를 반대하는 또 다른 명분으로 내세우는 것이 "특정 교원단체 출신이 내부형공모제교장을 장악한다"는 것이다. 이들 말로는 내부형 교장의 90%가 전교조 출신이라 한다. 하지만 이들은 이런 말을 할 자격이 없다.

'무려 90퍼센트나 된다'는 뉘앙스로 여론을 자극할 의향이라면, 내부형이 아닌 초빙형 교장은 100퍼센트가 교총 출신이라는 사실을 해명해보기 바란다. 내부형이든 초빙형이든 특정 교원단체 출신 교장으로 편중되는 것은 나도 바람직하지 않다고 생각한다. 하지만 다른 사람은 몰라도 여러분은 그런 말을 할 자격이 없다.

교총이 어떤 집단인지, 과거사를 짚어보자. 교총의 기원은 일제강점기의 조선교육회에서 출발한다. 조선교육회는 미군정기에 조선교육연합회로 둔갑했다가 이승만 정권 때 대한교육연합회(대한교련, 현장 교사들은 '교련教聯'으로 칭했다)가 되었다. 여느 친일부역자들의 행실이 그러하듯, 식민지 시대에 권력의 하수인 노릇 하던 이 어용 집단의 오욕의 역사는 독재정권하에서도 계속되었다.

▶ 박정희 대통령 각하의 영도 아래 추구되는 모든 노력을 전적으로 지지…

▶ (전두환 5공화국이 표방한) 국민정신교육에 총력을 경주할 것을…

박정희와 전두환 치하의 대한교련 정기대의원대회 결의문에 등장하는 글귀들이다. 심지어, 1987년 6월 항쟁 이후 국민 대중의 분노와 멸시를 뒤로하고 역사상 최악의 독재자라는 오명 속에 전두환이 대통령직을 마치고 물러날 때, 교련 회장은 전국 교육장과 교육회장 322명의 서명을 받아 700만 원짜리 초대형 병풍을 선물하기도 했다(윤지형, 오마이뉴스 2018. 1. 23).

교육자라는 이름 붙이기가 무색한 반민주적·반지성적·반교육적 엽기 행각에도 불구하고 이들은 무소불위의 권력을 휘두르며 교육현장을 오염시켜갔다. 1988년, 초임 교사 시절 인근 학교에 임신한 여교사가 지각했다는 이유로 학생들이 보는 앞에서 운동장을 돌리던 교장이 있었다. 나는 새도 떨어뜨릴 위세의 장학사가 아침에 공문 보내고서 오전 11시까지 보고하라는 갑질이 다반사였고, 교사는 수업을 제쳐놓고 공문 처리에 만전을 기해야 했다. 폭력배나 다름없는 이런 교육 관료들이 교련을 이끌어갔고, 이들의 눈밖에 벗어나지 않기 위해 교사들은 억지로 교련에 가입해야만 했다.

영화 〈1987〉에서 목도한 그 시대적 분위기에 힘입어 '굴종의 삶을 떨쳐 반교육의 벽을 부수고' 분연히 일어선 교사집단이 있었다. 교총회장이 특정 교원단체라 일컬은 전교조다. 한국교육현대사에 엄청난 지각변동을 일으킨 전교조의 출현을 계기로 교련은 현재의 교총으로 신분세탁을 감행한다. 이로써 교육계에서 대한교련의 일당독재시대가 막을 내리고 교총과 전교조의 양대 산맥 구도가 오늘날까지 이어져오고 있는 것이다.

조선교육회와 대한교련을 지나 교총 시절에도 교육 관료들은 독재정권을 위해 복무했다. 교단 민주화와 참교육을 염원하는 교사들이 국민과 교사 대중의 성원 속에 전교조를 결성하자 노태우 정권은 1,500명의 교사를 교단에서 쫓아내면서 교원노조의 싹을 자르려 했다. 이에 전교조 교사들은 비밀리에 교육운동을 펼쳐갔는데, 당시 이들의 동태를 파악하여 상급기관에 보고하는 것이 교육 관료들의 가장 중요한 임무였다. 문교부(현 교육부)에선 일선 교육청에 전교조 교사를 색출하는 방법을 친절하게 공문으로 안내하기도 했다(《신동아》 1989년 7월호)

제목: 전교조 교사 식별법
- 촌지를 받지 않는 교사
- 학급문집이나 학급신문을 내는 교사
- 형편이 어려운 학생들과 상담을 많이 하는 교사
- 지나치게 열심히 가르치려는 교사
- 반 학생들에게 자율성, 창의성을 높이려 하는 교사
- 직원회의에서 원리원칙을 따지며 발언하는 교사
- 아이들한테 인기 많은 교사
- 학부모 상담을 자주 하는 교사

• 사고 친 학생에 대한 정학 또는 퇴학의 징계를 반대하는 교사

상식적으로 위와 같은 속성을 지닌 교사를 어떻게 평가해야 할까? 실로, 학생과 학부모에게 존경과 신망을 얻는 선생다운 선생들이라 하겠다. 이런 교사들이 몰래 숨어서 참교육운동을 펼치는 것이나 그들의 동태를 감시하고 상급기관에 보고하는 교육 관료들의 모양새는 일제강점기의 독립군과 친일경찰을 연상케 한다. 전자는 전교조 교사, 후자는 교총의 핵심을 차지하는 교장·교감들이다.

젊은 교육독립군들을 색출하여 상급기관에 보고하던 독재정권의 늙은 부역자들은 지금 모두 교육계에서 은퇴하고 없다. 하지만 같은 젊은 교사로서 한쪽에선 썩어빠진 교단을 바로 세우기 위해 온갖 고초를 겪으며 분투할 때, 추한 관리자들에게 빌붙어 승진점수 꼬박꼬박 챙겨온 자들은 지금 모두 승진해 있을 것이다. 30년 나의 교직 경험상 그런 자들은 100퍼센트 승진한다.

나쁜 정책, 무자격교장 전면 확대 결사반대!

이 엄동설한에 붉은 머리띠 두르고 광장에서 위와 같은 구호를 외치며 총력투쟁을 천명한 일단의 교장들 가운데 상당수는 그런 분들일 것이다. 즉, 선생다운 선생이 교육의 적폐를 일소하기 위해 몸을 던질 때, 사회 모순엔 아랑곳없이 자기 입신에만 열중했던 분들 말이다. 그 시절 전자와 같은 교사들이 지금 내부형공모제교장의 90퍼센트를 차지하기로서니, 다른 사람들이라면 몰라도 후자와 같은 여러분이 그걸 비난할 자격이 있는가? '무자격교장' 운운하는데, 전자와 후자 가운데 과연 누가 자격이 있고 누가 자격이 없을까?

혹, 일제강점기나 군사독재정권기는 오래전 일이니, 오욕의 과거

사는 현재의 교총과 무관하지 않으냐고 반문할지 모르겠다. 그렇지
않다.

첫째, 시대가 바뀌어도 그 집단을 주도하는 교육 관료 군상의 정체
성은 똑같다.

둘째, 예나 지금이나 교총은 '교장에 의한, 교장을 위한, 교장의 교
총'이다. 나의 초임 시절과 마찬가지로 지금도 새내기 교사들 가운데
교장의 강권에 못 이겨 억지로 교총에 드는 경우가 흔하다.

셋째, 시대의 흐름에 역행하여 독재정권의 반민주적 시책에 부역
하는 교총의 행각은 지금도 여전히 진행형이다. 박근혜 정부 때 한국
사 교과서 국정화 지지 선언을 한 것이 좋은 예다.

조선교육회에서 대한교련으로, 대한교련에서 한국교총으로 세탁하
는 과정에서 교총의 정체성은 조금도 변하지 않았다.

학교 일은 누가 하느냐고?

교장승진제를 무력화하면 "도서벽지에는 누가 가냐?", "학교 일은 누가 하냐?"라며 반발하는 분들이 있다. 현재 내부형공모제 확대 반대 투쟁에 나선 교장단의 대표라 할 교총회장의 청원문에 다음과 같이 적혀 있다. "5년 교육 경력만 있으면 교장이 될 수 있는데 누가 굳이 힘든 일을 하겠느냐?"

'일은 누가 하느냐?'는 물음에 내가 먼저 되묻고 싶은 것이 있다. 학교는 공장이 아닌데, 교사인 사람에게 '일'이란 무엇을 말하는가? 30년 전 초임 때 선배 교사들이 "아무개 선생 일 잘한다"는 말을 할 때 적응이 안 되었다. 정서적 불편은 둘째 치고 말뜻부터 이해되지 않았다. 시간이 흐르면서 그 말의 뜻을 알고 나서는 씁쓸했다. 교사도 엄연한 노동자이기 때문에 일을 한다. 하지만 교사의 일은 학생교육이다. 군인에게 일이 나라 지키는 것이듯이, 교사에게 일은 학생을 가르치는 것이다. 그런데 선배 교사들이 말하는 일은 이런 게 아니었다. 이들이 말하는 일work은 본질적으로 페이퍼워크paper-work였다.

저 많은 페이퍼들을 양산해내는 과정에서 교육은 망가진다. 승진

파 교사들이 승진점수 따기 위해 유치하는 100대 교육과정 학교나 각종 연구학교에서 저런 풍경이 빚어진다. 교육의 실적은 종이쪼가리에 담을 수 없건만, 아이들 자습을 시켜놓고 부지런히 사진 찍고 거짓 서류 꾸미고 중앙현관이나 복도 벽에 게시할 판때기 척척 만들어내는 교사를 "일 잘한다"고 한다. 반면, 학생지도에 열을 쏟느라 거짓 서류를 빠릿빠릿하게 못 해내는 교사는 그 반대의 평을 듣고 밉보이기 쉽다.

페이퍼워크는 교육적으로 무익할뿐더러 학교교육을 방해하는 점에서 정상적인 업무가 아니라 부당 업무다. 하지만 승진제도는 기본적으로 폭압적인 위계질서에 입각해 돌아가기 때문에, 승진파 교사들이 주노하는 학교에서는 '교육의 논리'가 아닌 '힘의 논리'가 교사의 정념을 지배한다. 승진한 관리자는 부장교사를 압박하고, 승진에 목말라 있는 부장교사는 동료 교사들을 압박한다. 힘없는 평교사 입장에서 웬만한 소신으로는 이 억압구조를 버티기 어렵다. 그래서 대부분의 교사들은 본연의 업무인 학생교육을 희생시켜서라도 (교총회장이 청원서에서 말하는) '학교 일 하는 교사들'의 지시에 순순히 따를 수밖에 없다. 이 모든 부조리의 중심에 승진제도라는 독뱀이 똬리를 트고 있다.

물론, 학생교육과 직접 관계는 없지만 학생교육이 원활하게 돌아가도록 뒷받침하는 일이 있긴 하다. 교무·연구부장이 그런 일을 많이 떠맡는다. 하지만 이 역할을 꼭 승진점수를 가져갈 사람이 맡으라는 법은 없다. '승진제도 없으면 교무, 연구는 누가 하느냐?'라는 주장이 말이 안 되는 것은, 실제로 승진의지가 전혀 없는 사람이 교무, 연구 맡는 학교도 많다는 사실에서 자명해진다. 재작년까지 나도 교무부장을 맡았고 지금 근무하는 학교에서도 교무, 연구 부장교사는 승진에 전혀 뜻이 없는 분들이다. 섬이나 산골에 누가 가도 가듯이, 교무·연구도 누가 맡아도 맡는 것이다. 승진파 교사들이 교무, 연구 안 맡아도 학교 일이 마비되지 않는다. 오히려, 이런 분들이 맡으면 학교가 더 잘 돌아간다. 동료들 사이에 선한 관계망이 형성되어 팀워크가 좋아지기 때문이다. 승진 욕심 없이 힘든 일을 맡은 분들이니 동료 교사들이 진심으로 마음을 내서 어려움을 서로 나누려는 교사공동체가 회복되는 것이다.

승진제도가 무너지면 업무분장 때 힘든 보직을 서로 안 맡으려 할 것이라는 말은 어느 정도 일리가 있다. 현재 교직사회 일각에서 이미 현실화되고 있는 실정이다. 교무·연구를 비롯하여 부장업무를 서로 안 맡으려는 학교가 점점 많아지고 있다. 하지만 거꾸로 생각해보자. 현실이 그러하다면 필연적으로 교직사회에서 구조적인 변화가 이루어질 것이다. 지금껏 살펴봤듯이, 교장단에서 주장하는 '일'은 본질적으로 페이퍼워크다. 그들 말대로, 일할 사람이 사라지면 일(페이퍼워크)도 사라질 것이다. 나는 앞으로 그렇게 될 것으로 전망한다. 이 일은 교육 본연의 업무가 아니기 때문에 없어지면 학교는 더 좋아진다.

승진제도는 억압적인 위계질서로 돌아간다고 했다. 교육청이 관리자의 이해관계를 좌우하고, 관리자는 승진파 교사들의 이해관계를 좌우하고, 승진파 교사들은 학교 일의 요직을 맡아 교사집단을 압박하여 교육청의 이해관계를 관철시키는 것이다. 그런데 승진파 교사들은 서로가 서로의 적이다. 소수 둘째 자리에서 교감 선발의 당락이 결정되는 살인적인 경쟁구도(몇 해 전에 교장에게 근평을 잘 못 받은 승진파 교사가 교실에서 목매기도 했다) 속에서 이들은 윗사람의 눈에 들기 위해 분투한다. '어떻게 하면 경쟁자보다 더 높은 점수를 받을까?' 하는 것은 결국, 위계 피라미드의 정점에 있는 교육청에 대한 과잉충성과 과열경쟁으로 이어진다. 그래서 이들은 교육청이 10을 요구하면 20을 해내려고 한다. 연구학교 발표회 날 대형 탁자 위에 실적물을 산더미 같이 쌓아둔다. 이것들은 모두 학생교육을 소외시키고 교사와 학생의 피눈물로 만들어낸 페이퍼워크의 소산이다.

- 점심 식사 후 각 교실에서 앉아 책 읽도록 지도
- 복도의 창틀 먼지 및 화분의 낙엽 제거하고 물걸레로 닦기
- 담당 구역 청소 철저 지도
- 모든 창문은 가운데를 활짝 열기(창문이 좌우로 향하도록)

- 교실 뒷문 열어놓기
- 칠판 판서 방법: 붙임 파일 내용대로 꼭!!!

올해 어느 광역시 초등학교에서 장학지도에 대비해 부장교사가 각 학급 담임교사에게 전달한 메시지다. 이 모든 조치들은 장학사를 위한 배려다. 장학사님 심기를 거스르지 않기 위해 이날만큼은 아이들이 점심 먹고 소화도 하기 전에 조용히 앉아 책을 봐야 한다. 아이들도 이 글을 읽는 우리도 숨이 콱콱 막혀온다. 대한민국 교육청 장학 매뉴얼에 창문 위치에 관한 지도 지침이 있을 것 같지는 않다만, 교총이 강변하는 '학교 일 하는 승진파 교사'는 동료 교사들에게 그런 교시까지 내린다. '일을 잘한다'는 것은 저런 짓거리들을 만들어 교사 대중에게 압박해서 윗사람을 흡족하게 만드는 것을 말한다.

물론, 대부분의 지역에서는 오래전에 장학지도가 없어졌다. 하지만 괴물 같은 교원승진제도가 존속하는 한, 교육청 → 교장·교감 → 승진파 교사 → 학급 담임 사이의 먹이사슬 구조는 변함없으며 그 최종 피해자는 학생들이다. 교육청은 연말에 각 학교 관리자들을 어떤 식으로든 평가해야 하는데, 학교 컨설팅이나 이런저런 경로로 실시하는 학교평가가 결국 관리자 평가다. 점수를 받는 것은 관리자지만 관리자가 교육청에 보여줄 것은 전적으로 교사들 손에 달렸다.특히 교감은 교육청으로부터 직접 근평을 받기 때문에 이 문제에 더욱 민감하다. 승진파 교사는 관리자들을 대신해 위와 같은 지저분한 지시들을 교사들에게 하달하는 마름 노릇을 하고 그 대가로 근평을 챙긴다.

교육청이 10을 요구할 때 20을 만들어내자고 부추기는 승진파 교사들이 없다면, 학생교육의 소외도 절반으로 줄 것이다. 승진파 교사들이 없으면 교육청이 학교교육을 덜 방해할 것이다. 결국, 승진점수에 혈안이 되어 일을 벌이는 사람들 때문에 선량한 교사들이 페이퍼워크에 신음하고 학생교육이 소외되는 악순환이 반복되고 있다 하겠다. 이 악순환의 축에는 말할 것도 없이 질곡의 승진제도가 있다. 교총이 말하는 '자격교장들'은 모두 승진이라는 암흑 터널을 지나온 사람들이다.

내부형공모제교장 확대가 '나쁜 제도'라니? 학교에서 일어나는 거의 모든 문제의 기저에 있는 암 덩어리라 할 현행 승진제도보다 더 나쁜 제도가 있을까?

교사 성장을 저해하는 점수 쌓기

교육공무원 승진 규정에는 교장이 되기 위한 요건으로 각종 점수 항목이 열거되어 있는데, 그중 연수 실적과 연구 실적이 있다. 얼핏 보면 교육자적 전문성을 검증하는 관문처럼 여겨진다. 현장교사들 가운데 이 점수가 지적 자질이나 전문성을 보증하는 지표라고 생각하는 사람은 아무도 없다. 그 기도 안 차는 몇 가지 사례를 들어보겠다.

승진 세부 규정은 해마다 조금씩 변하는데 한때 60시간 연수에서 100점 만점을 맞으면 최고점의 연수점수가 부여되는 시기가 있었다. 100점이라는 점수를 확보하기 위해 승진파 교사들은 역설적으로 연수가 필요 없는 연수, 자신이 능통해 있는 분야에 연수를 신청하는 촌극이 벌어진다. 내가 아는 한 중등 영어교사는 이 100점을 위해 '기초영문법' 연수를 신청했다. 남이 알면 비웃음을 살 일이지만 승진에 혈안이 된 교사에게는 오직 100점이라는 점수 외의 것은 안중에도 없다. 더욱 기가 막히는 것은, 이 100점을 쟁취하기 위해 똑같은 연수를 다섯 번이나 반복해서 들었다는 것이다. 60시간짜리 온라인 연수 성적은 강의이수점수(온라인)-과제제출(온라인)-시험점수 (오프라인)의 세 파트로 점수가 안배되어 있다. 앞의 두 파트에선 누구나 만점을 받지만 오프라인에서 치르는 지필고사는 만점을 받기가 쉽지 않다. 또 상대평가로 이루어지기 때문에 응시자 간의 변별력을 갖추기 위해서라도 한두 문제는 고난도의 문항을 섞어 출제한다. 그래서 이분은 그런 문항을 만날 때마다 답안지 제출을 포기하여 '결시 처리'를 하게 만들었다. 규정상 똑같은 연수를 두 번 이상 못 받기 때문에 다음 기회에 연수 신청하기 위한 고육지책으로 선택한 필연적인 술수였다. 그리고 이 전술이 주효했던 것은, 여러 번 반복해서 시험을 치르면서 연수기관에 준비된 문제은행(아이템풀)이 바닥을 보이자 마침내 다섯 차례 만에 100점을 맞게 된 것이었다.

　도대체 이런 잔머리와 인간승리의 집념이 이 나라 교육 발전에 무슨 도움이 될 것인가? 아마도 승진을 꿈꾸는 모든 교사가 이분과 같은 투혼의 소유자일 것이다. 자신이 다 알고 있는 내용의 연수를 60시간씩 다섯 차례 반복해서 기꺼이 받을 수 있는 사람만이 한 학교의 교육 CEO로 등극할 수 있는 이 한 편의 블랙코미디가 교총이 강변하는 '자격교장'의 실체인 것이다.

　점수 쌓기가 교사의 지적 성장을 저해하는 두 번째 사례는 내가 직접 경험한 것이다. 이명박 정부가 막 출범한 시기였다. 조기 영어교육을 강조하는 정부시책에 따라 초등학교에서 영어교육의 광풍이 일기 시작하던 상황이었다. 새로 옮긴 학교에서 영어교육 업무를 맡았는데, 선생님들과 빨리 친해질 겸 교내자율연수로 '영어노래 배우기'를 제안하였다. 나는 아이들이 쉽고 재미있게 배우며 교육적 가치도 높은 영어노래 교수법에 관한 남다른 노하우를 지니고 있다. 이 노래들은 어른들에게도 흥미가 있어서 선생님들은 학습의욕을 갖고 진지하게 참여하셨다.

　학습에 한창 흥미를 키워갈 무렵 어느 선생님께서 "우리 이렇게 열심히 하는 모습을 실적으로 남겨서 점수도 따면 어떨까?" 하는 제안을 하셨다. 당시 도교육청에서 주관하는 동아리 연구대회가 있었다. 거기에 신청해서 예산도 지원받고 후반기에 열리는 발표회에 참가하여 상도 받자는 것이었다. 귀가 솔깃해지는 제안이었다. 모두가 맞장구치며 의기투합하는 분위기였지만 나는 탐탁지 않았다. 대회 참가 그룹 인원이 10명으로 제한되어 있는데 우리 구성원이 11명이어서, 나는 명단에서 빠지고 연수를 이끄는 역할은 계속하기로 했다. 내심 걱정되었다. 나는 그분들이 계산에 넣지 못한 것이 있다고 생각했다.

　유능한 강사를 만나 늦깎이 학도로서 영어 공부에 한창 흥미와 의욕을 불태우던 열정적인 연수 분위기가 식어갔다. 공부하는 대신 발표회 준비에 온 정성을 쏟았다. 역할을 분담하여 몇몇은 보고서를 꾸미고 나머지는 교수학습 자료를 꾸몄다. 입상을 목적으로 하다 보니 보고서와 자료는 우리가 연수하는 것과 전혀 무관한 내용으로 채워졌다. 그 내용들은 연수 참가자들의 두뇌와 감성에 자리할 것이 아니라 도교육청 심사관의 눈에 들기 위한 것이었다. 그렇게 체질 전환이 이루어진 며칠 뒤부터 아예 연수는 사라지고 대회 준비에 총력을 쏟기 시작했다. 처음에 품었던 자기연찬을 위한 배움의 의지는 식어들고 점수를 향한 욕망만이 불타올랐다.

　처음에 이분들은 분명 자기발전을 위한 목적으로 연수에 참여했다. 요즘은 자율연수에 참여하면 연수 학점을 받지만 그때는 그런 것도 없었다. 순수한 자기성장의 욕구였다. 그리고 연수도 하고 점수도 따자는 제안에 동의할 때도 불순한 마음이 아니었다. 하지만 이분들은 "교사의 성장과 점수는 양립하지 못한다"는 것을 계산하지 못했다. 결국, 처음에 순수했던 의지가 점수 때문에 변질된 것이다.

지금 이분들 가운데 교직 경력이 많은 분들은 승진해 있고 적은 분들은 승진을 준비하고 계시는 것으로 안다. 모두들 자기 일을 열심히 하고 교실의 아이들에게도 충실한 분들이다. 하지만 그때 그분들의 선택이 교육적으로 바람직했다고 생각하는 사람은 없을 것이다. 그분들도 그 사실을 인정할 것이며, 다만 현실적으로 어쩔 수 없는 선택이었다고 하실지 모른다. 그러면 뭐가 문제일까? 무엇이 이분들을 이렇게 몰고 간 걸까?

예전과 달리 지금은 승진 사다리를 타는 교사들 가운데 교육자적 자질이 양호한 분들이 적지 않다. 하지만 나는 확신하는바, 승진이 교사의 길이 아니라는 철칙은 예나 지금이나 변함없다. 그때 후배들이 점수 대신 자기연찬을 위한 배움을 선택했더라면 지금 더 나은 교사로 성장해 있을지도 모른다. 인간 삶은 숱한 선택으로 점철된다. 선택의 갈림길에서 어떤 길을 가느냐에 따라 사람의 인생이 바뀔 수도 있다. 말하자면 그들은 교육자적 성장을 포기하는 대가로 점수를 선택하였다. 승진을 향한 무한경쟁 대열에 본격적으로 편승한 그 후배 교사들의 교직살이는 앞으로도 몇 곱절 더 심각한 이상과 현실의 괴리로 점철될 것이다. 이런저런 교육 모순과 부조리에 편승하거나 침묵을 강요받는 과정에서 그 시절 순수한 교육혼이 시나브로 퇴색되어갈 것은 필연이다.

교육자로서 덜 성장하고 교육혼이 다소 망가지더라도 승진을 위해

선 어쩔 수 없다고 생각할지 모른다. 인간적으로 이해가 간다. 하지만 개인적 차원에서 그 피치 못할 선택이 축복인지는 몰라도 사회적 차원에서 그것은 재앙이다. 멀쩡한 교사가 칠흑 같은 승진 터널을 지나 찌든 모습으로 나올 때 빚어지는 개별 손실을 국가적 차원의 총합으로 환산하면 그 재앙지수는 어마어마할 것이다. 개인적 차원에서도 그건 결코 축복이 아니다. 성장하지 않는 교사는 교육자가 아니기 때문이다. 교장자격증은 교장 자격을 보증하지 않는다. 교장자격증에 가까워질수록 교육자적 자질과 멀어져간다.

예전과 달리 지금 승진파 교사들 가운데 건강한 교사가 적지 않다는 사실로 현행 승진제도를 정당화할 순 없다. 그 이유는 간단하다. 그 좋은 교사들이 승진의 암흑 터널을 거치지 않았다면 더욱 좋은 교사로 성장해 있을 것이기 때문이다. 무릇 건강한 국가정책은 개인의 발전과 국가 발전이 함께 가도록 개인을 유인할 것이나, 보다시피 현행 승진제도하에서 이 둘은 정반대로 기능한다.

일제강점기에 이 제도를 만든 취지가 그랬다. 식민지 교사들에게 소모적인 경쟁을 부추겨 교육혼을 말살시키고 그 대열에서 살아남은 가장 비교육적인 인간을 높은 자리에 앉혀 교단을 길들이려 한 것이다. 현행 승진제도의 반교육적 폐해를 누구보다 잘 알면서 이 망국적 제도를 존치해야 한다며 총력투쟁에 나선 분들을 어떻게 이해해야 할지 모르겠다.

60시간 연수 시험 성적에서 가산점 부여의 폐단을 개선하기 위해 몇 년 전부터 승진제도가 개편되었다. 하지만 문제의 본질은 조금도 개선되지 않고 있다.

교감 승진에 필요한 연수 실적을 채우려면 무려 13년 동안 매년 60시간 이상 연수를 이수해야 한다. 이 연수는 연간 총 이수 시간이 60시간이기 때문에 30시간(2학점/0.04)짜리 연수를 2회 받든지 15시간(1학점/0.02)짜리 연수를 4번 받아 매년 60시간(4학점/0.08)을 13년 동안 채우면 만점인 1점이 된다.교원연수는 15시간 1학 점 기준으로 운영되는데, 4학점(60시간) 미만의 연수는 시험(오프라인 시험)을 치지 않는다.

이와 별도로, 승진 직전 최근 10년 내에 60시간 연수를 3회 받아야 하는데, 그중 하나는 성적이 96점 이상이어야 연수 성적 만점을 받는다. 앞서 말했듯이, 예전에 100점을 맞아야 하는 것이 96점으로 완화된 것인데, 이 점수 또한 특히 나이 든 교사들에겐 쉽지 않다. 그래서 여기서도 본문에서 말한 '패싱 전술'이 펼쳐진다. 좋은 성적을 받기 위해 문제은행의 아이템풀이 바닥을 보일 때까지 시험을 포기해가는 것이다.

교감 승진에 필요한 치열한 연수과정이 교육자적 자질이나 전문성 함양에 눈곱만큼이라도 도움 된다고 생각하는 교사는 없다. 이 제도는 사설 연수기관만 배불려주는 꼴이다. 60시간 연수 비용은 1회 평균 10만 원이 넘는다. 승진한 교사들도 연수 항목은 폐기되어야 한다고 입을 모은다.

교감과 교장 사이

　기질이 센 교장과 온순한 교감이 같은 학교에 근무하게 되었다. 'A교장이 B교감과 같이 근무하게 된 것'을 한국의 학교에서 통용되는 어법으로는 'B교감이 A교장을 모시게 되었다'고 한다. 한국 사회 학교에서 '교장과 교감 사이'는 그런 것이다.

　교사들 앞에서 교장은 점잖과 체통을 지키는 가운데 적절한 카리스마형 지도자로 다가간다. 하지만 교장실로 불려온 교감 앞에서는 카리스마가 '칼 있으마'로 돌변한다. 학교사회 구성원의 역학관계에서 최고 권력자인 교장이 바라는 구도는 교감이 교사집단을 강도 높게 압박하고 교사들이 교장에게 하소연해오면 교장이 교감에게 '좀 살살해줘라'라는 형태다. 말하자면, 교감이 악역을 떠맡고 교장은 교사들에게 권위와 존경을 획득하는 그림을 교장이 원하는데, 사회학에서 '온정주의'라 일컫는 지배방식이다. 온정주의paternalism의 어원 'pater-'는 '아버지'라는 뜻이다. 한국 사회의 학교는 봉건적 가부장 질서를 근간으로 돌아간다.

　교장은 교감이 교사들을 닦달해서 자신이 원하는 방향으로 학교가 척척 돌아가길 바라는데 마음 약한 교감이 선생들을 다그치지 않으니 불만이다. 그런 성향 덕분에 교감이 교사들에게 호감을 얻는 모습에 더욱 화가 난다. 교사들의 호감은 자신의 몫이어야 하는데 말이다. 교장은 교감을 교장실로 불러 날마다 면박해대고 교감은 견디다 못해 교사들 앞에서 '학교 오기 싫다'는 독백을 연발한다. 놀랍게도, 그런 교감을 교사들이 안쓰러워하며 교장의 패악에 공분을 품지만 정작 폭군 같은 교장의 방패막이를 자처하는 쪽은 바로 교감이다. 교장은 교감 족치는 맛으로 교장질 하고 교감은 교장에게 쥐어터지면서도 교장의 수족 노릇 하는 보람으로 교감 하는 이 변태적 관계는 가히 사디스트와 마조키스트의 관계를 방불케 한다.

누가 이 험악한 꼴을 겪고 싶어 할까? 누구도 교감 되라고 강요한 적 없건만, 왜 교사들은 기를 쓰며 교감이 되려는 걸까? 그것은 교감이 되면 곧 그 자리에 오를 수 있기 때문이다. 한국의 학교는 교장의 왕국이다. 교장이 된다는 것은 학교라는 왕국의 제왕이 되는 것을 의미한다. 모든 교사가 혐오하는 교장을 교감이 그토록 감싸고도는 심리를 이해하기는 그리 어렵지 않다. 존재가 의식을 규정하는 법이다. 교감이 교장을 부정하는 것은 곧 자기 존재를 부정하는 꼴이 된다. 그리고 존재 조건상 교감의 근평은 교장 손에 달려 있기 때문에 교감은 교장이 아무리 싫어도 싫은 내색을 할 수 없다.

여기서 잠깐 외국의 교감 모습은 어떤지 살펴보자. 독일 학교에서는 교감의 숫자나 하는 일이 우리와 많이 다르다. 우리는 한 학교에 교감과 교장이 한 명씩이어서 어느 학교에 교장이 정년퇴직하면 순번이 제일 빠른 교감이 교장으로 승진 발령받지만, 독일 학교에는 교감이 한 학교에 여러 명 있다. 전체 교사가 75명인 한 학교에는 교감이 6명 있다고 한다(박성숙, 『꼴찌도 행복한 교실』). '교감이 그렇게 많으면 어떻게 교장으로 승진하나?' 하는 의문이 들지만, 그건 우리 생각일 뿐이다. 독일 교사들이 교감 진급에 애쓰는 것은 교장이 되기 위해서가 아니라 교감이 되면 월급이 70만 원 정도 인상되는 이유가 전부라고 한다. 독일 학교에선 교감이 되어도 하는 일은 교사와 똑같아서 주된 임무는 수업이다. 한편 독일 교감이 교장 승진에 욕심내지 않는 이유는 교장의 직무가 너무 힘들기 때문이다. 그 자세한 내막은 다른 글에서 언급하겠다.

독일과 달리 한국에서는 교감이 되면 대부분 교장으로 승진한다. 단, 앞서 말한 '교감과 교장 사이'의 관계를 잘 유지해야 가능한 일인데 그건 운에 많이 달려 있다. 우리 주변에서 교장 잘못 만나서 온갖 고초를 겪으며 망가지는 교감을 흔히 볼 수 있다.

교감이 교장 되기 위해 교장에게 열과 성을 다해야 하듯이, 교사가 교감이 되기 위해서는 교장·교감을 주군처럼 섬겨야 한다. 벽지학교는 교감자격증의 보증수표다. 경북에서는 유일한 섬인 울릉도에 들어가면 무조건 승진할 수 있다. 벽지 학교에 들어가기 위한 이동점수를 확보하기 위해서는 물론, 그 후에도 교감 지명을 받기 위해서는 교장이 매기는 근평(근무평정)이 절대적으로 중요하다. 수우미양가의 근평 척도에서 수 가운데도 '1등 수'를 받아야 한다. 자격교장으로 향하는 멀고도 험한 여정에서 승진파 교사들은 1등 수를 받기 위해 각축을 벌인다. 일만 열심히 해서는 안 된다. 교장의 비위를 맞출 수 있어야 한다. 교장이 배구를 좋아하면 배구를 잘할 수 있어야 하고 술을 좋아하면 밤새도록 술을 마실 수 있어야 한다. "주량이 역량"이라는데, '역량'이 안 되는 사람들이 승진 과정에서 과도한 음주 행사 참여로 몸과 마음이 피폐해지는 경우가 많다.

　교장이 되기 위한 멀고도 험한 여정에서 이렇게 어렵게 거머쥔 것이 교장자격증이고, 이 자격증을 딴 그들은 스스로를 '자격교장'이라 일컫고 있다.

어떤 교감의 헌신성

남들보다 이른 나이에 교감이 되어 교장에게 지나치게 헌신적인 분이 있었다. 어느 날 이분과 교무실에서 업무문제로 상의하고 있었는데, 내 말에 집중하지 않고 계속 시선을 창문 쪽으로 향하기에 이상하다 싶었다. 그런데 급기야 출타 중인 교장 선생님께서 학교로 돌아왔다고 교장실에 인사드리러 간다며 자리를 뜨는 것이었다. 출퇴근 시간에 두 차례 문안인사 드리는 것도 모자라 교육청에 다녀온 교장에게까지 인사드리는 이 과도한 충정의 기저엔 어떤 심사가 자리한 것일까?

사람이 예의 발라서 나쁠 게 뭐 있나 할지 모른다. 아니다. 인간의 에너지는 무한하지 않아서 어느 한 곳에 지나치게 쏟다 보면 다른 곳에서 결핍될 수밖에 없다. 업무문제로 교사와 토론하다 교장실로 인사하러 가는 것은 학교 일에 효율적인 처신이 아니다. 그리고 윗사람에 대한 그 과도한 예절이 같이 이야기 나누던 아랫사람에게는 불손과 무례를 안기는 점에서 예의범절에도 맞지 않다. 그러므로 그의 헌신성은 누구를 위하고 무엇을 위한 헌신성인지 물어야 한다.

그 학교는 막 개교한 신설학교여서 학교교육의 모든 인프라를 하나씩 구축해가고 있었다. 하루는 학생들의 체육복을 제작하고 판매할 업체 선정을 위한 학교운영위원회를 열었다. 공개 입찰로 선정하는데, 세 곳에서 입찰이 들어왔다. 그중 한 곳은 내가 수소문 끝에 양심적인 업자로 소개받은 업체였다. 그런데 회의 당일 그 업자가 급한 일이 있어서 회의에 참석이 불가능하다는 연락이 왔다. 당시 운영위원이던 나는 사안의 중대성을 감안하여 회의 연기를 요청했지만, 같은 운영위원인 교감이 그럴 수 없다며 단호히 반대 의사를 표명했다. 교감의 불순한 속내를 간파하고 있었기에 나는 거세게 항의했지만, 결국 회의는 진행되었다. 남은 두 업체 가운데 한 업체마저 그 자리에서 '업체 간 출혈경쟁을 피하기 위해 자신은 입찰을 포기한다'는 입장을 밝힘으로써 결국 특정 업체의 독점 구도로 종결되었다. 나중에 알아보니 제품 품질에 비해 터무니없이 비싼 가격으로 입찰이 되었다. 학교의 중대사를 결정하는 학교운영위원으로서 교감은 왜 학생에게 좋은 체육복을 싸게 공급할 업체를 선정하려 한 나의 의도를 저지하고 업자 좋은 일 시켜주려 애썼을까? 업자 입장에서 신설학교 체육복 납품이 얼마나 큰 이권인지는 말할 필요도 없다. 회의 내내 교장은 내 눈치를 보며 침묵을 지켰지만, 그 후 업자는 교장실을 방문하여 '인사'를 했을 것이다. 이 모든 그림은 교장의 충복 교감의 작품이었다.

교장에 대한 교감의 빗나간 충정이 교사 대중의 눈살을 찌푸리게 하고 학생교육에 심각한 위해를 가한 적이 한두 번이 아니었다. 교직원협의에서 방학하는 날 친목여행을 가기로 결의했는데 며칠 앞두고 갑자기 그날 교장이 출장가야 할 일이 생겼다. 교감은 교장이 빠진 친목여행은 생각할 수도 없다며 여행일자를 바꾸려 했지만 여의치 않았다. 그러자 방학일자를 바꾸자고 제안하여 부장회의를 통해 관철시켰다. 있을 수 없는 일이다. 친목여행에 교장을 데려가기 위해 학사일정을 바꾸다니, 이게 제정신인가? 참다못해 교육청에 민원을 제기했지만, 장학사라는 사람도 똑같았다. 사실관계를 확인하러 학교에 내사하러 온 사람이 민원당사자인 나는 만나보지도 않고 교감 말만 듣고선 보고서에 '문제없음'으로 종결지었다. 지금 같으면 모두 중징계 감이지만 그 시절엔 이런 일이 비일비재했다.

위 사례에서 우리는 그 교감의 헌신성이 누구를 위하며 무엇을 위한 헌신인지 생각해봐야 한다. 후배 교사들이 자신을 어떻게 보든, 학교교육이 어떻게 망가지든 그 교감은 오직 자기 자신을 위해 교장에게 과도한 헌신성을 보인 것이다. 무엇을 위해? 교장자격증을 획득하기 위해서다. 교감의 근평(근무평정)을 교장이 50%, 나머지는 교육청이 좌우하기 때문에 교감이라는 사람은 학교장과 교육청에 충성할 수밖에 없다.

사실, 교장이 교감을 원수같이 생각하지 않는 한 근평을 나쁘게 줄 이유가 없는데도 그 교감처럼 과도하게 처신하는 분들을 보면 분노보다 씁쓸한 마음이 앞선다. 승진을 열망하는 모든 분이 이런 모습이라고는 생각하지 않는다. 한 가지 분명한 것은, 이런 사람은 반드시 승진의 면류관을 쟁취하고 만다는 점이다. 교사가 승진에 열중하는 것이 바람직한 일이라면, 자신도 살고 학교도 살려야 한다. 바람직한 학교 모습에 대한 고민은 내팽개치고 자기 입신에 조금이라도 득이 되는 것에 열과 성을 다하는 반면 그 길에 조금이라도 걸림이 되는 일은 원천봉쇄하는, 한마디로 자기 앞가림에 빈틈없는 사람은 필연적으로 학교교육을 망친다.

　무릇 발전과 성장을 좇는 인간 활동에서 최소한의 리스크를 감수하는 것은 당연하다. 이를테면, 물에 빠지는 것이 두려워 물에 들어가기를 주저하는 사람은 수영을 배울 수 없다. 이런 사람이 사장으로 있다면 그 회사는 망할 것이다. 학교도 마찬가지다. 지독한 이기심과 보신주의로 똘똘 뭉친 사람이 승진의 사다리 타고 학교장이 되면 학교교육의 발전은 요원하다. 현행 승진제도가 그런 리더를 양산한다. 교육 적폐의 구심에 이 질곡의 승진제도가 있는 것이다. 그래서 현 정부가 이 제도에 메스를 가하여 적폐의 일부분을 개선하고자 내부형교장공모제를 확대하려는 것인데, 교장들과 교장이 되려는 분들이 결사적으로 반대하고 있다.

　30년 교직생활에서 대체로 무난한 교장 교감 선생님을 만난 편인데, 이분은 상대적으로 정말 혐오스러운 교감이었다. 물론 이분도 내가 몸서리나긴 마찬가지일 것이다. 그 뒤 나는 그 학교를 끝으로 구미시에서 칠곡군으로 전근을 갔고, 이분은 교장 승진을 했다. 구미의 몇몇 학교에서 교장으로 근무하면서 후배 교사들에게 많이 지탄받고 있다는 소문이 들려왔다. 몇 년 전 이분은 정년퇴임하셨다. 이분과 헤어진 지 한 10년 만에 내가 다시 구미에서 근무하고 있는데, 이분 근황이 들려왔다. 맙소사, 관내 초등학교에서 컨설턴트로 교사와 학부모 상대로 강의하고 다닌단다. 내가 알기로 이분은 인품은 물론 교육학적 소양도 없는 분이다. 순전히 현직 때 맺은 인맥으로 자리를 꿰차고 있는 것이다.

참 수완도 좋다. 도대체 이분은 교장 행세를 죽을 때까지 할 심산인가? 경상북도 교직계에는 인물이 그렇게도 없나? 이런 사람을 멘토로 초빙해 교사와 학부모들 앞에 서서 "바람직한 교육"에 대해 떠들게 하나?

자격증 밖 현실 속 교장의 초상: 분, 분, 분

교장자격증엔 교장의 자격이 담겨 있지 않다. 자격증을 떠나 현실 속 교장의 구체적인 면면을 살펴보자.

학교의 인적 구성은 크게 교장·교감과 교사 그리고 행정실 직원들이 있다. 이 중 학교교육의 핵심을 이루는 것은 교사들이지만 교사를 지도·감독하는 학교장의 책임과 역할이 막중할 것은 당연하다. 교육계에서 흔히 회자되는 말로 학교는 교장의 열의만큼 발전하기 때문이다. 교장은 교무를 통할하고, 소속 교직원을 지도·감독하며, 학생을 교육한다(초중등교육법 제20조).

위의 법조문 가운데 일반 시민은 물론 교사들도 간과하기 쉬운 것이 있다. "교장의 법적 임무 가운데 하나가 학생을 교육하는 것"이라는 사실이다. 그런데 현실 속의 교장 가운데 수업을 하는 경우는 없다. 심지어 교실 수업에 결원이 발생했을 때도 교장 선생님을 보결수업 요원으로 투입하는 '발칙한' 생각은 품을 수 없다는 것이 교직사회의 통념이다. 학교는 교장의 왕국이고 교장은 학교사회의 절대권력자이다. "절대권력은 절대적으로 부패한다"는 마키아벨리의 말은 절대적으로 옳은 법이어서 교장 선생님들 가운데 교육계의 물을 흐리시는 분이 많다. 물만 흐리면 좋으련만 교육을 망친다. 돈만 밝히는 것은 눈감아줄 수 있지만 학교교육을 망치는 것은 참기 힘든 일이다.

비슷한 시기에 두 학교에서 만난 세 분 교장 선생님은 흡사 무슨 영화 제목처럼 '이상한 분, 나쁜 분, 좋은 분'의 조합을 이룬다. 그래서 소제목을 각각 그렇게 뽑아 이야기를 전개해본다.

[1] 이상한 분

첫 순서를 장식할 이분에겐 누가 봐도 특이하다 싶은 습성이 있는데, 근검절약 정신이 너무 철저한 점이다. 빈 교실에 전깃불 끄기는 물론, 공문 인쇄할 때 양면 복사를 하지 않으면 결재를 해주지 않을 정도였다. 심지어, 학급에서 쓰레기를 규격봉투에 담아 버릴 때 반드시 종이류는 빼고 순수한 쓰레기만 담아 버릴 것을 종용하셨는데, 학급 담임교사들이 미덥지 않아 교문 앞에 버려진 쓰레기봉투를 일일이 풀어서 가득 채워져 있지 않은 세 봉투의 쓰레기를 두 곳에 모아 한 장의 봉투를 아끼는 식으로 철두철미한 내핍의 본을 보이곤 하셨다. 이런 교장 선생님 휘하에 있는 교사들이 얼마나 불편했을지 쉽게 짐작할 수 있을 것이다.

그뿐만 아니라 교장 선생님은 한쪽 다리의 신경이 편치 못해 지팡이 없이는 거동할 수 없는 상태였음에도 수시로 수업시간에 학급 순시를 하셨다. 사람들은 이런 교장이 안쓰럽기보다는 짜증이 났다. 그도 그럴 것이, 교실에 자주 나타나는 교장 선생님을 좋아할 이유가 없는 것이 교사들의 입장이기 때문이다. 몸이 온전한 교장 선생님들도 그렇게 안 하는데, 여름철에 그 불편한 몸으로 땀을 뻘뻘 흘리며 3층까지 올라와 교사들의 근무태도를 단속하려 하니 오죽했겠는가?

하지만 나는 교장 선생님의 기이한 성향이 싫진 않았으며, 어떤 면에선 학교 경영자로서 마땅히 그러해야 한다고 생각했다. 솔직히, 교육 실적물 제때 척척 찍어내는 '공장' 같은 학교일수록 수업시간 제대로 지키며 아이들 가르침에 충실한 교사가 잘 없는 것이 우리네 학교의 모습이다. 교사가 초인이 아닌 이상 두 가지를 동시에 잘할 수는 없다. 앞서 법조문에서도 봤듯이 학교장의 임무가 교사를 지도·감독하는 것인데, 보통의 경우 '공장 돌리기' 즉 실적물 찍어내기만 잘하면 아이들 지도는 소홀히 해도 눈감아주는 것이 공장 같은 학교에선 불문율로 통한다. 그런데 그 교장 선생님은 그런 꼴을 용납하지 않았던 것으로, 교사들 입장에선 별난 교장이니 뭐니 해도 일반 상식의 관점에선 직무에 충실한 괜찮은 학교장이었다는 것이 내 생각이다.

근검절약 정신이 너무 지나친 것이 흠이라면 흠이었지만, 그러한 내핍 정신이 사리사욕으로 연결되고 하진 않았다. 쓰레기봉투 한 장 아끼려고 그렇게 애를 쓰시는 분이 아이들 위해 써야 할 돈에 대해서는 매우 관대하셨다. 그분이 돈 관계가 깨끗한 분이라는 점은 누구나 인정하는 바였다. 그리고 중간놀이시간에 수업 종 치고도 교실에 들어가지 않고 학년연구실에서 잡담 나누는 교사들에겐 눈을 흘기시는 분이, 복도에서 아이들을 만나면 활짝 웃는 얼굴로 인사를 건넬 줄 아시는 점에서 그 연세의 다른 교장들에 비해 정말 괜찮은 분이셨다. 이런 분을 '이상한 분'으로 취급하는 교직사회가 나는 이상하다고 생각한다.

[2] 나쁜 분

이상한 분이 정년퇴임으로 떠나신 자리에 새로 오신 교장 선생님을 많은 교사들이 환영했다. 사람들은 이분이 딱 한 가지 빼곤 참 좋은 분이라고 했다. 교사의 연령대에 따라 평가가 엇갈리긴 한데, 대체로 나이 많은 선배 교사들은 이 교장 선생님을 그렇게 평가했다.

한 가지 빼곤 다 좋다? 우선 좋은 점부터 말하면, 이 교장 선생님은 교사들에게 좀처럼 싫은 소리를 하지 않는다. 선생이 교실에서 애들한테 충실하든 말든, 학교에 일찍 출근하든 말든 별 간섭을 안 한다. 직무에 불충실한 교사들을 향해 쓴 소리도 안 던지지만, 열정적으로 아이들을 가르치는 교사들을 격려하거나 하는 마음을 쓰지도 않는다. 학교장의 이러한 무심함은 교사의 입장에선 서운하기보다는 스트레스 받을 일이 별로 없으니 대체로 반기는 입장들인 듯했다. 요컨대, 관리자로부터 관리받지 않으니 교사들은 이 교장 선생님을 사람 좋다고 하는 것이다. 물론 모두가 이렇게 생각한 것은 아니다.

그 교장 선생님에게 호감을 갖는 교직원들이나 그렇지 않은 분들이 생각을 같이하는 부분이 있었는데, 그것은 이분이 시쳇말로 학교 돈을 너무 밝히는 것이었다. 이분은 아이들의 교육엔 관심도 없고 교사들의 근태에도 무심하면서 돈에 대한 집착이란 점에선 이때껏 내가 본 어떠한 교장보다 심했다. 그럼에도 선배 교사들은 이렇게 평하곤 했다. "우리 교장 선생님, 다 좋은데 돈 욕심이 너무 많으시다. 하긴, 사람이 다 좋을 수는 없지. 좋은 점만 봐야지…"

참 슬프다. 선생이라는 사람들이 어쩌면 이다지도 사고가 미분화되어 있는가? 이웃집 아저씨는 그렇게 바라볼 수 있다. 나는 TV에 모습을 드러낸 흉악범도 그런 관점으로 바라봐야 한다고 생각한다.

어린 시절 그가 얼마나 불행히 성장했을까 하는 점이나 지금 그의 모습을 보는 그 가족들의 심정이 어떠할까를 생각하면, 예수님의 말씀처럼 그에게 돌을 던질 수 있는 권한이 우리에게 주어져 있지 않다. 하지만 공공기관의 CEO에 대해 돈 밝히는 것만 빼면 다 좋다는 식은 망상에 가깝다. 그뿐만 아니라 방금 살펴봤듯이 교사들의 눈에 비친 그 장점이라는 것도 학부모나 일반 시민의 입장에서 보면 직무에 불충실한 점에서 직무유기로밖에 볼 수 없는데, 이를 장점이라 하면 지탄받을 것이다. 학교 내부자들이 이러니까 학교가 욕을 먹는 것이다.

가치판단은 구체적으로 해야 한다. 사람 좋다는 말처럼 무의미한 말도 없다. 이런 식이라면 안 좋은 사람은 없다. 모든 것이 좋은데 딱 한 가지 돈을 밝히는 관리자가 있다면, 그 유일한 단점이 너무 치명적인 것이기에 그는 선량한 관리자가 아닌 사악한 관리자일 뿐이다. 생각해보라. 한 집안의 가장인 사람이 애들 위해 쓰라고 국가에서 지급한 돈을 착복하여 자신을 위해 쓴다면 그 자체로 그는 선량한 어버이와 거리가 멀지 않은가? 교육자로서 사람이 좋으려면 교육적으로 좋아야 한다. 그러니까 내가 보기에 이 교장 선생님은 '나쁜 분'의 전형에 해당한다.

학교는 1년 내내 바쁘지만, 한 해의 교육 농사를 마무리 짓는 시점인 2월은 특히 그렇다. 또한 2월은 교사들의 마음이 어수선한 시즌이기도 하다. 학교를 옮기는 교사의 경우는 더욱 그러하다. 그간 자신이 맡았던 업무 처리에서 혹 실수는 없는지 꼼꼼히 돌아봐야 하고, 아이들이나 동료 교직원과 이별의 정리를 나누는 일로 몸과 마음이 분주해진다. 그런데 학교를 옮기거나 정년퇴임을 앞둔 나쁜 관리자의 경우는 학교의 남은 예산 가운데 빼먹을 돈이 없는가 하는 것에 신경 쓰기로 바쁘다. 요즘은 학교 회계가 밝아져서 이런 분들 잘 없지만, 예전엔 3월에 교장 바뀌고 나면 새로 온 교장들이 "전임 교장이 다 해먹고 갔다, 예산을 남기기는커녕 오히려 몇백씩 빚 지워 놓고 갔다"며 푸념하는 걸 많이 봐왔다. 어처구니없는 것은, 그렇게 말하는 사람 또한 다른 학교에서 그렇게 하고 온 경우가 많다는 것이다.

나쁜 분들이 학교 돈을 어떻게 요리해 먹는가? 예전에 비해 학교장이 학교 돈을 어떻게 하기가 쉽지 않다고는 하지만, 예나 지금이나 돈이 오가는 곳에는 크고 작은 비리가 없을 수 없다. 학교의 모든 실권을 쥐고 있는 학교장의 입장에서 자본주의 악덕 상혼의 유혹에서 자유로운 사람은 없다. 선량한 교장 선생님들은 악의 손길을 뿌리치시겠지만, 나쁜 분들은 악덕 업자와 기꺼이 손을 잡는다. 모든 커넥션이 그러하듯 악덕 업자들은 도둑같이 교장실을 방문하여 아이들을 위해 선량하게 쓰여야 할 교육예산을 그릇되게 집행하도록 학교장에게 독배를 권한다. 은밀한 뒷거래로 공급되는 물품의 품질이 좋을 리가 없다. 상식적으로, 경쟁력 있는 우수한 상품이라면 은밀하게 거래될 것이 아니라 열린 공간에서 널리 홍보되어 유통될 것이다. 시장에 내놓았을 때 전혀 팔리지 않을 불량 상품이 학교장의 활약에 힘입어 학교로 공급되는 것이다. 그 활약이란 두 가지다.

학교의 모든 물품은 교육의 명분으로 구입되는 것이니 교육을 담당하지 않는 학교장이 직접 물건을 구매할 이유도 권한도 없다. 하지만 담당자가 물품 구입을 요청하는 기안을 올렸을 때, 승인하거나 반려할 수 있는 권한이 있기에 누구든 학교장의 의지를 거슬러 물품

구매를 할 수 없는 점에서 물품 구매에 관한 학교장의 권한은 막강하다. 조직사회 내에서 하부라인에서 올라온 기안문에 최종적으로 서명하는 자리에 있다는 것이 무엇을 의미하는가? 기안 작성자의 입장에서 가장 중요하게 생각하는 것이 뭐겠는가? 대부분의 교사들은 예산의 범위에서 아이들을 위해 어떤 좋은 물건을 구입할까 고민하기보다 학교장의 의지를 거스르지 않는 순리적인 결재 방식을 선택할 것이다. 그래서 학교장은 특히 나이가 젊고 만만한 교사가 담당자로 있는 물품의 경우에는 교장실로 친히 불러서 "어떤 업자가 이런 물품을 홍보하고 갔는데 내가 봐도 괜찮을 것 같다"는 말 한마디를 던짐으로써 악덕업자와의 거래를 간단하게 성사시키는바, 이것이 나쁜 분이 펼치는 가장 일반적인 활약상이다.

　교육자적 양심이나 선량한 공직자로서의 윤리를 좇는 교사라면 교장의 말에 순순히 따르지 않을 것이다. 가격도 싸고 품질도 우수한 A라는 제품과 터무니없는 가격에 품질마저 불량한 B라는 제품이 있을 때, B의 구매를 종용하는 교장의 간접적인 압박에 갈등을 품기 마련이다. 이 경우, 나쁜 분은 고강도 전략을 구사한다. 가장 고전적인 수법은 올라온 결재를 계속 반려시킴으로써 담당자에게 극심한 스트레스를 주는 것이다. 순진한 젊은 교사들은 처음엔 기안 서류 작성 과정에서 자신이 뭘 잘못했나 싶어서 몇 번이고 서류를 검토해볼 것이나 얼마 안 가서 나쁜 분의 의중을 헤아리고는 교직에 대한 심한 환멸과 함께 자신이 처신할 바에 대한 심각한 고민에 봉착하게 된다. 처음 교단에 선 젊은 교사가 이런 분으로부터 뭘 배우겠는가? 교직 선배이자 위계구조의 최정상에 있는 이런 사람이 그에게 수업 기술이 어떻고, 바람직한 교사상이 어떻고 하면서, 요즘 학교에서 유행하는 용어로 '멘토링' 어쩌고 하면 속으로 뭐라고 하겠는가?

그러니까 나쁜 분이 바쁘게 활약하던 그때도 2월이었다. 졸업식을 앞두고 학교마다 보통 6학년 아이들에게 선물을 지급하는 예산을 확보해놓는다. 6학년 선생님들은 정든 아이들과 헤어지는 마당에 어떻게 하면 아이들이 좋아하고 교육적으로도 유용할 선물을 사줄까 고민하게 된다. 선생님들은 동학년 협의를 거쳐 예쁜 앨범을 사주기로 하고 결재를 올리는데, 나쁜 분은 굳이 업자가 권하는 『명심보감』이라는 책을 사라고 6학년 부장교사에게 압박을 가한다. 교장실에 갔다 온 부장의 이야기를 듣고 학년 선생님들은 펄쩍 뛴다. 책 제목도 그렇지만 내용이나 인쇄 수준으로 미루어 1천 원에 내놓아도 팔리지 않을 책을 1만 원에 구입하라고 하니 누가 수긍하겠는가? 그럼에도 교장의 집요한 재촉에 견디다 못해 결국 모두 굴복하고 만다. 나쁜 분이 오신 뒤 그다음 해의 6학년 졸업선물도 그것으로 책정되어 집행되었다. 시중에서 덤핑가로 몇백 원에 팔릴 책을 1만 원씩 받고 팔면서 업자가 나쁜 분에게 아무런 답례를 하지 않았을 거라고 생각하는 사람은 아무도 없다.

하지만 나쁜 분은 떠나기 전 마지막으로 큰 것 한 건을 해먹으려다 뜻밖의 복병을 만나 고전하게 된다. 학교발전기금으로 400만 원 정도가 남아 있었는데, 나쁜 분은 학교를 옮기는 마당에 그 돈에 욕심이 났다. 마침 어떤 업자가 찾아와 학교 온라인-도서관 시스템에 비치할 전자도서 구입을 권유했다. 그런데 도서관 업무 담당 교사는 나쁜 분의 페이스에 호락호락 말려들 분이 아니었다. 그래도 그 이권 규모가 너무 크고, 그 학교에서 해먹을 수 있는 마지막 찬스였기에 나쁜 분은 어떻게 해서라도 그 장벽을 넘으려 했다. 그래서 나쁜 분은 비장의 전술로 친위대를 조직하였다. 한두 해 안에 교감 승진을 앞두고 있는 부장교사들을 중심으로 도서선정위원회를 구성한 다음 이들을 내세워 자신의 의지를 관철하려 했다.

교직 경력 30년이 넘는 승진파 교사들이 교장이 뭘 원하는지 모를 리가 없다. 그리고 교장은 이들에게 꼭 필요한 무엇을 자신이 쥐고 있기에 자기 기대에 부응하는 역할을 해줄 것을 믿어 의심치 않았다. 웃기는 것은, 도서선정위원회인데 도서업무 담당자인 그 선생님을 배제하고 거수기 역할을 할 사람들 위주로 구성한 것이었다. 그래도 그 여선생님은 아이들에 대한 열정도 강하고 또 씩씩한 분이셔서 초대받지 않은 그 자리에 나가 자기 목소리를 한껏 냈다. 나도 초대받지 않았지만 그 주변을 어슬렁거리며 무언의 시위를 벌였다. 나쁜 분과 까칠한 젊은 여교사 사이에 학교 돈 쓰기라는 쟁점을 놓고 일진일퇴의 숨 가쁜 공방을 펼치는 모습을 지켜보니 참으로 가관이었다. 교감 승진을 앞두고 있는 세 부장교사 가운데 어떤 이는 관리자를 지키기 위해 자신이 망가지는 것을 아랑곳하지 않는다. 주군을 위해 자신의 온몸을 던지는 그 눈물겨운 충성심은 가히 전국시대 일본의 사무라이가 울고 갈 지경이다.

모든 비리는 응달에서 생겨나는바, 양지로 나오는 순간 독버섯은 생명력이 다하는 법이다. 모든 문제는 노출되면 될수록 비리의 주체에겐 불리해지고, 의를 좇는 이에겐 유리해진다. 담당 교사가 거센 저항과 함께 폭로 전술을 적극적으로 펴는 바람에 형세가 불리해지자 결국 나쁜 분도 백기를 들고 말았다. 나쁜 분은 모두로부터 망신은 망신대로 당하고 실속도 못 챙긴 채 씁쓸한 기분으로 그 학교를 떠났다.

사람 좋다는 말은 얼마나 허망한가? 교사를 향해 좀처럼 듣기 싫은 말을 내뱉을 줄 모르는 그분도 학교 돈 사바사바하는 작업에 걸림돌이 되는 젊은 여교사에겐 매우 공격적으로 돌변하는 모습을 보면서 저분이 내가 아는 그 사람이 맞는지 헷갈릴 정도였다. 평소 그렇게 사람 좋은 분이 자기 먹잇감 쟁취에 방해가 되는 상대를 향해 으르렁거리는 그 모습은 흡사 '동물의 왕국'에 나오는 한 마리 야수를 연상케 했다. 하지만 이분도 교총이 말하는 '자격교장'이다.

[3] 좋은 분

1988년 첫 발령 이후 지금까지 아홉 개 학교에서 총 스무 분의 교장 선생님과 함께했다. 사람 복이 많아서인지 지금까지 나는 교직계에서 악명 높은 교장을 한 번도 만난 적이 없다. 대체로 무난한 교장 선생님들만 접했다. 사실 앞에서 논한 '나쁜 분'도 물욕에 눈이 어두운 분일 뿐, 성격이 모질거나 해서 교사들에게 악행을 일삼는 분은 아니었다.

나만 한 교직 경력이면 누구나 한 번쯤 적잖이 불편한 교장 선생님과 지냈을 법하다. 그럼에도 내가 그런 경험을 전혀 하지 않은 것에는 우연 외에 필연적 요인이 있으리라 생각한다. 나는 이른바 전교조 활동가로서 주로 나와 비슷한 교사들이 밀집한 학교에서 근무한 적이 많다. 교육청에서 학교장 발령을 낼 때 이런 학교에 문제 있는 교장을 잘 안 보낸다.

지금 논할 이분을 만난 학교가 그러했다. 지역교육청에서는 그 학교를 마치 폭발물 취급하듯 조심조심 다룬다. 이런 인과관계가 작용해서인지, 내가 이 학교에서 만난 교장 선생님들은 하나같이 좋은 분들이었다. 특히 그중 한 분은 자타가 공인하는 정말 좋은 분이셨다.

인사이동 철이 되면 어느 집단이든 내부자들은 새로 부임해 오는 기관장에게 관심을 품기 마련이다. 학교도 마찬가지다. 교사들은 새 교장의 품성이나 성향에 촉각을 곤두세우게 된다. 좋은 분이 우리 학교에 온다는 것을 알았을 때 우리도 그랬다. 교장 선생님이 계시던 학교의 홈페이지에 들어가 교사 리스트를 조회한 뒤 내가 아는 후배 교사의 이름을 확인하고선 그에게 전화를 냈다. 새 교장 선생님에 관한 이모저모를 물었더니 그 친구는 너무도 단호한 어조로 "정말 좋은 분이다"라고 답했다. 평소 그 친구가 이렇게 확신에 찬 어투로 사람에 대해 평가하는 걸 잘 보지 못했기에 그의 평들이 가슴 깊이 와닿았다.

역시나 좋은 분이었다. 기관장으로서 청렴한 품성은 기본이고, 학교에서 낮은 곳에 있는 일꾼들에게까지 세심한 배려로 어루만져 주시는 따뜻한 인간미는 지금까지 내가 만난 학교장 가운데 단연 으뜸이었다.

개인적으로 내가 이 교장 선생님을 우러러본 것은 학교 간 친선배구 할 때였다. 시골에선 면내 작은 학교끼리 돌아가면서 학교를 방문하며 배구 시합을 벌인다. 명분은 교육협의회지만, 교육에 관한 이야기는 한마디도 없이 그저 배구에서 시작해서 배구로 마친다. 여러 학교에서 행사 주관 학교를 방문하는데, 보통 모든 학교 교사들이 다 올 때까지 교장들은 먼저 오는 순서대로 교장실에 들어가서 담소를 나누다가 시간이 되면 같이 행사장(배구코트)으로 향한다. 교장 선생님들끼리만 공유할 무슨 밀담이라도 있는지, 아니면 평교사들과 자기네들을 구별 짓고 싶으신 건지, 이렇게 하는 것이 학교의 오랜 풍습이다. 그런데 이 교장 선생님은 교장실로 가지 않고 처음부터 우리 교사들과 같이 행사장을 지키시는 것이었다. 이분은 권위의식이라곤 눈곱만큼도 엿볼 수 없는 소탈한 분이셨다.

휘하의 모든 교직원이 호감을 갖고 존경해 마지않는 분이건만, 유감스럽게도 이 글을 쓰는 나와 교장 선생님은 그리 잘 지내지 못했다. 시간이 흐른 지금은 이 점이 안타깝기 그지없는데, 그 까닭을 써 내려가기가 쉽지 않다!

보통 학교에서 교사들의 행불행을 좌우하는 것은 뭘까? 아마도 팔구할은 교장·교감일 것이다. 그런데 이 학교 교사들은 그런 문제로 고민하지 않는다. 교사가 교장·교감 눈치 보는 게 아니라 거꾸로 교장·교감이 교사와 학부모의 눈치를 보는 형편이니 말이다. 문제는, 좋은 교장·교감이라면 교사 또한 알아서 잘해야 하거늘, 이런 구조적 특성을 악용해 일신상의 편의를 누리려는 부류가 생겨난다. 슬프게도 진보의 탈을 쓰고서 이런 퇴행의 길을 가는 교사가 적지 않다. 나도 예외일 수는 없다.

존재가 의식을 규정한다고 한다. 자율적인 분위기에서 좋은 교사로 존재하기 위해선, 고도의 자기규율을 발동해야 한다. 사실 이게 쉽지 않다. 혼자서 자기를 조절해가기는 불가능하다. 자기조절 외에 타인조절이 필요하기 때문에, 집단의 문화 속에 자기정화를 위한 모종의 시스템이 구동되어야 한다. 지금 그 학교에선 이게 상당 부분 건강하게 돌아가고 있지만, '좋은 분'이 계실 때 이 학교는 그러하지 않았다. 한 사람이 학교 기강을 완전히 흐려놓고 있었다. 그 자세한 전모를 다 언급할 수 없다. 간단히, 좋은 분이 펼치는 자율적 리더십이 순기능하지 못하여 학교 본연의 무엇이 잘 돌아가지 않는 형국이었다. 그럼에도 관리자라는 분들은 수수방관하고 있었고, 남다른 열정과 신념으로 투신하며 이 학교를 보수지역에서 몇 안 되는 자생적 혁신학교로 일궈온 우리 활동가들은 속이 타 들어가고 있었다. 급기야 우리가 집단적 자기정화를 위한 메스를 가했다. 좋은 분이 부재한 교직원회의에서 내가 그 교사를 향해 책무성이란 화두로 문제제기를 하기 시작했다. 이것은 엄연한 전투였고 투쟁이었다. 하지만 수적 열세를 극복하지 못해 우리의 투쟁은 성과를 거두지 못하고 오히려 역공을 맞았다.

그 역공의 선봉에 선 사람은 바로 '좋은 분'이었다. 우리의 전투 상대인 그 교사는 나름 싸움의 방법을 아는 분이었다. 이분은 이 전투를 학교장과 우리의 대리전으로 전환시켜 계속 교장을 압박해가는 전술을 펼쳤다. 이를테면, 밤 10시에 학교장에게 문자를 보내 '심각한 언어폭력으로 피해자가 고통을 겪고 있는데, 기관장이 돼서 가해자를 왜 격리 조치를 하지 않냐?'며, 명예훼손으로 법적 소송을 벌이며 학교를 뒤흔들어놓겠다는 식으로 겁박했다. 내가 보기에 말도 안 되는 언설이었다. 내가 폭력을 쓴 것도 아니고 욕설도 고함을 지른 것도 없다. 차분하게 책무성이란 말밖에 한 것 없다.

교장 선생님은 이 일로 몇 날 밤을 뜬눈으로 지새웠다고 하셨다. 그러면서 나에 대한 원망을 털어놓으신다. 말씀인즉, "이때껏 교직에 있으면서 누구 하나 나를 싫어하는 사람 없을 정도로 덕을 베풀며 살아왔는데, 내가 말년에 이 학교에 와서 이런 고통을 겪어야 하는가?" 하는 것이었다. 이 말은 '내가 그 교사에게 아무 말도 하지 않고 가만히 있었으면 자신이 이런 고초를 당하지 않을 텐데…'라는 뜻이었나. 이분이 좋은 분이라는 것은 틀림없는 사실이다. 하지만 학교라는 곳이 교장이 교사에게 덕을 베풀기만 하면 그만인 것은 아니다. 나는 이 교장 선생님과의 일을 계기로 '사람 좋다'는 개념에 심각한 회의를 품게 되었다.

마르크스는 인간성의 본질을 '사회적 관계의 총화the ensemble of social relationship'라 표현했다. 여기서 '관계'에 대한 다양한 해석이 가능하다. 거시적 의미에선 마르크스주의 전문용어인 생산관계를 뜻하지만, 일상적 의미에선 위계질서를 근간으로 하는 권력 관계 혹은 다른 인간 대 인간의 관계로 봐도 좋을 것이다. 학교라는 사회에서 교장은 모든 인간관계망의 구심에 있다. 그 관계망이란 교사-학생, 교사-학부모, 학생-학생, 교사-교사 등이 있는데, 이 모든 관계는 사실상 긴장과 갈등의 연속이다. 때문에, 아무리 좋은 분이라도 모두에게 좋은 분이 될 수는 없다. 학교에서 갈등 상황이 벌어졌을 때, 교장인 사람은 어느 한쪽에 치우칠 수밖에 없다.

만약 갈등의 성격이 개인적인 문제로, 이를테면 돈이 결부된 문제라면, 그 교장 선생님은 자기 호주머니의 돈을 내서라도 갈등을 수습하실 분이었다. 하지만 그때 우리의 갈등은 그런 성격이 아니었다. 그것은 '관점'이 요구되는 사태였다. 관점이란 교육적 관점을 말한다. 갈등의 본질이 '바람직한 학교의 모습'이란 이슈인 만큼, 판관의 위치에 있는 학교장으로선 교육적 관점에서 문제를 바라봐야 했다. 그런데 내가 그 좋은 분께 적잖게 실망했던 것은 그분이 내 편을 들어주지 않아서가 아니라, 그분의 정신세계 속에 '교육적 관점'이란 게 존재하지 않는 것을 봤기 때문이다. 그분은 그 불상사가 일어난 배경에는 관심이 없었다. 누가 옳은가 하는 것도 관심이 없고 그저 하루빨리 사태가 해결되기만을 바라셨다.

그분에게 학교란, 바람직한 교육에 대해 구성원들이 치열하게 고민하고 때론 얼굴을 붉혀가며 올바른 노선이 무엇인지 심각하게 논쟁하는 모습이기보다는, 그저 화기애애한 분위기에서 교직원들이 한 가족처럼 오순도순 사이좋게 지내는 광경이 이상형으로 그려질 것이다. 아이들의 바람직한 성장에는 별 관심이 없고, 학교의 일상이 그저 사고 안 나고 별 탈 없이 흘러가기만을 바라시는 듯했다. 사실 보통의 교장 선생님들이나 교사들이 바라는 학교의 모습이 이런 것인지도 모른다.

사람 좋다는 말보다 더 무의미한 말도 없다. 교육자인 사람이 좋으려면 교육적으로 좋아야 한다.

영화 제목을 패러디하여 '좋은 분, 나쁜 분, 이상한 분'이란 타이틀을 붙이며 몇몇 선배 교육자들을 희화화한 면에서 송구한 마음이 든다. 내가 말하려는 것은, 여기 소개한 세 분은 교직사회에서 만나는 교장 군상의 보편적인 모습일 수 있다는 점이다. '분, 분, 분'의 전형으로 이 글에서 상정한 인물들에 대한 평가는 순전히 나의 자의적인 판단일 수 있다. 누구의 관점이 옳은가 하는 것은 전적으로 독자의 몫이지만, 교육자에 대한 평가는 교육적 관점에서 접근해야 한다는 말을 하고 싶었다.

교장자격증이 교장의 자질을 말해주는 것은 아무것도 없다. 그럼에도 교총은 "무자격 교장을 양산하는 내부형교장공모제가 나쁜 정책"이라며 결사반대를 외쳤다. 교총의 투쟁은 상당한 성과를 거두어 2018년 3월 13일 국무회의에서 내부형공모제교장을 자율학교의 100%에서 50%로 축소하기로 결정했다.

작년까지 내부형공모제교장의 허용 비율은 자율학교의 15%였다. 자율학교가 전체 학교의 15%에 불과하기 때문에 15%의 15%를 적용하면 수도권을 제외한 대부분의 지역에서는 평교사의 교장 진출이 단 한 명도 불가능했다. 현재 전국 국공립 초중등학교 교장 9,955명 가운데 내부형공모제교장은 56명으로 전체의 0.6%에 불과하다. 이런 실정에서 내부형공모제교장을 50%로 확대해도 평교사가 교장 될 가능성은 극히 제한적일 수밖에 없다.

공모제교장제도는 원 취지와 무관하게 일찍 교장이 된 사람들이 자신의 교장 임기를 조절하기 위한 수단으로 악용되고 있다. 교장의 임기는 4년이고 특별한 결격사유가 없는 한 중임이 가능하기 때문에 대부분 8년까지 할 수 있다. 정년퇴직이 10년 이상 남은 사람은 교장으로 바로 임용하지 않고 초빙형공모제교장으로 진출하여 임기 제한을 피하는 꼼수를 발동한다.

몰염치하게도 교총을 지배하는 교장들은 초빙형공모제교장의 이러한 폐단에 대해서는 일언반구도 언급하지 않고 내부형공모제교장에 대해서만 아전인수 격의 문제제기를 하고 있는 것이다.

교실은 쇼생크가 아니다

서른 즈음에

서른 즈음에
가수 김광석은 인생을 생각하였지만
이 땅의 교사는 승진을 생각한다.

서른을 지나 마흔 즈음이면 그 번뇌의 심각성은 절정에 달한다. '승진을 위해 처자식 버리고 두메산골로 가야 하나?' 하는 실존적 고민으로부터 갈팡질팡하는 것이 마흔 즈음 이 나라 교사의 보편적인 자화상이다.

교사들은 만나면 승진 이야기를 한다. 내가 아는 후배 교사는 어떤 선배로부터 나이 들기 전에 두메산골 학교로 떠나라는 충고를 들었다고 한다. 순박한 시골 애들에게 페스탈로치적 교육애를 실천하며 안빈낙도의 삶을 살라는 충고가 아니다. 승진의 절대 승부처인 벽지점수를 따라는 주문이다. 좋은 선배라고 한다. 사람 좋다는 게 뭘 의미하는지?

교단이 무슨 아프리카 생지옥인가? 청운의 꿈을 품고 교사가 된 후배에게 교단을 탈출하여 '난민'이 되라고 충고하는 선배는 인간적으로는 좋아도 교육적으로는 좋을 수 없다. 교육적으로 좋지 않으면 인간적으로도 좋지 않은 거다. 교사에겐 삶이 교육이고 교육이 삶이다. 교육적 명분을 거슬러 추구하는 삶이 인간적으로 행복과 만족을 줄 수 없다. 그럼에도 그렇게 느낀다면, 미안하지만 당신의 삶은 소외된alienated 삶이다. 김광석 말대로, 매일 이별하고 사는 것이다. 아이들과 이별하고 교단과 이별하고, 결정적으로 자기 자신과 이별한다.

아닌 게 아니라, '승진하라'는 말은 나도 주변 지인들로부터 귀에 따까리 앉도록 많이 들었다. 그들은 내가 아깝다고 한다. 나이가 있어 교감 승진은 어렵지만, 박사학위도 있고 하니 전문직 시험 치면 쉽게 될 텐데 왜 아까운 재능을 썩히느냐고 한다. 고백컨대, 그런 말 듣고 나도 마음이 흔들린 적이 제법 있었다. 하지만 아무리 생각해도 그건 길이 아니었다.

교사는 승진을 아는 순간 교육혼에서 멀어져간다alienated. 장사치가 돈맛을 아는 순간부터 모든 가치를 화폐가치로 환원하듯이, 승진을 욕망하는 교사는 모든 가치를 점수로 환원한다. 마르크스의 개념 틀로 설명하면, 사용가치는 사상捨象되고 교환가치에만 눈독을 들이는 것이다. 아이들에게 유용해도 점수화되지 않는 교육 실천에는 무심해지는 반면, 아이들에게 무익해도 스펙 쌓기에 도움 되는 일에는 기를 쓰고 달려드는 괴물alien이 되어간다.

이런 분들은 교사의 삶 또한 승진의 방정식으로 재단한다. 이분들에게 교사는 딱 두 종류로만 존재한다-승진한 교사와 승진 못한 교사. 승진한 교사는 유능하고 승진 안 한 교사는 무능하다. 승진한 교사의 삶은 행복하고 승진 안 한 교사의 삶은 불행하다. 이 단세포적인 이진법에 입각할 때, 내가 아깝다는 것이다. 그리고 앞에서 후배에게 벽지 학교로 가라고 조언하는 선배의 충심도 이런 맥락에서 이해할 수 있다.

나더러 승진하라고 채근하는 지인들과 실랑이를 벌이면서 이해가 안 가는 것이 있었다. 대화의 두 주체 사이의 벽이 너무 높은 것이다. 그들은 도무지 나를 이해할 수 없다고 한다. 나도 나의 정신세계를 몰라주는 그들이 이해되지 않기는 마찬가지였다. 나는 그들이 나쁘다고는 절대 생각하지 않는다. 다만 우리는 다른 것이다. 사물을 바라보는 관점이 다른 경우 흔히 '코드가 다르다'고 한다. code라는 영어 단어는 맥락에 따라 다양한 의미를 지니지만, 라디오나 무전기에서 '주파수'를 의미한다. 주파수가 다르면 교신할 수 없다. 코드가 다른 교사끼리는 교육적 소통이 불가하다.

느낀 그대로를 말하고 생각한 그 길로만 움직이며
그 누가 뭐라 해도 내 갈 길을 가려 하지만
나를 둘러싼 모든 것이 변해간다.
서른 즈음부터 승진을 생각하며 변해가는 벗들 때문에
나의 길을 가기가 쉽지 않지만
내 갈 길을 가자, 남이야 뭐라 하든!

섬마을 선생님

해당화 피고 지는 섬마을에
철새 따라 찾아온 총각 선생님

국민가수의 원조 이미자의 1960년대 히트곡으로 소박한 뽕짝 음악의 대명사격인 노래다. 세속적 안락을 뒤로하고 외딴 섬마을 학교를 선택하여 숭고한 교육자의 꿈을 펼치려는 청년 교사의 삶을 모티브로 삼기에, 이 노래는 오래전부터 현장교사들에게 남다른 사랑을 받아오기도 했다. 하지만 이 노래가 만들어질 때와 지금 섬마을 선생님의 초상이나 섬마을 학교의 풍속도는 다르다. 그냥 다른 것이 아니라 극단적인 대비를 이룬다.

첫째, 이미자가 활약하던 1960년대에 섬마을 학교는 선호하는 이가 없어 총각 선생이 떠밀려 가는 곳이었지만, 지금은 서로 가려 한다. 교직 경력이 일천한 총각 선생 따위는 명함도 못 내민다.

둘째, 그런 까닭으로 지금 섬마을 학교는 풋풋한 교육 신념의 소유자들보다 승진점수에 혈안이 된 찌든 영혼의 소유자들이 훨씬 많다.

셋째, 속세를 떠나 유유자적하는 선비의 삶을 즐기던 이미자의 총각 선생과 달리 현재의 섬마을 중년 남선생들의 일상은 술에 찌든 나날의 연속이다. 섬에 들어갔다 나온 선생들 입에서 나오는 이야기라곤 퇴근 후 술집과 노래방을 전전했다거나, 술독에 빠져 몸 망쳤다는 말밖에 없다. 지금은 어떤지 모르지만 내 동기나 선후배들 가운데 그런 사람 많았다.

'철새 따라'라는 구절에서 풍겨 오는 1960년대 섬마을 선생님의 정취는 안빈낙도라는 고사성어를 연상케 한다. 안빈낙도安貧樂道란 '가난한 생활 속에서도 편안한 마음으로 도를 즐겨 지킴'이라는 뜻이다. 하지만 이 말이 무색하게도 오늘날 섬마을 선생님의 삶은 한마디로 팔자가 폈다. 섬에서 몇 년만 버티면 대한민국 직업만족도 1위를 자랑하는 교장이 될 수 있기 때문이다.

이미자 시대와 달리 지금 선생들은 '철새 따라'가 아닌 '점수 따러' 섬마을로 향한다. 경북에서 유일한 섬인 울릉도에만 들어가면 경북 선생들은 팔자 고친다. 울릉도를 가기 위해 먼저 거쳐야 할 곳으로 울진군이 있다. 울진에 근무하는 선생들은 대부분 점수의 귀재들이다. 승진점수를 긁어모으기 위해 무엇을 어떻게 해야 하는지 ('안빈낙도' 할 때의 그 도道와는 정반대의 의미로) 도가 튼 사람들이다. 심지어 이들은 울진에 근무하는 모든 경쟁자 교사들의 점수를 서로 훤히 꿰고 있다. 내년에 울릉도에 자리가 몇 개 비는데, 현재 자기 순번이 몇 번인 것을 알기 때문에 자기 앞에 있는 사람들을 제치려고 뭐든 하려 한다. 심지어 가족계획을 수정하기도 한다.

명품경북교육 시스템에 따르면, 세 자녀를 가지면 이동점수가 2점 주어진다고 한다. 승진 레이스에서 이 이동점수는 엄청난 것이다.

태권도 선수에게 올림픽 금메달 따기보다 국가대표 뽑히기가 더 어려운 것처럼, 교장 되기보다 울릉도 가기가 더 어려운 실정이니 말이다.

출산 장려 방안으로 이보다 더 강력한 유인책은 없을 것 같다만, 자녀 많이 가지는 것과 교장의 자격 사이에 무슨 상관관계가 있는 것일까? 교육자적 자질이나 리더십 역량과 무관하게 아이 많이 낳는 것이나 윗사람과 밤새도록 술 마시는 것이 교장 되기 위한 결정적인 조건이 되는 교원승진제도는 합리성과 너무 거리가 멀다.

'섬마을 선생님'의 문제점을 짚은 위 글을 페이스북에 올렸더니, 몇몇 페이스북 친구께서 다음과 같은 의견을 주셨다.

(1) 섬이나 산골의 오지에 근무하는 교사들에게 승진가산점(벽지점수)을 부여하지 않으면 누가 근무하려 하겠는가?
(2) 그런 지역에 근무하는 교사들이 모두 승진점수에 혈안이 된 속물들밖에 없는 것은 아니다.

섬이라곤 울릉도 하나밖에 없는 경북과 달리 전남에는 섬이 워낙 많아서 승진에 필요한 벽지점수를 다 채우기가 쉽다고 한다. 그래서 섬마을 학교는 승진파 교사들로 다 충원되지 않기 때문에 이미자 노랫말에 나오는 총각 선생이나 안빈낙도의 교직 삶을 영위하는 참교사도 적지 않은가 보다.

경북 울진도 그러하다. 이 지역은 교장 공장이라 일컫는 울릉도에 들어가는 데 유리한 이동점수를 확보할 수 있어서 승진파 교사들이 많이 몰려든다. 하지만 새내기 교사들도 많이 발령받는가 하면, 울릉도에 못 들어가 승진을 포기한 중년 교사들이 바닷가 생활의 매력에 빠져 정착한 경우도 있다. 이런 분들은 아이들에게 충실할 것이다. 승진 욕망을 내려놓으면 교사는 다시 교육자로 돌아갈 수 있다.

하지만 수적으로 승진파 교사들이 지배적인 이 지역의 교직문화는 그리 아름답지 못하다. 몇 년 전 울진에 초임 발령을 받아, 찌든 교직 삶을 살아가는 승진파 선배 교사들에게 환멸을 느낀 소회를 쓴 정연우 교사의 블로그 글을 읽어보라https://blog.naver.com/ahhcs/221006261494.

이 글에는 교대 시절 공부를 잘해서 대구에 발령받을 수도 있었지만 순박한 시골 아이들을 가르치고 싶어 자원해서 울진에 발령받은 초임 여교사가 그 바닥의 교직살이를 1년도 못 버틴 채 사표 내고 다시 대구에 시험 치러 갔다는 이야기가 있다. 파릇파릇한 후배 교사의 눈에 비친 선배 교사라는 사람들의 군상은 날이면 날마다 교장·교감 데리고 밤새도록 술 마시고 다음 날 젊은 후배들에게 수업을 떠넘기고 하는 추태를 보이는 게 전부였으니, 신규 교사들에게 교직사회는 환멸 그 자체였을 것이다. 참으로 한심하고 부끄러운 이 나라 선배 교육자들의 민낯이라 하겠는데, 모든 교육자의 모습은 아니고 승진에 눈먼 찌든 사람들의 초상이다 여러분이 이 지역 출신이거나 현재 이곳에 살고 있다면, 여러분 고향 후배나 자식들을 이런 교육자들에게 맡기고 싶겠는가? 소외된 지역의 순박한 아이들을 위해서라도 '교육자'라는 이름 붙이기도 민망한 이 한심한 선생들을 배태하는 추악한 승진제도는 폐지되어야 한다.

그러면, 섬마을 학교엔 누가 와서 근무하느냐고?

그런 걱정을 왜 하는가? 군대든 군청이든 학교든 공무원 세계에서 섬마을이든 어디든 자리가 비면 누구로든 채워지기 마련이다. 찌든 교사들 대신 이미자의 노랫말에 나오는 참신한 젊은 교사들로 채워질 것이다. 유능한 중견교사들을 유인하기 위한 방안으로 적절한 유인책도 얼마든지 강구할 수 있을 것이다.

정 교사의 글에 나오는 선생 같지 않은 선생들이 있음에도 대한민국 교육이 아직 망하지 않는 이유가 두 가지라고 나는 생각한다. 하나는 이들이 차지하는 비율이 그리 많지 않은 것이고, 다른 하나는 이 추한 교사들이 그나마 승진해서 교실을 떠나 교장실로 향하기 때문이다.

문제는 교장 날개를 단 뒤 학교를 망치고 휘하의 교사들을 피폐하게 만드는 것인데, 교실을 망치는 것보다는 학교를 망치는 것이 낫고, 아이들의 영혼을 파괴하는 것보다는 교사들을 피폐하게 하는 것이 조금 더 낫지 않나 싶지만… 이런 사람도 승진점수만 따면 교장 자격을 획득하는 이 시스템은 정상이라 할 수 없다. 모든 교육 참사의 기저엔 승진제도라는 괴물이 있다. 이 괴물만 없애면 학교교육의 모든 것이 지금보다 훨씬 좋아질 것이다.

무명교사 욕보이는 교단엔 희망이 없다

구미에 있는 경북교육연수원에서 겪은 일이다.

도교육청 주관으로 열린 연수회에 참여했는데, 연수에 앞서 도교육청 모 과장님이 인사 말씀을 하셨다. 20년 전쯤 구미에 근무할 때 알고 지내던 분이었다. 내가 맨 앞자리에 앉았기 때문에 모른 채 지나갈 수 없는 입장이어서 말씀 끝난 뒤 다가가서 인사를 건넸다. 나를 반갑게 맞으며 하시는 말씀이 이랬다. "좋은 소식 왜 안 들려주노? 안 그래도 ○○초 팀 만나면 이 선생 이야기 많이 한데이."

○○초는 과장님이 그 시절 교감으로 근무하셨던 곳이다. 아마 그때 선생님들과 지금도 만남을 유지하는 모양이다. 그 그룹 내의 선생님들 가운데 나를 아는 분들이 계시는 것 같다.

지금 내 동기들 가운데 상당수, 남자 동기 가운데는 대다수가 교감 또는 교장이나 전문직으로 진출해 있다. 과장님이 말씀하시는 '좋은 소식'이란 내 동기들처럼 그런 곳에 진출하는 것을 말한다. 다정한 목소리에 진심으로 나를 생각해서 건네는 말인데 불쾌할 이유는 없다. 하지만 사적으로나 공적으로도 이런 발언은 문제가 많다.

첫째, 상대방을 진심으로 걱정해서든 아니든 이런 발언은 나 같은 입장에 있는 교사에게 실례가 된다. 이건 흡사 결혼적령기(결혼에 적령기가 있는지 모르지만)를 지난 남성이나 여성에게 "좋은 소식 왜 안 들려주노?"라고 묻는 것과도 같다. 결혼을 못한 사람도 있지만 어떤 소신에서 안 한 사람도 있다. 마찬가지로, 승진도 못한 사람이 있지만 안 한 사람도 있는 것이다. 결혼이든 승진이든, 못했든 안 했든, "왜 안 하나?" 하는 인사말은 당사자의 입장에서 결코 유쾌할 수 없다.

둘째, 도교육청 고위직에 계시는 분은 그런 말씀을 하시면 안 된다. 이 나라 전체 교사 가운데 승진한 교사보다 평교사로 남는 교사가 압도적으로 많다. 그런 자리에 계시는 분은 공식 석상에서는 교사 대중을 향하여, 이를테면 무명교사를 예찬하는 발언을 하실 것이다. 그런 분이 단상을 내려와서는 현실 세계 속의 지인에게 '좋은 소식' 운운하는 발언을 하시면 무명교사는 슬퍼진다.

셋째, 그 위치에 계시는 분의 그런 말씀엔 식민지적 승진제도의 질곡에 신음하는 이 나라 학교교육의 현주소가 투영되어 있기 때문에 부적절한 언설이다.

헨리 반 다이크가 예찬하는 무명교사의 삶이 아름다운 것은 그가 승진을 꿈꾸는 것이 아니라 학문을 벗 삼아 자신과 학생이 동반 성장해가는 것을 꿈꾸기 때문이다. 그에게 낙은 학생을 가르치는 것이다. 그런데 이 찌든 천민적 사고에 휩싸인 교육 관료들의 눈에는 '승진 적령기'를 지나 교실에서 학생을 가르치는 교사는 패잔병으로 비치는 모양이다. 이런 사고의 소유자들이 경상북도 교육을 쥐락펴락하고 있으니 통탄할 노릇이다.

엄밀히 말해 교장은 교장 선생님이 아니라 그냥 학교장이다. 교육자

가 아닌 행정가다. 우리는 교사가 되기 위해 교대에 들어갔지 행정가가 되기 위해 들어간 것은 아니다. 교실이 무슨 쇼생크인가? 이 나라 교사들은 왜 하루속히 교실을 탈출해 교장실로 진출하는 꿈을 꾸는가? 그 꿈을 실현한 것이 좋은 소식이고 그러하지 못한 교사는 패잔병 취급 받는, 이 말도 안 되는 교직사회 구조는 혁파되어야 한다.

반 다이크는 "전투에 이기는 것은 위대한 장군이로되 전쟁에 승리를 가져오는 것은 무명용사"라 했다. '좋은 소식' 운운하는 장군이 이끌고 패배주의에 사로잡힌 무명용사들이 참여하는 전쟁에서 승리는 요원할 뿐이다.

무명교사 욕보이는 교단에 희망은 없다.

학폭점수로부터의 사색

실존주의 철학자 마르틴 부버는 사람과 사람이 맺는 관계 방식에 따라 두 유형의 인간관계가 존재한다고 했다. '나-너(I and Thou)'의 관계와 '나-그것(I and It)'의 관계다. 나-너의 관계는 인간 대 인간의 관계로서 상호 신뢰를 바탕으로 만남을 갖는다. 이에 반해, 나-그것의 관계는 상대방의 존재를 기능적인 어떤 것, 즉 나의 목적 실현을 위한 도구로 간주해버린다. 도처에 물신화의 기제가 만연한 현대 자본주의사회에서 사람 대 사람의 만남이 점차 나-너의 관계에서 나-그것의 관계로 흘러가는 것이 우리 시대 비극의 전부라 해도 지나친 말은 아닐 것이다.

학교에서 학생을 '너'가 아닌 '그것'으로 보는 적나라하고도 반교육적인 맥락은 승진과 관련한 국면에서 엿볼 수 있다. 토요일에도 학교에 출근하던 시절의 일이다. 토요일 마지막 수업인 4교시에 교무실에 잠시 들렀다가 우연히 교감이 5학년 아이 몇몇을 교무실 소파에 앉혀놓고 있는 것을 목격했다. 내가 영문을 묻자 교감은 그 아이들을 데리고 진로교육을 하고 있다고 했다. 그런데 아이들의 면면이 하나

같이 공부도 못하고 불우한 가정형편으로 애정과 관심이 결핍된 딱한 아이들이었다. 그땐 순진하게도 '교감 선생님께서 이 불쌍한 아이들에게 마음을 쓰시는구나!'라고 생각했다. 나중에 알고 보니 그게 아니었다. 교감이 아이들을 대상으로 무슨 교육을 하면 무슨 점수를 받는다고 한다. 그러니까 그 불쌍한 아이들을 수업시간에 빼와서 교무실에 앉혀놓고선, 교육은커녕 아무 짓도 안 하고 방치하면서 점수를 챙겼던 것이다.

그 사실을 알았을 때, 그 교감이 사람으로 보이지 않았다. 승진하는 인간들의 뇌구조와 정서 기제가 의심스러웠다. 더구나 이미 교감이 되어 있는 사람이 또 뭐가 부족해서 아이들을 볼모로 점수를 챙기려는 걸까? 물론 그 시절엔 창체(창의적 체험학습) 시수라는 게 없어서 토요일 4교시엔 담임재량시간으로 학급회의 같은 것을 배치하고 있었으며, 해당 아이들은 어차피 수업에 잘 집중하지 않는 아이들이기 때문에 교감은 수업결손에 대한 가책을 덜 느꼈을지도 모른다. 하지만 나는 오히려 그런 발상이 더 나쁘다고 생각한다. 만일 교감이 공부도 잘하고 멀쩡한 집안의 아이들을 선택했더라면 내가 이렇게 격분하지 않는다. 그 아이들은, 성서적 표현으로 말하자면, '길 잃은 양'에 해당하는 가련한 영혼들이었다. 집에서도 무관심 속에 아무런 사랑도 못 받고 커온 아이들이 학교에 와서도 그런 취급을 받는다면 그 아이들에게 학교란 대관절 무엇을 의미한단 말인가? 교감의 그 반교육적 행각에 비하면 학급 담임교사가 반 아이들 자습을 시켜놓고 승진에 필요한 연구 실적물을 만드는 짓거리는 차라리 인간적이리라.

승진제도에 대한 나의 비판 글이 늘 그렇듯, 극단적인 예를 들어

독자를 불편하게 만든다고 할지 모르겠다. 하지만 교육 영역에서 승진이란 게 본디 극단적인 성향의 소유자들에게나 가능한 일이다. 사실 그 교감도 특별히 나쁜 사람은 아니다. 집에 가면 선량한 가장이고, 훗날 교장 돼서도 학교 돈 밝히지 않고 직원들에게 한턱내기도 할 정도로 후덕한 심성의 소유자였다. 다만 그는, 승진점수에 관해서만 극단적인 사람이었던 것이다.

이렇듯, 승진이라는 것이 승진점수라는 기제에 극단적으로 편향된 일부 교사들이 펼치는 레이스였건만, 최근 '학교폭력(학폭) 가산점'이란 게 생기면서 그 빗나간 물신을 좇는 욕망이 평준화될 전망이다. 2014년부터 학교폭력예방 유공교원에게 승진가산점을 1년에 0.1점씩 최대 1점까지 받을 수 있게 했다. 소수 둘째 자리에서 교감 자격의 당락이 결정되는 현행 승진 시스템에서 0.1점은 엄청나게 큰 점수다. '유공교원'이라 하지만 학교별로 전체 교사의 50%가 받을 수 있는 점수이기에 너도 나도 앞 다투어 받으려 한다. 중요한 것은, 승진에 별 관심이 없는 젊은 교사들 사이에도 '나중에 어떻게 될지 모르니 일단 받고 보자'는 심사가 만연해 있는 것이다.

내가 볼 때 이건 장차 엄청난 후폭풍의 재앙이 예상되는 판도라의 상자와도 같다. 앞서 살펴봤듯이, 승진욕의 화신이 된 교사에게 학생은 '그것'으로만 존재한다. 학교가 그나마 교육적인 면모를 유지하는 것은 학생을 '그것'으로 만나는 교사보다 '너'로 만나는 교사가 더 많기 때문이다. 다시 말해, 승진을 좇는 교사가 아닌 승진에 무심한 선량한 교사들에 의해 학교가 제대로 돌아가는 것이다. 특히 젊은 교사들이 이 나라 교육의 희망이라 할 것이다. 그런데 50%의 교사들에게 학폭점수 0.1점을 남발함으로써 젊은 교사들에게 승진 가능성에 대한 환상이나 물욕을 학습시킨 것은 교육적으로 재앙이 아닐 수 없다.

교사인 사람이 내딛는 승진의 길에 '교육'이 있는가? 승진이라는 욕망의 늪에서 허우적거리며 점수 열심히 챙기는 교사에게 '성장'이 있는가? 연구점수와 자기연찬이 양립하는가? 이 모든 물음에 대한 대답은 '아니오'다. 절대적으로!

학교폭력 가산점이 어떻게 해서 생겨났는지 생각해보자. 이에 대해 약간이라도 진지하게 성찰한다면, 이 추하디추한 점수를 탐하려는 욕심이 가실 것이다. 학폭은 교육 붕괴의 표상이다. 학교 붕괴가 있기 이전에 사회의 붕괴가 있었다. 총체적으로 망가질 대로 망가진 이 사회에서 더 이상 숨을 곳이 없는 아이들이 하나둘 아파트 옥상에서 몸을 내던지고서 만들어진 것이 '학폭점수'다. 말하자면, 아이들의 피의 대가로 만들어진 결정체가 학폭 가산점인 것이다.

학교는 경찰서가 아니다. 교사는 보안관이 아니라 교육자다. 학교폭력 문제에서 피해자와 가해자 모두가 교사가 보듬어야 할 대상이라는 점에서 그러하다. 몇 해 전, 자기 제자가 학폭 가해 학생으로 지목돼 학폭위원회에서 강제전학 조치를 받은 것에 대한 자책감을 견디지 못해 자진한 교사가 있었다http://news.joins.com/article/9418580.

아무리 그래도 그렇게 극단적인 선택을 할 필요가 있었을까 싶지만, 이 선생님의 행위는 학교폭력이라는 엄중한 현실 속에서 교사 된 사람이 어떤 자세를 지녀야 하는가 하는 점에서 많은 생각을 하게 하는데, 적어도 학폭 가산점을 덥석 챙기는 자세는 아닐 것이다.

앞으로의 교직 삶이 어떻게 될지 모르니, 주는 점수 우선 챙기고 보자는 심사는 충분히 이해할 만하다. 하지만 동시에, 아이들의 피로 얼룩진 이런 점수를 챙겨서라도 승진해야 하는 것인지도 생각해보자. 상처받고 피 흘리는 아이가 있으면 온몸으로 끌어안을 일이지 승진을 위한 매개물(그것)로 삼을 일인가? 우리가 그렇게 극단적인 성향의 소유자인지 진지하게 성찰해보자.

교장의 일상

교대를 졸업하고 현장에 첫발을 내디딘 때가 20대 중반이다. 20대와 30대, 40대를 지나 지금 50대에 이르렀다. 지금 내 동기들이 한창 교감 또는 교장으로 승진하거나 장학사가 되어 있다. 승진 문제에 관해 다소 비상한 정서를 담아 쓰는 나의 글들이 혹 승진 못한 패배감의 발로나 시샘에 기인한 것은 아닌가 하는 지적이 있을 수 있다. 전혀 그렇지 않다고 하지는 않겠다. 나도 사람인 이상 이런저런 사회적 욕망으로부터 자유롭지는 않다. 사이먼과 가펑클의 아름다운 노랫말처럼, "달팽이가 되기보다는 참새가, 못이 되기보다는 망치가 되고 싶듯이", 결재받는 입장이기보다는 결재하는 위치에 있고 싶은 것은 교사된 사람의 인지상정일 것이다.

하지만 그것은 사람이면 누구나 품는 상식적 차원의 막연한 욕망일 뿐, 처절한 바람은 결코 아니다. 내 동기가 교감 되어 나랑 같이 근무하게 되면서 일순간 '내가 가는 이 길이 맞나? 더 늦기 전에 나도 어떻게 해야 하는 건 아닌가?' 하는 불안에 사로잡힌 것은 사실이다. 하지만 역설적으로, 동기 교감들이랑 같은 학교에서 근무하면서 그 길을 가지 않기를 잘했다는 확신을 갖게 되었다. 지금까지 몇 명의 동기 교감과 같이 지냈는데, 교감으로서 이들이 보여준 구체적인 삶의 자취들은 그리 부러워할 만한 모습이 아니었다.

진리는 늘 구체적인 모습으로 발견되는 법이다. 직위를 보지 말고 사람을 보자. 머릿속에 막연한 관념의 대상으로 존재하는 직위로서의 교장·교감을 떠올리지 말고, 주위에서 교장·교감 된 사람들이 보여주는 구체적인 삶의 면면을 살펴보자. 그 모습들을 보며 교육자인 사람이 교장 되는 게 뭐 그리 좋은 일인지 냉철하게 판단해보자.

사람 좋기로 자타가 인정하는 교장 선생님과 같이 근무한 적이 있다. 이분은 스스로 교사들을 인격적으로 대하는 편이라 자부하신다. 사실이다. 교사가 지각과 조퇴를 밥 먹듯 해도, 수업을 대충대충 해도 싫은 소리 한 번 내뱉는 적이 없다. 이분이 지닌 이 후덕한 품성의 가장 큰 수혜자는 교감일 것이다. 교감의 근무평정(근평)을 교장이 쥐고 있는 구조에서 교장-교감의 관계는 군에서 사단장과 영관급 장교의 관계와도 같다. 그래서 교사들에게 좋은 교장도 교감에게 가혹한 리더십을 펼치는 경우가 많다. 그런데 이 교장 선생님은 교감에게도 인격적으로 대하신다. 교감 또한 좋은 사람이다. 교장과 마찬가지로 근태(근무태도)에 문제가 있는 교사를 방치한다. 관리자로서 이 두 사람의 모토는 '즐거운 학교'다. 일견 좋아 보이지만, 누구를 위한 즐거움인가 하는 점에서 이들의 마인드에 나는 심각한 회의를 품는다.

사람 좋은 이 두 사람의 또 다른 공통점은 수다 떨기를 즐기는 것이다. 교장실과 교무실은 긴 복도의 양 끝에 있어 교장이 교무실로 건너오려면 교실 3개를 지나쳐야 한다. 교실을 탈출해서 어렵게 교장이 되었지만, 막상 교장이 되어 교장실에 혼자 있으려니 고독을 견디기가 어려운 듯, 교장은 수시로 교무실로 건너와 교감 혹은 교무행정사와 잡담을 나눈다. 교무행정사도 이 후덕한 교장에게 호감을 품는 바, 교장의 그런 심사를 잘 이해하며 한다는 말이, "교장 선생님이 교무실을 찾는 일정한 패턴이 있는데, 전담선생님들이 없을 때와 교감이 있을 때만 온다"는 것이다. 소규모 학교인 이 학교에는 전담실이 따로 없어 전담교사가 교무실에 머문다. 이분들에게 피해를 안 주려는 사람 좋은 교장 선생님의 조심스러운 행보라 하겠다.

와자지껄한 교실에서 아이들과 부대끼는 게 싫어서 교장이 된 교육자가, 이제는 아무도 없는 쓸쓸한 교장실에서 혼자 있기가 두려워서 교장실을 벗어나려는 모습에서 우리는 '교육 소외'의 전형을 본다. 보통의 교장은 이 고독감을 이겨내기 위해 쓸데없는 외유성 출장으로 나랏돈 축내가며 교장실과 학교를 벗어나지만, 양심적인 이 교장 선생님은 교무실을 지향하니 좋은 분이 맞긴 하다.

수다쟁이 교장과 교감이 접속하면 교무실은 화기애애한 이야기로 행복해진다. 단, 이 속에 '교육'은 없다. 이들이 나누는 주된 이야기는 학교와 얽힌 사람들의 일상에 관한 것이지만 교육적인 관점은 거의 엿볼 수 없다. 이들의 소박한 담론 속에 교육은 없지만 학교는 있다. 교육학 책에 나오는 창백한 당위로 포장된 학교가 아닌, 대한민국 교직사회의 현실을 보여주는 리얼한 학교가 있다. 이들 담론에서 가십거리로 등장하는 타 학교 교장·교감의 일상사가 대한민국 교장·교감들의 전형적인 모습이고 이들의 모습이 우리네 학교의 현주소다. 이들이 떨어대는 수다를 문화인류학 기법ethnography으로 분석하면, 대한민국 교장·교감들의 민낯이 나온다. 학교 돈 밝히는 교장, '주량이 역량'이라는 지론의 교장, 배구에 목숨 거는 교장, 하루 종일 자기 집 강아지 이야기밖에 안 하는 독신 여교장 이야기 등등.

지성인 집단을 이끄는 학교 경영자라는 사람들의 면면이 이러하다. 그나마 좋은 교장이라는 것도 앞서 봤듯이 교육적으로 좋은 모습은 아니다. 슬프게도 이게 우리 학교의 모습이다. 학교교육의 구심에 있는 사람들의 면면이 이러한 것이다. 이들이 후배 교사들에게 내뱉는 이야기 가운데 딴에는 가장 진지한 화두가 "승진 준비하라"는 것이다. 나이 들어 후회하기 전에 일찍 준비하라는 거다. 이 맥락에서 후배 교사들은 자기 영혼을 향해 진지하게 물어보기 바란다. 평교사 때는 교실을 탈출하려 하고 교장이 돼서는 교장실을 탈출하려는 그 모습이 과연 부러운 것인지를?

무엇이 올바른 선택인지 항상 구체적으로 생각해볼 일이다. 내가 부러워하는 교장이라는 자리가 저런 모습인지 자신에게 물어보라. 교장실에 혼자 있기가 멋쩍어서 교사 눈치 보며 교무실에서 수다 떠는 모습이 부러운가? 나이 들어서 열정적으로 아이들 가르치는 평교사의 모습이 창피한지, 그런 평교사 눈치 보며 수다 떨며 소모적인 일상을 보내는 모습이 창피한지 생각해보라.

이쯤이면 흔히 "교육적으로도 훌륭한 교장이 있을 수 있다"며 나의 논리를 반박하려는 분들이 나온다. 말 자체는 맞다. 교육적으로도 훌륭한 교장이 있을 수 있지만, 현실 속에서 매우 드문 경우로만 존재한다. 사물은 우연적인 면과 필연적인 면, 현상적인 면과 본질적인 면이 맞물려 돌아간다. 예외적인 사례를 들어 문제의 본질을 희석시키려는 것은 합리적인 사유양식이 아니다. 논리적으로도, 이런 교장 선생님이라면 후배들에게 "승진 준비하라"느니 하는 말을 내뱉지 않을 것이니 나의 논점과 상치될 여지도 없다. 그런 교장 선생님 이야말로 그 자리에 있을 자격이 있는 분이며, 또 그런 분과 함께라 면 평교사로 있어도 스트레스나 박탈감을 전혀 느끼지 않을 것이다. 진정 그런 분이 교장이 되어 후배 교사들로부터 귀감이 되는 학교가 가능하다면, 내가 말하는 '승진 문제'에 관한 담론 자체가 필요 없어 진다. 하지만 내부형공모제교장이라면 몰라도, 이 괴물 승진 시스템 속에선 그런 교장은 극히 드물다. 왜냐하면, 승진이라는 암흑의 터 널을 지나 교장이 되면, 이미 교육적으로 왜곡된 가치관과 마인드로 얼룩져 있을 것이기 때문이다. 구체적인 삶 속에서 인간은 항상 구조 속의 인간이다. 나쁜 승진제도하에서 좋은 교장은 나오기 어렵다.

승진은 짧고 교직은 길다

거듭 강조하건대, 이 나라 학교교육의 모든 문제는 승진 문제로 좁혀진다. 교사가 바로 서지 않으면 교육이 바로 서지 못할 것은 자명한데, 현행 승진제도는 교사를 바로 서지 못하게 발목을 잡고 있기 때문이다. 승진 문제가 해결되지 않으면 이 나라 교단엔 희망이 없다.

승진 문제의 해결은 두 가지 차원에서 논의되어야 한다. 제도적 차원과 자기해방의 차원이다. 이 두 차원은 서로 긴밀히 연관되어 있다. 나쁜 승진제도가 혁파되지 않는 한, 많은 선량한 교사들이 묵묵히 교단을 지킬 것을 기대하기 어렵다.

먼저, 승진제도 개선에 대해 논해보자. 나는 이 이상한 제도가 그리 오래 못 갈 것으로 본다. 대한민국은 민주공화국이고, 모든 권력은 국민으로부터 나온다. 잘못된 승진제도가 교사를 망가뜨리고 학교교육을 해친다면 이 악폐의 근절을 반대할 국민은 없다. 그럼에도 이 구악이 오래도록 지속되어온 것은, 교총을 중심으로 한 기득권 세력이 똘똘 뭉쳐 공고한 체제를 버텨온 탓도 있지만, 더 중요한 원인으로 제도의 문제점이 국민에게 널리 알려지지 않고 있기 때문이다. 그 좋은 예가 현 정부에서 내부형공모제교장을 자율학교의 100퍼센트로 확대하려 할 때 교총이 결사반대를 외치며 강력히 저항한 결과 국무회의를 거쳐 50퍼센트로 축소하겠다고 발표한 것이다. 교총이 "'나쁜 정책', 무자격교장공모 전면 확대 폐지 청원!"이란 제목으로 청와대게시판에 올린 청원 글에는 41,115명이 참여한 반면, 이에 맞서 어느 신생 교원단체가 "교장제도의 개혁을 청원합니다"라는 제목으로 올린 청원에는 17,172명밖에 참여하지 않았다. 이 단순한 두 수치로 마치 현장교사들의 여론이 내부형공모제교장 확대보다 반대에 가까운 것처럼 돼버렸다. 만약 이 제도를 찬성하고 지지하는 청원 수가 교총의 청원 수보다 압도적으로 많았다면 교육부가 기존 입장을 고수했을 것이다.

이 책에서 누누이 말하는 교원승진제도의 심각한 문제점을 모르는 일반 시민은 현행 승진제도가 학교교육 발전을 위한 자극제로서 순기능을 하는 것으로 생각할 것이다. 하지만 아이들을 열심히 가르치는 교사에게 주어지는 '정적正的 강화물'이 아이들을 벗어나게 하는 것이라는 점에서 앞뒤가 전혀 맞지 않다. 아이들 가르치는 게 싫어서 교단을 탈출한 사람이 장학사나 관리자가 돼서 교사들에게 "아이를 사랑하고" 어쩌고 훈시하는 게 말이 되는가? 이 말도 안 되는 시스템을 시민들이나 학부모들이 안다면 현행 승진제도를 극구 반대할 것이다.

따라서 학교를 바꾸기 위해선 학교의 문제점들을 외부에 널리 알려야 한다. 내가 이 초라한 책을 '학교를 말한다'라는 제목으로 펴내는 이유도 그게 전부다. 내 책과 송진초 박순걸 교감 선생님 책처럼 학교 내부자들에 의한 자기고백이나 폭로가 일파만파로 번져가면 나쁜 승진제도가 바뀌는 것은 시간문제라 하겠다. 그러니, 우리 후배 교사들이 미래의 행복을 위한답시고 교육자적 양심을 저버리고 추한 승진 대열에 동참하려는 생각을 과감히 버리시면 좋겠다.

계속해서 자기해방에 관한 이야기를 해보자. 인간성을 구성하는 두 축은 생물학적 요소와 인간적 요소다. 이 두 축은 각각 속물근성과 유적類的 존재로서의 인간 본질에 연결된다. 내가 승진하는 사람을 탓하지 말고 승진제도를 탓해야 한다고 말하는 것도, 어떤 교사도 사람인 이상 속물적인 욕망에서 자유롭지 않기 때문이다. 자기해방은 이 두 축에 대한 초월을 동시에 이룰 때 가능하다.

속물근성의 초월은 승진 문제에 대한 실용적 측면의 성찰과 관계 있다. 좀 전에 내가 '미래의 행복' 운운했지만, 승진하는 게 뭐 그리 행복한 일인지, 그 행복이 뭐 그리 오래가겠는지 냉철히 짚어보자. 교감 시절을 포함해 길어도 10년 정도인 그 시기 이전의 삶은 지옥이 아니던가? 교육자적 양심을 저버리고 온갖 추태와 비루함으로 점철되는 암흑의 승진 터널은 지옥이다. 승진 과정에서 온순한 관리자들을 만나서 그런 욕을 덜 본 사람도 있겠지만, 승진을 이룬 많은 교사들이 승진을 "두 번 다시 가고 싶지 않은 길"이라고 고백한다. 10년의 행복을 위해 그보다 몇 곱절의 교직 삶을 불행하게 보내는 게 과연 타산이 맞는 일인가?

우리는 교사다. 교사의 정체성은 학생교육에 있다. 우리는 학생들을 가르치는 교육자가 되기 위해 교대나 사대에 진학하고 교육학을 공부했다. 현재 대한민국의 교장은 교육자가 아닌 행정가로서만 존재한다. 학생을 가르치는 게 우리의 꿈이었는데 어떻게 수업을 안 하는 게 자랑일 수 있는가? 교사의 역량은 수업으로 말한다며 수업 연구를 열심히 했는데, 유능한 수업자에게 주어지는 특권이 수업을 하지 않게 하는 것인 이 정신분열의 승진기제 속에 내 영혼을 던져도 좋은가? 교사의 존재론은 학생을 가르치는 것이 전부여야 한다.

교육과 삶은 따로 가지 않는다. 교사에게 바람직한 삶은 바람직한 교육을 통해서만 가능하다. "두 번 다시 가고 싶지 않은" 그 길을 간 사람이 이명박이라면 몰라도 선량한 교사라면 그 삶은 행복할 수 없다. 교육 일상에서 '그건 아니다'라고 생각하면서 승진을 위해 불의 앞에 침묵하고 불의에 편승하고 불선한 교육 관료의 부역자 노릇을 했다면 그의 삶은 행복할 수 없다. 승진은 한 순간이지만 삶은 영원하다. 짧은 행복을 위해 오래도록 세상 사람들에게 그릇된 교육자로 기억되는 우를 범할 수는 없다.

화무십일홍花無十日紅.

교사든 교장이든 교육장이든 퇴직하면 모두 할아버지 할머니로 환원된다. 탑골공원의 황혼의 인생 속에는 직위가 없다. 그런데 추락하는 것은 날개가 있듯이, 교직사회에서 늘 갑질하다가 노인네로 전락하면 그 상대적 박탈감이 훨씬 크다. 내가 아는 어떤 교장은 퇴임 후 이 박탈감을 견디다 못해 심한 정신병을 앓았는데, 그의 부인이 치유책으로 자기 방 책상 위에 '교장 ○○○'이란 명패를 올려줌으로써 해결했다는 일화도 있다. 이렇듯 교장은 창백한 명패를 간직할 뿐, 교장이라는 직위 자체를 은퇴 후의 삶에서 간직할 순 없다. 승진은 짧고 교직은 길다.

세상이 변하고 있다. 사회 곳곳에서 부조리한 적폐가 하나씩 들춰지며 바른 방향으로 개선되어가고 있다. 건강한 학교문화를 저해하는 이 추하디추한 현행 교원승진제도의 문제점도 세상에 널리 알려지는 순간 이 제도는 혁파될 수밖에 없다. 젊을 때부터 차곡차곡 점수 모았으나 교장이 되는 관문은 점점 좁아져서 종국에는 폐기되어 공든 탑이 무너지는 허망함을 겪을 가능성이 많다. 나는 확신한다. 우리 선배 교사들의 시대에는 "젊었을 때 승진 준비 안 한 것을 후회한다"는 말이 흔했지만, 후배 교사들이 지금 선배들 나이가 되었을 때는 "젊었을 때 교육자적 양심과 가족을 희생시키면서 승진 준비에 온 에너지와 시간을 쏟았던 것을 후회한다"는 말이 나올 것이다.

교직의 밝은 미래를 위한 제언

사람을 탓하지 말고 제도를 탓하자

페이스북에 글을 자주 올리는 편이다. 주로 학교 일상이나 교육에 관한 담론을 쓰는데, 승진 문제에 관한 글을 올릴 때마다 독자들의 반응이 뜨겁다. 어떤 글에서는 500여 개의 '좋아요'와 200여 건의 공유가 이루어지는가 하면, 하루 만에 200명 가까운 친구 요청이 쇄도했다. 공들여 쓴 글도 아니고 그리 잘 쓴 것도 아닌데 그렇게 폭발적인 반응을 보이니 놀랍고 두려운 마음마저 일었다. 이런 현상은 그 승진 문제가 현장교사들에게 극도로 심각한 문제이고 그 해결에 대한 욕구가 크다는 방증이다. 승진제도에 대한 나의 비판 글에 독자들이 뜨거운 반응을 보일수록 조심스러운 마음으로 나의 글을 돌아본다. 이런 글을 쓰면서 감정에 치우치치 않을 수는 없다. 교사도, 아니 교사이기 때문에 부조리한 현실에 분노를 품어야 한다. 중요한 것은, 사람을 탓하지 않는 것이다. 나쁜 것은 제도이지 사람이 아니다.

한국 사회에서 교사로 살아가면서 승진의 유혹에 빠지거나 한 번쯤 승진에 대해 진지하게 생각해보지 않은 교사는 없을 것이다. 승진이라는 문제는 교사의 실존에서 중대한 의미를 갖는다. 낭농제석 사치보다 개인성을 더 강조하는 서구 사회에서는 찾아볼 수 없는 이 기형적인 교원승진제도가, '군사부일체'니 하는 유교적 교육관이 숭상되는 우리 사회에서 왜 존재하는 것일까? 스승을 존귀한 존재로 떠받드는 사회에서 왜 우리 스승들은 스승이 되자마자 스승이기를 벗어나기 위해 그렇게 애를 쓰는 것일까?

그 이유는 간단하다. 지금의 교원승진제도는 애당초 우리 손으로 만든 것이 아니고 우리 의사에 반하여 만들어졌기 때문이다. 우리 교직의 승진제도는 일제강점기에 식민통치자들이 교단을 길들이고 교사들을 순치시키기 위한 식민지배의 원리에 따라 만들어진 것이 해방 후 군사정권에 의해 비슷한 목적으로 계승되었다가 현재에까지 이르고 있다.

식민지배의 기본 원리는 '분리 통치 전략divide and rule strategy'이다. 지배자들은 어떻게든 식민지 백성들을 분열시키려 한다. 그러려면 치열한 경쟁은 필수다. 경쟁을 통해 서로 다투게 만들어야 한다. 소모적인 경쟁을 통해 집단의 영혼을 망가뜨려야 한다. 스승의 꿈을 품고 교단에 서자마자 교단을 탈출하기를 소망하게 만드는 교장승진제도는 정상이 아니다.

다른 나라에서도 승진제도가 있긴 하지만 우리처럼 얄궂은 점수나 스펙 쌓기를 통해 아등바등하는 것이 아니라, 모든 교사에게 열어놓고 선발한다. 놀라운 것은, 우리와 달리 교장에게 교사보다 훨씬 많은 월급을 주는데도 교장을 서로 안 하려는 것이다. 이런 시스템 속에서 교사는 교사임에 자부심을 갖고 학생교육에만 전념하니 교직의 긍지는 그대로 양질의 교육으로 이어지고 국가의 백년지대계를 위해 헌신하게 되는 것이다. 그러나 식민지적 질곡의 승진제도 하에서 우리나라 교사들은 '승진적령기'에 승진을 못하면 패배주의에 젖어 '언제 명퇴할 것인가?' 하는 생각 속에 하루하루를 보낸다.

이렇듯 현행 승진제도는 어느 누구에게도 도움이 안 되며, 이 나라 교육현장을 황폐화시킬 뿐인 악법 그 자체다. 하지만 승진제도는 나쁘지만 승진을 욕망하는 교사를 탓할 수는 없다. 나도 한때 승진을 좇는 교사와 그렇지 않은 교사를 이분법적으로 재단하곤 했다. 사실관계를 떠나 윤리적으로 이런 사고는 금물이다. 막상 나이가 들면 이런 분들의 입장을 더 잘 이해하게 된다. 지금 나는 이런저런 실존적 고뇌 속에 승진의 길을 가기로 했다는 후배 교사들을 이해하고 격려하려 한다. 다만, 교감 승진보다는 전문직 시험을 통한 우회로를 권유하고 싶다. 교감 승진 가운데도 초임 교사 시절 오지에 발령받아 얼떨결에 벽지 점수가 확보되어 중년에 접어들면서 약간의 노력으로 승진하는 경우는 이해할 수 있다.

교사로서 승진이 바람직한 길이 아닌 것은 분명하다. 하지만 나쁜 것은 승진제도이지 그 라인을 타는 사람이 아니다. 승진한 사람과 승진 안 한 사람 모두가 합심하여 잘못된 승진제도를 개선해나갈 일이다. 그리고 누군가가 중요한 역할을 맡을 것 같으면 좋은 사람이 그 자리에 서는 게 바람직한 것은 물론이다. 우병우 같은 장학사보다 손석희 같은 장학사가 많아지면 교육은 바뀐다. 시대가 바뀌고 있다. 제도권과 교육운동권, 보수와 진보 사이의 경계가 허물어지고 있다. 교육 발전을 위해 이 둘이 건설적인 연대를 꾀할 여지도 많다. 서로 존중하고 이해하는 톨레랑스의 자세가 요구된다.

고무적인 것은, 최근에 와서 권위주의에 젖어 교사들을 '관리'하는 것이 아니라, 교육 동반자로서 교사를 '지원'하려는 관리자들이 하나둘 늘고 있는 점이다. 정말 훌륭한 분들이다. 아직은 극소수에 불과하고 전국적으로 뿔뿔이 흩어져 있지만, 바람직한 관리자 상像을 실천적으로 정립하기 위해 네트워크를 형성해가는 것은 가슴 벅찬 일이다. 모르긴 해도, 이런 분들은 "질곡의 현행 승진제도는 혁신되어야 한다"는 내 주장에 반대하지 않으실 것 같다

페이스북을 통해 전국에 계시는 많은 훌륭한 교육 동지들과 '접속'하고 있다. 그중에는 관리자나 전문직에 계시는 분들이 많다. 이들은 나의 행보를 지지하고 나 또한 이들로부터 배우는 것이 많다. 모두 소중한 교육 동지이고 애정과 신뢰를 보내고픈 벗들이다. 이 책에서 내가 쏟아내는 독설들이 선량한 교육 동지들에게 큰 상처로 다가가지 않길 바란다. 내 뜻은 그런 게 아니다. 나는 다만, "사람이 아닌 제도가 나쁘다"는 말을 하려 했고 앞으로도 계속 그럴 것이다.

승진을 못한 게 아니라
안 한 교사가 많아져야 한다

교대를 졸업하고 정식 발령을 받기 전에 소도시에 있는 한 학교에서 기간제 교사를 한 적이 있다. 동학년에는 까마득한 선배 선생님들이 계셨는데 그중 한 분은 이듬해 교감 승진을 앞두고 있었다. 그분이 술자리에서 털어놓은 말이 지금까지 충격으로 남아 있다.

"사실 승진하면 나는 더 손해다. 담임과 달리 돈 봉투를 못 받기 때문에…."

학교사회에서 촌지가 자취를 감춘 것이 그리 오래되지 않는다. 당시에는 학부모에게 촌지 받은 것을 동료 교사들에게 자랑삼아 떠들고 다니기도 했다. 이분의 말에서 내가 충격을 받은 것은 촌지를 탐하는 자체가 아니다. 그런 이야기를 방금 교단에 선 후배 교사 앞에 스스럼없이 내뱉는 것과, 그런 사람이 교사를 대표하는 지도적 위치에 선다는 사실에 치가 떨렸다.

그 뒤로 학교사회의 생리를 익혀가면서 그분이 특별히 추하고 악한 사람이 아니라는 것을 알았다. 내 주위에서 승진의 길을 가는 선배들은 내내 그딴 유령의 사람들이었나. 내가 '능신이라는 실을 설내가지 않으리라' 다짐했던 것도 그 길을 가는 선배들의 그런 비루한 행태에 대한 충격과 실망 탓이 크다. 지금 승진하는 교사들 가운데 그런 사람은 많이 줄었지만, 승진이라는 세계의 본질은 예나 지금이나 다르지 않다고 본다. 근평 잘 받기 위해 관리자에게 비굴하게 처신하거나 연구 점수 따려고 반 아이들 내팽개치고 남이 쓴 연구보고서 베껴 적고 하는 작태는 지금도 곳곳에서 벌어지고 있을 것이다.

세월이 흘러 후배들이 승진 준비를 하는 걸 보며 그들에게 '그건 아니다'라는 메시지를 던지면 그들은 다음과 같은 반응을 보인다. "그래도 승진 길을 가는 선배들은 안 그런 선배보다 덜 무능하고 덜 추해 보인다."

이 말에 딱히 반발하기가 어려운 실정이다. 그러니까, 예전에 나는 승진의 길을 가는 선배들이 추해 보였는데, 지금의 후배들은 승진 길을 안 간 선배들이 추해 보이는 것이다. 이 두 시각을 종합하면 다음과 같은 테제가 도출된다. 대한민국 교사는 딱 두 종류가 있다. 승진한 교사와 승진 못 한 교사!

20, 30대 젊은 교사들은 이 말에 공감하지 않을지도 모른다. 최소한 40 중반 이후의 남교사는 내 말이 가슴 깊이 와닿을 것이다. 이 말 속에 우리 교직사회의 슬픈 민낯이 투영되어 있다. 딴에는 유능하다 하는 교사는 교실을 탈출하려 하고, 승진 대열에서 낙오된 교사는 패배주의에 젖어 교실을 지키는 교단에서 교육 희망이 자리할 여지는 없다.

교직이 희망적이기 위해선 나쁜 승진제도가 바뀌어야 하지만, 현 체제하에서라도 승진 안 하는 교사가 많아져야 한다. 승진 못한 것이 아니라 "승진은 교사의 길이 아니"라는 신념으로 평교사임에 자부심을 갖고 나이 들어서도 교실에서 아이들과 행복한 삶을 경작해가는 것을 낙으로 삼는 교사가 많아져야 한다.

얼마 전에, 같은 학교에 있는 후배 교감이 내 교실로 찾아와 교육부에서 뽑는 전문직 시험을 쳐보라고 한다. 사무적인 안내가 아니라 나를 진정으로 생각하는 마음에서 간곡히 권유한다. 참 고마운 일이다. 그걸 사양할 수밖에 없는 내 입장을 설명하기가 참 난감했다. 이렇게 말했다. "외람되지만, 나는 승진 못한 게 아니라 승진 안 하는 교사로서 멋있게 살아가는 모습을 후배들에게 보여주고 싶다. 이 소박한 실천을 내가 교사로서 살아가는 이유로 삼고자 한다."

교감 후배를 보면서 대한민국엔 딱 두 종류의 교사만이 존재한다는 나의 확신이 더욱 굳어진다. 실로 이 후배뿐만 아니라 주위의 많은 선후배와 동기들이 내게 그런 제안을 한다. 그들이 한결같이 하는 말은 "박사학위를 가진 사람이 평교사로 머무르기가 아깝다"는 것이다. 이들의 사고에는 '유능=승진, 무능=평교사'라는 이분법적 도식이 자리하고 있는데, 유능한 사람이 평교사로 남아 있는 게 이해되지 않는 것이다.

우리 세대의 무능한 선배들과 달리 요즘 후배 교사들은 똑똑하고 참신하다. 사실, 똑똑한 교사라면 승진의 길이 참으로 초라하고 비지성적이고 불합리하다는 걸 알 것이다. 똑똑한 교사들은 필연적으로 이 비루한 교직문화에 비판적이게 되어 있다. 문제는, 롤모델로 삼을 만한 선배 교사가 드물다는 것이다.

후배들에게 귀감이 되는 선배 교사가 많아지길 바란다. 우리 교단에 승진하는 삶과 승진 못한 삶 외에 건강한 철학과 소신을 갖고 처음부터 승진을 안 한 삶도 있다는 것을 보여줬으면 한다. 사실, 승진하기보다 승진 안 하고 유능한 평교사의 길을 가기가 훨씬 어렵다. 또 어렵기 때문에 그 길이 멋있고 가치 있는 길이라 할 수 있다. 승진파 교사들이 득세하는 비루한 집단 분위기에서 비판적 자세를 견지하되 그들보다 학생교육을 더 잘하고 학교 일에 헌신적이며 동료들에게 솔선수범을 보이는 품위 있는 삶, 니체의 용어로 '거리 두기의 파토스Pathos der Distanz'를 견지하는 교직 삶을 살지어다. 이런 멋진 선배 교사가 하나둘 늘어나서 똑똑한 우리 후배들도 그런 선배의 삶을 좇는 교직 풍토를 소망해본다.

> 좁은 문으로 들어가라.
> 멸망으로 인도하는 문은
> 크고 그 길이 넓어 그리로 들어가는 자가 많고
> 생명으로 인도하는 문은
> 좁고 길이 협착하여 찾는 자가 적음이라.

박순걸 교감의
용기 있는 반성과 고백에
갈채를 보낸다

　20대 후반에 대학원에서 공부하며 교수세계에서 벌어지는 온갖 추한 일상을 체험했다. 처음 교사가 되었을 때 반지성적이고 반교육적인 교단의 모습이 충격이었듯이, 대학원생이 되어 가까이서 접한 교수들의 모습은 이 나라 최고 지식인에게 품는 기대치와는 너무 거리가 멀었다. 당시 교단에선 전교조를 중심으로 교육자의 양심을 회복하기 위한 참교육운동이 한창 일고 있었는데, 상아탑에선 교육 부조리를 척결하기 위한 최소한의 자정 움직임이 없는 것이 이해되지 않았다. 그땐 순진해서 몰랐지만 지금은 그 이유를 안다. 존재가 의식을 규정한다. 잃을 것이 많은 사회적 포지션에 있는 사람은 현재의 상황이 유지되길 바라지 변화를 갈구하지 않는다. 대학교수가 뭐가 답답해서 참교육운동을 펼치겠나?

　교육현장에서도 잃을 것이 많은 특권층이 있다. 관리자라 불리는 사람들이다. 관리자들이 두려워하는 것이 몇 가지 있다. 특권층으로서 이들은 자신의 기득권 유지에 노심초사하는데, 그 가장 큰 걸림돌이 전교조다. 그래서 전교조 교사는 관리자들에게 눈엣가시와도 같이 미운 한편 두려운 존재이기도 하다. 그런데 관리자들이 전교조보다 더 두려워하는 게 있다. 관리자 세계에서 왕따로 몰리는 것이다. 지금은 좀 덜하지만 한때 학교는 교장의 왕국이었다. 절대권력은 절대적으로 부패하는바, 이 교육귀족집단은 자신들의 추한 일상이 바깥세상으로 새나가지 않도록 '내부자들'에게 철저한 입단속을 강조한다.

이 불문율을 깨뜨리고 추한 관리자 군상의 민낯을 폭로한 교감이 있다. 밀양 송진초 박순걸 교감 선생님이다. 박 교감은 『학교 내부자들』에서 승진을 두고 "두 번 다시 가고 싶지 않은 길"이라 표현했다. '벽지 학교 입성을 위해 마지막까지 관리자에게 목을 매다'라는 제하의 글에서는 좋은 근평을 받기 위해 교사들이 밤마다 교장에게 술 사기 위해 줄을 선다는 이야기가 나온다. 학교장이 그만하고 집에 가자는 말이 나오기 전까지 누구도 집에 갈 생각을 못하고, 밤새도록 술 마시고 다음 날 수업을 제대로 못하는 경우가 많았다고 한다. 이래서 교직사회에서 "주량이 역량"이라는 말이 회자되는가 싶다. 교장하고 밤새도록 술 마실 수 있는 주량을 가진 교사가 교감 승진을 하고 교장실로 들어간다. 역사는 밤에 이루어진다고, 교총이 말하는 '자격교장'이 이렇게 만들어지는 것이다.

박순걸 교감은 관리자 세계에서 왕따당하는 것이 두렵지 않아서 이런 내부고발 백서를 낸 것이 아니다. 페이스북에서도 여러 번 그런 심사를 표현하셨지만, 그분은 그 점을 염려하며 또 자기 글에 등장하는 실존 인물들에게 미안해한다. 하지만 그러한 무거운 마음을 뒤로하고 용기를 내어 책을 낸 것은 괴물 관리자를 양산해낼 수밖에 없는 기형적인 승진제도를 혁파하기 위한 사회적 파장을 일으키려는 순수한 뜻이 전부다. 옛말에 "고치기 힘든 병은 소문내서 고치라"고 했다. 그런데 철저히 닫혀 있는 관리자 세계의 병을 아는 자는 내부자밖에 없다. 내부자가 침묵하면 병은 소문나지 않는다. 그래서 우리 현장 교육자들은 박순걸 교감의 비상한 결기와 실천에 갈채를 보낸다.

관리자든 평교사든 자신이 속한 집단의 내부자로서 학교교육의 문제점들을 사회에 널리 알리다 보면 내일의 학교는 오늘보다 덜 추한 모습으로 발전해가리라 믿는다. 조직사회의 병은 내부자가 소문내야 고친다.

전교조도 반성해야 한다

　나의 30년 교직 삶은 전교조와 함께해왔다. 1988년, 교단에 첫발을 내디뎠을 때의 학교는 암울하다 못해 참담했다. 바로 그해 전교조의 전신인 전국교사협의회(전교협)가 조직되었고, 이듬해 5월 이 조직이 전국교직원노동조합의 이름으로 교사노동조합의 탄생을 세상에 선포했다. "굴종의 삶을 떨쳐 반교육의 벽을 부수고"로 시작하는 전교조 노래가 당시 시대상황과 전교조 존재의 정당성을 그대로 대변한다. 영화 〈1987〉에서 실감 나게 묘사된 그 시대엔 사회 전반에 부조리와 폭압적 권위주의가 난무했는데, 학교도 예외는 아니었다. 이에 "침묵의 교단을 딛고서 참교육 외치는" 전교조를 이 땅의 국민들과 교사 대중은 열렬히 환호하고 지지했다. 하지만 노태우 군사정권은 이런 전교조에 대해 1,500명의 교사들을 해직시키는 초강수로 대응하며 교육혁신의 싹을 짓밟았다.

　그 후 전교조는 엄청난 고통을 감내하며 비합법 11년을 버텨갔다. 독재정권의 폭압적인 탄압으로 많은 전교조 교사가 조직을 이탈했지만, 그래도 이 시절 전교조가 국민들과 교사 대중으로부터 가장 많은 지지를 받았다. 역설적으로 전교조는 1999년 도둑같이 다가온 합법화 이후부터 추락하기 시작했다. 한때 조합원 수가 10만 명에 이를 정도로 성장했지만 그 뒤로 급격히 퇴조의 길을 걸어오고 있다.

어떤 면에서, 전교조가 추락하고 있는 가장 큰 이유는 전교조가 자기 역할을 할 만큼 했기 때문인지도 모른다. 교육운동의 구심점으로서 전교조는 당대의 학교를 혁신하기 위해 많은 역할을 했다. 촌지 안 받기 운동이나 고교평준화, 무상급식, 교복공동구매 등 지금은 상식으로 자리하고 있는 이러한 것들은 모두 전교조의 노력으로 이룬 것이다. 그리고 당시의 학교는 교장이라는 절대권력자가 지배하는 개인 왕국이나 마찬가지였다. 그런 학교가 지금의 모습으로 변모한 것은 전교조의 공이 크다. 사실 우리 때와 달리 요즘 젊은 교사들이 전교조에 잘 안 드는 가장 큰 이유는 전교조가 학교를 많이 바꿔 놨기 때문이다. 반면, 교육운동에 별 투철한 신념이 없는 평범한 40, 50대 교사들이 전교조에 끝까지 남아 있는 이유는 전교조가 학교 혁신에 끼친 공로를 알기 때문에 그에 대한 일종의 부채의식의 발로에서다.

하지만 전교조는 학교 혁신에는 크게 기여했어도 자기 혁신에는 매우 소극적이었다. 많은 사람이 합법화 이후 전교조가 초심을 잃고 변질되어갔다고 말한다. 나도 동의한다. 나는 전교조가 권력의 맛을 보기 시작하면서 그렇게 된 거라고 생각한다. 본디 참교육운동이란 교사의 순수한 열정과 헌신이 전부다. 독재정권으로부터 모진 탄압을 받으면서도 버틸 수 있었던 것도 그러한 교육혼 때문이고, 학부모들과 동료 교사들로부터 힘을 얻을 수 있었던 것도 그것이다. 그런데 합법화 이후 전교조가 학교사회에서 위세를 부리기 시작하면서 그

빛나는 참교육 정신이 퇴색되기 시작했고, 급기야 선량한 교사들과 학부모 그리고 대중으로부터 욕을 먹는 신세에 처해 있다.

진보 교육감 시대가 열리면서 지금 전교조의 교육운동은 두 갈래로 가고 있다. 하나는 조직을 이끌면서 본래의 전교조 운동을 계속하는 것이고, 다른 하나는 진보 교육감 체제라는 제도권 속에서 학교를 바꿔가는 운동이다. 이 둘을 연결시켜주는 고리가 혁신교육운동이다. 예전의 참교육운동이 지금은 혁신교육운동으로 펼쳐지고 있다고 보면 되겠다.

지금은 전교조가 혁신교육운동을 통해 그간 실추된 이미지를 쇄신하고 국민적 신망을 회복할 수 있는 좋은 기회다. 그러나 혁신학교운동에도 암초가 도사리고 있다. 전교조를 추락시킨 것과 똑같은 '권력'이라는 괴물이다. 구체적으로, 내부형공모제 교장직과 진보 교육감 휘하의 이런저런 역할이다. 그런 자리들이 일정한 연륜을 요하고 우리 시대에 그런 연륜을 지닌 교육자 가운데 교사 대중으로부터 남다른 명망과 신뢰를 얻고 있는 이들이 대부분 전교조 활동가들이라는 것은 나도 안다. 하지만 낡은 제도권 교육 관리들로 100퍼센트 포진되어 있는 시·도교육청에서 진보 교육감의 서포터로 전교조 활동가들이 채워지는 것은 어쩔 수 없다 하더라도, 교육혁신운동의 전초기지라 할 단위 학교의 교장은 전교조 교사가 '다 해먹어서는' 안된다.

교총이 '나쁜 정책, 내부형교장공모제 결사반대'라는 슬로건으로 말도 안 되는 주장을 펴고 있지만 그 가운데 맞는 말이 하나 있다. 내부형공모제교장을 전교조가 다 해먹는다는 것이다. 그리고 더 나쁜 것은, 교장직을 수행한 뒤 평교사로 돌아간 예가 거의 없는 점이다. 이것은 전교조의 오랜 염원인 '교장선출보직제'의 정신과도 정면으로 위배된다. 내부형공모제 교장직이 개인적인 감투욕의 대상이 되어서는 안 된다. 이런 식이라면 전교조 교장과 내가 그토록 비판해 온 '자격증교장'이 다를 바가 없다.

시대가 변하고 있다. 전교조 결성 시절과 달리 지금은 보수와 진보, 제도권과 교육운동권의 경계가 허물어지고 있다. 따라서 교육운동은 전교조 교사의 전유물이 되어서는 안 된다. 나는 전교조 활동가들이 경계해야 할 가장 중요한 점이 전교조 교사와 일반 교사를 구분 짓는 태도라고 생각한다. '전교조'가 아니라 '참교육'이란 이름으로 선량한 모든 교사들을 벗으로 삼아야 한다. 지금까지 전교조의 교육운동이나 민주노총의 노동운동이 실패해온 궁극적인 이유가 '대중과의 고립'이다. 노동운동은 그렇다 쳐도 교육운동은 절대적으로 낮은 곳을 지향해야 한다. 상선약수上善若水! 최선의 운동은 물처럼 흘러가는 것이다. 물은 언제나 낮은 곳으로 향한다.

속성상 교육은 남성성보다는 여성성, 급진보다는 온건에 가깝다. 그리고 교육은 결국 교사의 손끝에서 이루어지기 때문에 교육을 바꾸기 위해선 먼저 교사가 바뀌어야 한다. 교육운동이 성공하려면 절대다수의 선량한 교사 대중의 마음을 움직여야 하거늘, 교육운동가들이 솔선수범하여 교사 대중으로부터 신뢰와 인정을 받아야 한다. 그것은 겸손을 바탕으로 한 치열한 진정성을 통해서만 이룰 수 있다. 그런데 그 치열한 '무엇'이 교장공모제에 집착하거나 그 과정에서 권력암투를 벌이는 모습들로 대중에게 비친다면, 전교조는 망한다.

침체기에 있는 전교조가 촛불 정부 시대를 맞아 법외노조 상태도 곧 벗어나고 여러모로 다시 날개를 펼칠 수 있는 우호적인 분위기가 느껴진다. 하지만 명심해야 한다. 항상 위기는 기회와 함께 다가온다. 가난할 때 대중의 신망을 얻던 전교조가 합법화 이후 추락하기 시작했듯이, 지금 이 기회가 역설적으로 위기일 수도 있다. 이 기회와 위기의 양면성을 상징적으로 함축하는 것이 내부형교장공모제가 아닐까 생각한다.

사르트르가 체 게바라를 20세기 최고의 완벽한 인물로 칭송한 것은 그가 온몸을 던져 쿠바혁명을 성공시켜놓고서도 국립은행총재와 산업부장관이라는 권좌를 뒤로하고 아프리카(콩고)에서 볼리비아로 이어지는 혁명전선에 투신하다 불꽃처럼 산화했기 때문이다. 전교조 교사로서 우리가 참교육운동에 청춘을 바칠 때는 낡은 학교를 희망의 교육공동체로 바꾸기 위해서였지 한 자리 하기 위해서가 아니었다. 물론, 전교조 교사가 교장 하지 말라는 법은 없다. 객관적으로 해당 학교에서 교장으로 가장 적합한 인물이 전교조 교사라면 그가 학교를 책임지는 것이 옳다. 하지만 임기 후에는 평교사로 돌아가는 사례가 많이 나오길 바란다. 게바라의 유목 정신을 본받자. 전교조 교사에게 가장 아름다운 결말은 '평교사 퇴직'이다.

교직 엑소더스

올 나이 만으로 쉰셋, 정년퇴직을 9년 앞두고 있다. 동기 가운데 남자는 대부분 교감 또는 교장이 되어 있다. 승진은 교사가 갈 길이 아니라는 신념은 변함없지만, 동기들이 관리자와 평교사로 나뉘는 갈림길에 접어드는 이 시기부터 '승진 안 함'에 대한 회한을 극복해 가기 힘든 게 사실이다. 이처럼 대한민국 교사에게 승진은 매우 엄중한 실존적 문제다. 승진에 집착하는 교사를 탓할 수 없는 이유다. 나쁜 승진제도가 선량한 교사들을 망가뜨린다. 승진 욕망을 품는 교사에게선 '영혼'을 앗아가고 묵묵히 교단을 지키려는 교사에게선 '사기'를 앗아간다.

교사 가운데 얼마나 많은 사람이 교장이 될까? 승진 비율은 해마다 다르고 지역이나 학교급에 따라서도 편차가 있기 때문에 정확한 통계 산출은 불가능하다. 경기교육연구소에서 발간한 『교사생활월령기』에 따르면, "교감을 거쳐 교장이 되는 비율이 3% 정도에 불과하다"(2017, 158쪽). 교장이 되는 길은 이 밖에도 장학사에서 교감을 거쳐 교장이 되는 길이 있는데, 후자는 전자의 1/3 정도다. 따라서 위의 셈법에 따르면, 전체 승진 비율은 4% 정도라는 이야기가 된다. 어떤 근거로 이러한 수치를 산출했는지는 몰라도 현장교사들이 느끼는 체감도와는 상당한 거리가 있다.

교장 승진 비율은 동일 연령대 교사들을 대상으로 가늠해야 한다. 그래서 정년퇴직 교원 가운데 교장과 평교사 수를 비교하면 될 것 같지만, 이 셈법 또한 문제가 있다. 정년 이전에 교직을 떠나는 의원면직과 명예퇴직을 한 교사 수가 상당하기 때문이다. 명예퇴직은 몰라도 조기에 퇴직한 의원면직은 승진 비율 산출에서 제외해야 할 것이다. 이런저런 변인들을 감안하여 경험적으로 판단하는 대강의 승진 비율은 10%는 넘고 15%는 안 될 듯하니 대략 12.5%로 추산해본다.

2015~2017 경북 교원 퇴직 현황

교사				교장			
명예퇴직		정년퇴직		명예퇴직		정년퇴직	
초등	중등	초등	중등	초등	중등	초등	중등
309	373	201	104	16	8	264	150

2015년에서 2017년까지 3년간 경북지역 교원의 퇴직 현황을 통계표로 만들어보았다. 이 통계로 내가 알아보려 한 것은 직급에 따른 명예퇴직과 정년퇴직의 경향성이다. 직급 범주에 교감과 장학사(연구사)는 제외하고 장학관(연구관)은 교장에 포함시켰다.

초중등 전체적으로 교사의 정년퇴직(305명)에 비해 교장의 정년퇴직(414명)이 1.4배 많다. 경기교육연구소나 내가 추정한 교장 승진 비율(4%, 12.5%)을 감안할 때, 교사보다 교장의 정년퇴임자가 더 많다는 것은 놀라울 따름이다. 이것은 거꾸로, 교사의 명예퇴직 비율이 교장보다 월등히 높음을 방증한다.

구체적으로, 직급별 정년퇴직에 대한 명예퇴직 비율을 살펴보면 교사는 223.6%(682÷305), 교장은 5.8%(24÷414)로 교사의 명예퇴직 비율이 교장보다 무려 38.6배(이하, 39배)나 높다. 학교급에 따른 차이를 보면, 교사의 경우 중등(358.7%)이 초등(153.7%)보다 2.3배 높은데, 이는 학생지도의 어려움 때문으로 해석된다. 반면, 교장의 경우는 초등(6.1%)과 중등(5.3%) 사이에 유의미한 차이가 없다(초등이 중등보다 오히려 높게 나왔다).

명예퇴직 신청의 주된 이유

	교직업무 곤란도 문제	건강상 문제	금전적 고려	학부모관계 문제	동료관계 문제	기타
교사	51.8	6.8	6.8	6.1	4.2	24.3
교장	39.5	7.9	2.6	5.3	15.8	28.9

단위: %

김성기와 황준성의 연구(2012)에 따르면, 명예퇴직 신청의 주된 이유를 물은 질문에 '교직업무 곤란도 문제'라는 응답이 50.9%(교사의 51.8%, 교장의 39.5%)로 제일 많다. 이 설문 응답이 위의 통계표와 다른 점은, 20년 이상 근속한 실제 명예퇴직 교원을 대상으로 한 것이 아니라 20대~60대 교원을 대상으로 '명예퇴직을 희망할 경우'라는 가상 상황에 대한 응답이라는 것이다.

이들의 연구 결과와 현실 속 교원들의 퇴직 현황 통계치를 종합해 보자. 이들 연구에서 퇴직을 희망하는 주된 이유로 교사와 교장 공히 교직업무 곤란도가 다른 요인에 비해 압도적으로 많았다. 여기까지는 지극히 상식적인 결과라 하겠다. 주목할 부분은 교사의 응답비율이 교장보다 1.3배 높은 점이다. 이 수치는 실제 상황에서 교사의 명예퇴직 비율이 교장보다 무려 39배나 높은 것과 현격한 차이를 보인다.

물론 이들의 연구는 명예퇴직을 가정하고 교장과 교사 간 명예퇴직의 이유를 비교하는 것이고, 내 관심사는 이 둘의 명예퇴직 비율 차이인 것으로, 양쪽의 초점이 다르다. 하지만 교사들이 일이 힘들어서 명예퇴직을 한다고 할 때, 가상 상황을 전제한 학자들의 연구가 의미 있으려면 실제 상황에서도 비슷한 결과가 나타나야 한다. 즉, 명예퇴직 교원 가운데 교사가 교장보다 1.3배 정도 많게 나와야 정상적인 교직사회의 현실이라 할 것이다. 다시 말해, '1.3배와 39배'라는 기형적인 불균형은 현행 교원 승진의 비합리적 현실을 그대로 대변한다.

명예퇴직 신청의 주된 이유로 '교직업무 곤란도 문제' 외의 나머지 것들은 사실 별 의미가 없다. '금전적 고려'라는 것은 이 연구를 한 시기에 연금법 개정 문제로 교사 대중 사이에 불안감이 조성되었기 때문으로, 지금은 별 관계가 없다. 내가 볼 때, 교사들이 명예퇴직을 결심하는 가장 중요한 이유가 빠져 있다. 바로 '승진' 문제다. 이 연구에서는 이 문제를 기타 항목에 포함시켜 두루뭉술하게 처리했다. 기타 항목에서 세부적인 사유는 서술형으로 답하게 했을 것이다. 그 결과 교사와 교장 공히 기타 응답률이 비슷하게 나타남으로써 우리 교단에서 빚어지는 교육 문제의 핵심인 '승진' 문제를 부각하지 못한 것으로 이해된다.

교사 입장에서는 승진하게 되면 위의 다른 모든 항목의 문제가 한

꺼번에 해결된다. 외국의 교장과 달리 대한민국의 교장은 교직업무의 곤란을 겪지 않으며, 건강이 안 좋으면 교장실에서 쉬거나 수시로 연가를 내거나 조퇴, 외출을 달고 나가면 되고^{학교에서 교장의 복무를 관리할 사람은 없다.}, 학부모나 동료 교원과 부대끼며 스트레스 받을 일도 없다. 이 모든 사실을 뒷받침하는 강력한 실증적 증거는 "교사의 명예퇴직 비율이 교장보다 무려 39배나 높게 나타난" 통계 결과다.

교사의 명예퇴직 비율이 교장보다 39배나 높은 현실은 많은 것을 생각하게 한다. 대한민국 교사들에게 교직살이는 '엑소더스'라는 낱말로 표상된다. 승진파는 교실 탈출을, 소신파는 학교 탈출을 소망하는 게 우리 교직의 현주소다. 그럼에도 교장 중심으로 운영되는 교총은 만 62세 교원 정년을 만 65세로 연장하려고 획책하고 있으니 통탄할 노릇이다. 정년 연장 되면 교장이야 좋겠지만 평교사들은 하나도 안 반갑다. 62세 정년도 벅차서 대다수가 도중하차하고 있으니 말이다.

이 모든 것은 잘못된 승진제도에 기인한다. 이 인과관계를 기초로, 승진제도 개선 방향을 제안해보겠다.

교장승진제도, 이렇게 바꾸자

　어느 사회에도 교원승진제도는 존재하고, 그 제도적 역기능은 어느 정도 불가피한 것이 아닌가 하고 생각할 수도 있다. 대부분의 나라에 교원승진제도가 있겠지만, 우리 같은 경우는 없다. 다른 나라에서는 볼 수 없는 우리 승진제도의 치명적인 문제점은 크게 세 가지로 요약된다. 1) 교단에 발령받아 이른 시기부터 차곡차곡 승진점수를 모아야만 승진이 가능한 점, 2) 승진 과정에서 교장의 영향력이 절대적인 점, 3) 승진 이후 교장에게 주어지는 막강한 권력에 비해 책임은 너무 적은 점.

　이러한 승진 체계에서는 교사가 본분인 학생교육이 아닌 승진 준비에 열정을 쏟게 되어 학교교육의 손실이 불가피하다. 그리고 점수 따기 위해 윗사람 눈치를 봐야 하기 때문에 소신 있는 지도자가 배출되기 어렵다. 교사들 간에 승진 경쟁이 과열되고, 교사집단이 승진에 혈안이 된 빗나간 욕망의 소유자와 승진을 포기하고 패배주의에 젖은 교사로 양분되어, 희망의 교육공동체여야 할 교단이 교육혼과 사기가 실종된 삭막한 황무지가 된다.

그러면 현행 승진제도를 어떻게 개선할 것인가? 이에 대해서는 지금까지 많은 전문가들이 좋은 아이디어들을 제안했다. 나는 오랜 교직 경험과 선진된 외국 교육현장에서 눈으로 보고 체득한 것을 기초로 간명하게 한 가지 방향성만을 제시하려 한다. 그것은 '교장을 힘들게 하기'이다. 이 논리 전개를 위해 앞의 내용을 다시 상기해보자.

김성기와 황준성의 연구 결과에 따르면, 교원이 퇴직을 희망하는 주된 이유로 교사와 교장 공히 교직업무 곤란도가 다른 항목들에 비해 가장 높게 나왔다(평균 50.9%). 이 가운데 교사의 응답률(51.8%)은 교장의 응답률(39.5%)보다 1.3배 높았다. 유념할 것은, 이 설문 결과는 전체 연령대 교원들을 대상으로 "만약 명예퇴직을 한다면…"이란 전제하에서의 응답을 유도한 결과라는 것이다. 내가 정리한, 실제 상황을 반영한 통계에서는 정년퇴직에 대한 명예퇴직의 비율이 교사가 교장보다 무려 39배나 높았다. 이들의 연구는 교직사회의 리얼리티와 동떨어진 점에서 온전한 결과라 할 수 없지만, 역설적으로 이 가상의 결과와 현실 사이의 엄청난 괴리는 그대로 현행 승진제도의 모순을 여실히 보여주는 면에서 유용한 참조 체계가 될 수 있다.

위계질서를 근간으로 돌아가는 조직사회에서 교장이 평교사보다 업무 곤란도가 어느 정도 낮은 것은 이해할 수 있다. 그러나 그 간극은 상식적 차원에서 인정될 수 있는 수준이어야 한다. 그 수준은 위 연구자들의 결과에서 나타난 1.3배 정도면 납득할 만하다 하겠다. 그런데 39배의 차이는 해도 해도 너무한 것이다. 이 인과관계에 대해 어렵게 설명할 필요를 못 느낀다. 이 어마어마한 간극은 간단히 한국 사회에서 교장은 너무 편하고 교사는 너무 혹사당한다는 현실을 방증한다.

교직사회의 건강성을 회복하기 위해서는 무엇보다 '39배'라는 비상식을 '1.3배'라는 상식으로 바꾸는 제도적 노력이 시급하다. 그것은 교장을 힘들게 하는 것으로 요약된다. 일견 도발적 수사로 보이지만 '교장을 힘들게 하기'란 '교장으로 하여금 제 역할을 하게 하기'라는 뜻일 뿐이다. 나는 그 전형적인 모습을 북유럽의 여러 학교에서 목격했다.

2014년에 10박 11일 여정으로 덴마크-스웨덴-핀란드의 여러 학교들을 탐방했다. 인천공항에서 오전에 출발하여 저녁에 덴마크에 도착했다. 숙소에서 하룻밤을 자고 아침에 학교 방문 채비를 챙겨 호텔 로비에 모였는데, 현지에서 우리를 맞이하러 두 분이 오셨다. 옷차림이 서로 달랐는데, 나이가 들어 보이는 사람은 정장 차림에 넥타이를 하고 있었고, 40대 초반의 다른 한 사람은 청바지에 캐주얼 재킷을 입고 있었다. 놀랍게도, 앞의 사람은 우리를 태우고 갈 버스운전사이고 뒤의 사람은 우리가 방문할 학교의 교장이었다. 우리의 통념과는 정반대였다. 그 나라의 버스기사는 대단히 품위 있고 카리스마도 강했다. 정장 차림에 넥타이를 맨 그분의 외양과 그 특이한 정체성은 조화를 이뤘는데, 말하자면 '내용과 형식의 통일'이라 하겠다.

내용과 형식의 통일은 덴마크 교장에게서도 볼 수 있었다. 학교 곳곳을 둘러보는데 가장 놀라웠던 장소가 교장실이었다. 아방궁을 방불케 하는 우리네 교장실과 달리 좁다란 방에 컴퓨터가 딸랑 한 대 비치되어 있고 그 주위엔 평소 일을 얼마나 많이 하는지, 처리 중인 온갖 서류가 나뒹굴고 있었다. 이렇게 하루 종일 일에 빠져 있으니 교장은 캐주얼한 복장을 하고 있는 것이다. 덴마크에선 교사들이 1년에 단 한 건의 공문도 안 만진다고 한다. 교사는 아이들만 가르치고

잡다한 페이퍼워크는 교장이 다 하는 것이다(페이퍼워크라는 개념조차 없겠지만).

학교를 쭉 둘러본 뒤 마지막 순서로 질의응답 시간이 있었다. 내가 "덴마크에도 교원승진제도가 있는지, 있으면 어떤 모습인지?" 물었다. 이 나라에서도 교사가 교장이 되지만, 우리처럼 얄궂은 점수나 스펙 쌓으며 아등바등 승진사다리를 오르는 것이 아니라, 교장 자리를 모든 교사에게 열어놓고 선발한다고 한다. 재밌는 것은, 어느 해에 이 학교에서 교장 1명과 역사교사 1명을 선발한다는 공고를 냈는데, 교장 지원자는 1명(자신)이고 교사 지원자는 9명이었다고 한다. 놀랍게도 교장 월급이 교사 월급의 2배인데, 더욱 놀라운 것은 교장이 교사보다 4배 가까이 일을 많이 한다고 한다. 이 놀라운 말은 좀 전에 언급한 교장실 책상 모습을 생각할 때 그 진위의 행간을 어느 정도 읽을 수 있었다. 2배니 4배니 하는 다소 투박한 정서적 맥락을 감안하더라도 사실성을 벗어난 이야기는 아닌 듯했다. 사족이지만, 북유럽 사람들의 삶의 철학을 우리의 천민자본주의적 사고로 접근하면 '교장 월급이 교사 월급의 배인데도 교장을 흔쾌히 안 하려고 한다'는 말이 신빙성 없게 들릴 것이다. 덴마크 사람들은 돈보다 삶의 질을 더 중요하게 생각한다. 다만 우리는 '월급 2배'보다 '일이 4배'인 점에 주목하자.

유럽의 교장들이 업무에 혹사당하고 있다는 증거는 문헌을 통해서도 확인할 수 있다. 박성숙의 책에는 '독일 교장 선생님은 땜빵용 교사'라는 칼럼이 있다. 그 글에 따르면, 독일 학교에서 아이들이 제일 무서워하는 존재가 교장 선생님이다. 교사 입에서 나오는 말 가운데 아이들이 제일 무서워하는 한마디가 '너 교장실 가고 싶어!'라고 한다(박성숙, 앞의 책, 219쪽).

> 독일에서 교장 선생님은 학교에서 가장 바쁜 사람이다. 다른 교
> 사들과 마찬가지로 담당 과목 정규수업은 물론이고 교사들이 결
> 강이라도 하면 보강수업에도 들어가야 하고 나머지 시간에는 학교
> 행정도 책임져야 한다. 행사라도 있으면 직접 발로 뛰면서 크고 작
> 은 일을 도맡아 처리해야 한다. 또 문제 학생을 선도하는 것까지 교
> 장 선생님의 몫이다 보니 몸이 열 개라도 모자랄 지경이다. … 대부
> 분의 교사들이 골치 아픈 일은 모두 교장 선생님에게 떠밀어버릴
> 때가 많다(같은 책, 221쪽).

참고로, 미국과 영국에는 교원승진제도가 없다. 교장이 되기 위해
선 최소한의 교직 경력(3~5년)을 요구하지만, 대학원 등에서 교장 연
수를 받은 사람은 교장이 될 수 있다. 이것은 현재 우리의 '개방형
공모제교장'과 비슷하다. 독일에서는 해당 학교 교사 중 1명을 교장
으로 선출하여 주교육위원회에 보고하여 최종적으로 임명을 허락받
는다.

우리 교직의 승진제도 아래에서는 점수를 따기 위해 윗사람의 눈
치를 봐야 하기 때문에 소신 있는 지도자가 배출되기 어렵다. 그 결
과, 우리네 교장에게선 미국의 교장처럼 학교교육 발전을 위해 온 정
열을 불사르는 책임감이나 헌신을 펼치는 모습을 볼 수 없다. 그리
고 독일이나 덴마크의 교장처럼 업무 처리에 허덕이는 게 아니라,
특별한 노고 없이 고액의 녹봉을 축내는 것도 모자라 쓸데없는 외
유성 출장으로 수시로 학교를 비우며 학교 출장비의 상당 부분을

소진하는 행태를 보이는 것이다. 현재의 한국 교장 모습은 조선시대 한량閑良에 비유되는, 딱 그 그림이다. 한량처럼 지내는 교장의 일상과 체질을 일대 개혁해야 한다. 구체적으로,

첫째, 약간이라도 수업을 하게 하자. 현행 교육법상으로도 교장·교감은 수업을 하게 되어 있다. 다만 식민지적 교장문화 속에서 자의적인 특권의식을 발동해 수업을 안 하는 것뿐이다. 교장이 수업을 함으로써 교사의 노동 부담을 나눌 수 있고 또 그 과정에서 교사의 고충과 학생을 이해하며 자신이 굽어보는supervise 학교교육의 전반을 제대로 이해할 수 있다. 즉, 자신이 경영자로 있는 학교교육의 이모저모를 이해하기 위한 가장 중요한 경로가 수업이다. 우리 현실이 너무 불합리한 것은, 교실 수업을 전혀 하지 않는 교장·교감이 교사들의 수업을 심사하고 각종 교육대회에 판관으로 임석하여 평가하고 특별수당과 출장비까지 챙기는 것이다. 돈 되는 것은 다 챙기고 힘든 것은 기피하며 교단의 풍속을 해치는 관리자들의 '한량 문화'를 혁파해야 한다. 법적으로 교장·교감이 최소한의 수업을 하도록 강제해야 한다.

둘째, 교실에서 문제를 일으키며 교사를 힘들게 하는 학생을 교장이 지도하게 하자. 이 또한 상식이 지켜지는 교단에선 교장의 당연한 임무로 여겨지고 있다. 기실, 우리 교육현장에서 교사들이 가장 힘들어하는 부분이 이런 학생들을 교사가 감당해야 하는 것이다. 하지만 교권보다 학생인권이 더 강조되고, 학부모의 민원 한마디에 교사의 권위가 짓밟히는 현실에서 교사가 이 문제의 당당한 해결 주체로 나서기는 불가능하다. 특히 젊은 여선생님들의 경우 그러하다. 그러나 교장은 다르다. 박성숙의 책에 소개되는 독일 학교나 영화에서 흔

히 볼 수 있는 미국의 학교처럼, '너 자꾸 그러면 교장실로 보내버린다'는 담임교사의 한마디가 학생 훈육의 강력한 '무기'가 되게 하려면 교장이 학생지도 역할을 맡아야 한다. 이 문제의 해결은 교사가 감당하긴 무척 힘들지만 학부모를 통제하는 권위가 부여된 교장에겐 손쉬운 일이다. 따라서 업무 처리의 효율성 차원에서도 교장에게 이 역할을 맡기는 것이 백번 옳다.

셋째, 행정업무 처리의 중심에 교장이 자리하게 하자. 현재의 '한량' 같은 교장 풍속도에 비추어 이 역할은 고역일뿐더러 교장의 '체통'을 손상시킨다는 이유로 교장들이 극구 반대할 것이다. 하지만 덴마크와 독일의 교장에게 이 일은 교장의 고유 업무다. 독일 학교에서는 2,000명의 학생들을 관리하는 행정실에서 교장이 교직원 두 사람을 데리고 학교의 모든 행정업무를 처리한다. 덴마크나 독일처럼 교장이 이런 일을 하면 국가 예산도 줄일 수 있다. 현재의 한량 같은 교장은 요즘 유행어로 '혈세 루팡'이나 다름없다.

위의 세 가지가 이루어지면 39배라는 기형적인 수치가 1.3배까지는 아니더라도 점차 정상적인 수준으로 회복되어갈 것이다. 선진 사회처럼 교장이 자기 역할을 제대로 하게 만들면 교사들이 기를 쓰고 그 자리에 오르려 하지 않을 것이고, 따라서 교원 집단 내에서 위화감이나 상대적 박탈감도 확연히 줄어들 것이다.

그러면 누가 교장 하겠느냐고 반발할지 모르겠다. 맞다. 바로 그게 내가 제안하는 그림의 핵심이다. 교장을 힘들게 하여 교단에서 교장을 기피하려는 학교문화가 정착되는 날이 오면 앞에서 말한 '교직 엑소더스' 현상이 사라질 것이다. 발령받자마자 학생교육은 뒷전으로 돌리고 승진 준비에 여념이 없는 교사들이나, '언제 명퇴하나' 하는 생각으로 중년 이후에 우울한 일상을 보내는 교사들이 생겨나지 않을 것이다. 이건 결코 비현실적인 이야기가 아니다. 한국을 제외한 모든 선진 사회의 학교 모습이다. 교장직이 힘들어 서로 안 하려고 하면 간단한 해결 방법이 있다. 덴마크나 독일처럼 교장 월급을 더 많이 주면 된다. 교장이 자기 일을 열심히 하면 행정실에 사람 덜 쓸수 있으니 교육예산 운용 면에서도 실보다는 득이 많다.

2부

교육과 행정의 본말전도

기관평가로 망가져가는 교육현장

30년 전, 첫 발령을 받아 신규 교사로 근무할 때 선배 교사들이 학교를 '공장'으로 부르는 것에 적잖이 놀랐다. 하지만 지금 누가 내게 한국의 학교가 어떤 곳인지 한 낱말로 규정하라고 하면, 주저 없이 '공장'이라 하겠다. 그 시절에 비해 학교는 많이 변했지만, 예나 지금이나 변함없는 것의 하나가 지금 말하는 폐단이다. 이 폐단으로 말미암아 신성한 학교가 공장으로 일컬어진 것인데, 그 심각성은 예나 지금이나 다르지 않다. 그것은 학생교육에 열정을 쏟아야 할 교사들이 허구적인 교육 실적 양산에 진을 다 빼는 것이다.

교육의 본말이 뒤바뀐 이 괴이한 현상이 빚어지는 것은 학교가 극소수 교육 관료와 승진에 눈먼 교사들의 사적 이해관계에 의해 돌아가기 때문이다. 학교와 교육청의 서열을 매기는 기관평가가 도입된 후 학교는 더욱 황폐화되고 있다. 학교평가 결과가 학교 관리자의 인사고과에 지대한 영향을 미치기 때문에 교장과 교감은 교사들을 압박해대고 교사들은 마지못해 실적을 만들어내기에 분주하다. 이 소모적인 짓거리들을 통해 학생이 성장하고 이 나라 교육이 나아지면 좋으련만, 학교교육 발전이라는 명분과는 정반대로 기관평가로 인해 교육의 수단과 목적이 전도되고 각종 반교육적 부조리와 편법이 속출하는 실정이다.

몇 해 전, 학교폭력 문제에 효율적으로 대처하기 위해 지역 경찰서와 학교생활 담당 교사들이 모여 간담회를 연다기에 참석했다. 간담회는 경찰서장의 인사말과 교육청 장학사의 지시 사항 전달 그리고 경찰서 생활안전과장의 협조 요청 순으로 진행되었다. 그런데 이 세 사람이 이구동성으로 강조하는 말이 내 마음을 불편하게 했다. 내용인즉, 9월 초순부터 10월 중순까지 나이스(NEIS, 교육행정정보시스템) 상에서 2차 학교폭력실태조사가 실시되는데, 단위 학교에서 학교폭력 경험 사례 수가 최대한 적게 나오도록 학생들의 반응을 유도해달라는 호소의 변이다. 그리고 이러한 행동수칙을 동료 교사들에게도 꼭 전해달라는 말도 덧붙인다. 이 말 행간의 의미를 교사들은 너무나 잘 알고 있다. 우리가 그렇게 해야지만 지역 교육청이나 경찰서가 기관평가에서 좋은 점수를 받는다는 뜻이다.

학교 또한 이 야릇한 이해관계로부터 자유롭지 않은 것이 사실이다. 지역 교육청에선 교장회의를 소집해서 똑같은 취지의 말을 전했을 것이며, 교장들은 교사들보다 훨씬 진지하게 그 지침을 접수했을 것이다. 요컨대, 학교폭력실태조사를 눈앞에 둔 지역 교육청과 경찰서 그리고 학교는 공동운명체라 하겠다. 문제는, 이 세 주체의 공동 관심사가 '학교폭력을 최소화하자'거나 '선량한 학생들의 폭력 피해를 줄이자'는 것이 아니라 '학교폭력 경험에 대한 응답 사례 수를 최소화하자'는 것에 초점을 맞추고 있는 점이다. 그런 면에서 이 간담회는 교육 현안을 해결하기 위한 선량한 교육 주체들의 고민의 장이 아니라 참으로 한심한 반교육적 카르텔에 지나지 않는다.

교육 당국에서 엄청난 예산을 들여 학교폭력실태조사를 하는 목적이 무엇인가? 말 그대로 학교폭력의 실태를 있는 그대로 파악해서 잠재적인 피해를 최대한 방지하고 그 규모를 최소화하자는 것이다. 상식적으로, 이 조사가 충실히 이루어지기 위해선 학생들의 솔직담백한 반응이 필수적이다. 폭력 피해 실태를 설문지로 조사하던 기존 방식 대신 학생들이 인터넷상의 NEIS에 접속하여 주어진 물음에 응답하게 하는 이유도 학생들의 진솔한 답변을 유도하기 위함 이상도 이하도 아니다. 그런데 그 간담회에서 높으신 분들이 내리는 교시는 흡사 담임교사가 감독관으로 입회하여 혹시라도 학생들이 '엉뚱한' 마음을 품지 못하게 할 것이며, 윗선에서 요구하는 모범답안을 은근히 유도해달라는 뜻으로밖에 들리지 않는다. 그럴 경우 이 실태조사는 학교폭력 피해를 막기 위한 것이 아니라, 학교폭력 피해자의 입을 막기 위한 쇼로 전락하고 만다.

생각해보라. 학교폭력으로 아이들이 죽어가는 것은 가해 학생들의 위세를 학교나 경찰이 감당 못해서가 아니라 피해 학생들이 입을 열지 않기 때문이다. 이 조사는 학생들의 말문을 열기 위해 실시하는 것으로, 말하자면 불의의 학생 자살 징후를 탐지해낼 수 있는 조기경보기 역할을 하는 것이다. 그런데 학생들을 컴퓨터 앞에 앉혀놓고 담임교사가 이런저런 지침이나 언질을 내비치는 분위기에서 조기경보기가 제대로 작동할까? 만약 가공할 학교폭력을 견디다 못해 오늘 내일 자살을 마음먹고 있는 학생이 있다면, 그런 분위기 속에 이루어지는 조사에서 마음의 문을 열겠는가? 바로 자신 같은 학생을 위해 막대한 교육예산이 투입되어 전국의 학생들이 아까운 수업시간을 허비하며 이 조사가 벌어지건만, 아마 그 학생은 이 조사가 자신을 위한 것이라고는 절대 생각하지 않을 것이다. 오히려, 학교 이미지 운운하며 학생들의 솔직한 반응을 만류하려는 듯한 학교 측의 태도에 경악할 것이다.

간담회 자리에서 벌떡 일어서서 위와 같은 문제제기를 했다. 담당자분은 난처한 기색으로 간담회의 취지가 그런 뜻이 아니며, 학교폭력을 겪지도 않은 학생들이 장난으로 반응하거나 하는 것을 막아달라는 취지였다고 해명한다. 말이 안 된다. 도대체 교사라는 사람들이 장난으로 조사에 임하는 아이들을 막아달라는 지침을 전달받기 위해 수업을 제쳐두고 먼 길을 달려와 경찰서로 집결한단 말인가? 그 간담회를 소집한 진정한 취지가 뭔지는 교직생활 한두 해만 해본 교사라면 누구나 쉽게 감을 잡는다. 그 취지는 교육감이 교육장에게, 교육장은 장학사에게, 장학사는 학교장과 생활 담당 교사에게 조직적으로 전해진 것이고, 그 최종 목적지는 실태조사에 참여하는 학생들이다. 조직사회에서 맨 첫 전달자의 의중에 담긴 뜻은 최종 목적지에서도 달라지지 않는다. 그것은 앞서 말했듯이, '학교폭력 경험 응답율의 최소화'이다.

간담회의 진정한 취지가 무엇이든 경찰 관계자 분들을 비난할 마음은 없다. 전국 모든 지역 교육청과 경찰서가 똑같은 취지의 간담회를 열 것이다. 비난 받아 마땅한 것은 잘못된 시스템이다. 학교폭력 사례를 점수와 연결 짓는 '기관평가'라는 불선한 시스템 아래에서는 불선한 관리자가 양산되고, 구태의연한 탁상행정이 악순환을 되풀이하기 마련이다. 한쪽으로는 학교폭력을 예방하기 위해 피해 학생의 솔직한 반응을 모니터링 한다면서, 다른 한쪽으로는 솔직하게 답하는 사례 수에 따라 해당 지역의 높은 분들이 불이익을 받게 하는 이 한심한 구조 속에서 어떻게 진정성 있는 교육 실천이 이루어지겠는가?

작금의 학교는 '학교 붕괴'로 상징될 이런저런 문제로 망가져가고 있다. 학교교육 병리의 한가운데에 학교폭력이 자리하고 있음은 말할 것도 없다. 학교폭력실태조사는 학교폭력을 막고 자살 학생을 최소화하기 위한 중요한 진단 시스템인데도 이것이 기관평가 수단으로 전락하는 바람에 원래 취지와는 정반대로 오작동하고 마는 구조적 모순을 살펴보았다.

교육과 행정의 주객전도가 벌어지고 목적과 수단이 뒤바뀌는 데 따른 교육 폐해의 전형은 무익한 실적물을 양산하는 데서 볼 수 있다. 학교평가점수를 잘 받기 위해 교사들은 교육자의 본분을 팽개치고 교육적으로 무익한 실적을 양산하기 바쁘다. 교육의 실적은 헌신적인 교육 실천의 결과 저절로 수반되는 것이련만, 높은 평가점수를 받기 위해 교사들은 마치 공장 근로자가 상품 제조하듯이 실적물을 찍어낸다. '공장'으로 전락한 학교에서 '교육 실적물'이란 이름의 상품 찍어내기에 바쁜 것이다. 그 와중에 진정한 교육이 소외되어갈 것은 말할 것도 없다.

질보다는 양, 내용보다는 형식에만 치중하는 전시교육 행태가 근절되기는커녕 오히려 확대 재생산되는 이유는 간단하다. 그것이 윗선에서 통하기 때문이다. 예나 지금이나 평교사들은 실적물 양산체제에 강한 불만과 회의를 느끼지만, 오직 승진과 영전에 혈안이 되어 있는 관리자들과 소수의 승진파 부장교사들은 어떻게 해서든 다른 학교보다 더 많이, 더 그럴듯하게 실적물을 찍어내고자 애쓴다. 백년지대계百年之大計라는 교육의 본질상 교육 실적을 계량화할 수 없음은 당연하다. 그럼에도 학교와 교육청을 평가하자면 어떤 식이든 순위를 매겨야 하는데 그 판단 근거로 실적물이 중심에 자리하는 것이다. 그 실적물이 교육적 진정성을 담보하는지는 중요하지 않다. 테이블 위에 얼마나 다양한 아이템과 얼마나 많은 양이 널려 있는가가 중요하다.

전국에서 이 소모적인 작업을 제일 그럴싸하게 잘하는 지역이 대구·경북일 것이다. 대구와 경북 교육청은 늘 시·도교육청 평가에서 각각 영예의 1위를 수상하곤 한다. 어느 해에는 '학교폭력 예방 및 근절 노력'이란 영역에서도 우수 교육청으로 선정되었다. 그런데 그 해 전국에서 학생 자살률이 가장 높은 지역도 대구와 경북이었다는 사실은 무엇을 말하는가? '학생역량강화'와 '인성 및 학생복지 증진' 영역에서도 우수한 교육청이라는 평가 결과가 무색하게도 경북이

2013년, 경북교육청이 우수 교육청 선정 결과를 홍보하기 위해
교육행정정보시스템(NEIS) 초기화면에 설치한 팝업창

전국에서 학생행복지수가 꼴찌로 나온 것(동아일보, 2013년 5월 2일 기사)은 왜일까? 기관평가 결과와 리서치 결과가 이렇게 상반될 때 과연 전자와 후자 가운데 어느 것이 교육의 리얼리티를 올바르게 반영할까?

명품! 경북교육

얼마나 명품을 강조하고 싶었으면 강조부호(!)를 붙였을까? 이영우 교육감 이후에 경북의 학교와 교육청은 '명품○○'라는 현수막을 내거는 것이 유행이 되었다. 학교가 학생을 어떻게 교육해야 명품교육이 되는지 씁쓸하기만 하다. '명품'이라는 천박한 수사는 학생교육을 소외시킨 채 교사들의 피땀으로 만든 휘황찬란한 교육 실적물을 상징할 뿐이다. 교육 실적과 교육혼은 절대 함께 가지 않는다. 평가를 잘 받을수록 학교는 반교육적인 교육기관으로, 그 속의 교사들은 영혼 없는 교육자로 전락해간다. 교육 실적과 교육혼이 양립하지 못한 결과, 경북교육 주체들은 학생 자살률 1위라는 불명예와 교육 실적 1위의 영예라는 극단의 모순 속에서 혼란을 겪을 것이다. 이는 아무리 온몸을 명품으로 치장해도 좀처럼 공허함이 가시지 않는 졸부의 영혼 없는 삶과도 같은 것이리라!

교육지원청이 아니라 교육방해청이다

제목: 인성교육 관련 학교별 홍보자료 제출

1. 관련: 20○○년 주요 업무 계획
2. 인성교육 관련 학교별 특색교육 홍보자료를 다음과 같이 제출하여 주시기 바랍니다.
   가. 내용
       1) 참된 마음을 가꾸는 인성교육 학교별 특색교육
       2) 20○○ 특색교육 구현 내용
   나. 원고 작성: 신명조 11포인트, 자유 형식, A4 1매 이내
   다. 제출 내용: 홍보 원고, 관련 사진 2~3매
   라. 제출 기한: 20○○. 10. 19.(수) 16시까지. 기일 엄수
   마. 참고사항: 작성 시 다음 사항과 관련된 내용 작성 바람
       1) 20○○ 우리 교육청 주요 업무 계획과제 1-1 참된 마음을 가꾸는 인성교육
       2) 20○○ 특색교육. 끝.

언젠가 지역교육청에서 각 학교로 발송한 공문 내용이다. 발송일 자가 10월 18일인데 다음 날까지 보내란다. '기일 엄수'라는 말에 밑 줄 쳐서 학교에 압박하는 것도 모자라 데드라인 시각까지 오후 4시

로 못 박아서 통보한다. 이건 공문이 아니라 독촉장이다.

오늘 공문 받아서 내일까지 실적물을 제출하라는 독촉을 받으면 담당 교사는 얼마나 당황스러울까? 무슨 군사작전 펼치는 것도 아니고 대관절 이게 뭐가 그리 중요하기에 교사인 사람이 열일을 제쳐두고 실적물 따위를 만들어 보내야 한단 말인가?

교육적 차원에서 무엇에 대한 필요성을 느껴 요청한다면 누가 누구에게 해야 하는 것일까? 누가 요청하고 누가 청을 들어줘야 하는 것일까? 이에 대한 답은 '학교가 교육청에게'이지 그 역방향일 수는 없다. 그래서 그 이름이 '교육지원청'인 것이다. 그런데 대한민국의 교육청은 학교교육을 '지원'하는 것이 아니라 '방해'한다. 교육지원청이 아니라 교육방해청이다.

학교에서 인성교육을 하면 그만이지 인성교육 실적물은 왜 보내라는 것일까? 교육을 하는데 어떻게 실적물이 만들어지나? 가정에서 부모가 자녀를 교육하는데 가정교육의 실적물이 만들어지나? 닭이 달걀 낳듯이 교육행위 후 실적물이 생겨날 수는 없다. 교육 당사자인 학교는 실적물이 필요 없지만 교육청은 기관평가 점수를 잘 받기 위해 실적물이 필요하다. 교육청이 필요로 하는 실적물을 '납품'하기 위해 학교는 하지 않아도 되는 수고를 기울여야 한다. 학생교육에 쏟아야 할 노력과 시간을 교육청을 위해 소비해야 한다. 기관평가가 학교교육을 망친다. 교육청은 학교교육을 지원하는 게 아니라 방해한다.

초임 교사 시절이 생각난다. 연말에 교육청 문집을 발간하는데 학교별로 200자 원고지 10매 분량의 글을 제출하라는 공문을 접하고선 '이 일을 어쩌나' 노심초사한 것이다. 학교는 출판사가 아니고 교사는 작가가 아닌데, 교육청은 걸핏하면 며칠 만에 원고를 제출하라는 명령을 내린다. 너무도 신기한 것은, 교육청이 무엇을 요구하면 학교는 어떻게든 그 요구에 응하는 것이다. 행동주의심리학에서 말하는 인간행동의 방정식(S-R이론)처럼 교육청이 자극(S)을 가하면 학교는 반응(R)하는 것이다. 이 단순한 방정식에 따라 장학사라는 사람들은 학교를 압박하면 뭐든 나온다는 것을 학습하고, 학교 교사들은 교육청이 압박하면 묻지도 따지지도 않고 제때 반응하는 것을 학습해간다. 학교는 짤순이다. 교육청이 쥐어짜면 뭐든 만들어진다. 참깨를 짜면 참기름이 나오듯 교육청이 학교를 쥐어짜면 실적물이라는 게 나온다. 교육지원청은 학교를 지원하는 것이 아니라 쥐어짠다.

오늘 공문 보내지만 내일까지 기일 엄수! 그 위치에 있는 사람들도 한때는 교육자로서 현장에 계셨을 텐데 어떻게 그렇게 잔인한 발상을 할 수 있는 것인지 치가 떨릴 지경이다. 양심이 있으면 가슴에 손을 얹고 대답해보라. 교육청에서 강요하는 교육 실적물이 이 나라 교육 발전에 도움이 되기는커녕 오히려 방해가 되는 것이 아닌지를? 그 무익한 실적물이 얼마나 많은 교사들의 눈물과 한숨 그리고 자괴감으로 얼룩져 있는지를?

교육지원청이 아니라 교육방해청이다.

그 공문은 내 담당이었다. 기일 엄수해서 하루 만에 보내라기에 비상한 반발심이 일어 교감 선생님에게 안 보낸다고 했다. 난 처해하는 교감에게 "내가 책임질 테니 걱정 마라. 만약 교육청에서 전화 오면 내게 바꿔달라"고 했다.

그런데 나중에 이 글을 쓰기 위해 공문 내용을 다시 확인하러 업무관리시스템에 접속했더니 교감이 공문을 발송해버렸다. A4용지 딸랑 1쪽에 글 몇 줄 적고 여백은 사진으로 채워 보냈다. 나도 안다. 이렇게 간단히 보내면 되는 것을. 글 작업에 진정성을 1퍼센트도 담지 않더라도 보내는 데 의의가 있다는 것을, 교육청도 그 이상의 성의를 요구하지 않는다는 것을 나도 안다. 그런데 웃기지 않은가? 공문 요구하는 쪽도 보내는 쪽도 진정성은 처음부터 문제가 안 되는 이 소모적인 숨바꼭질을 왜 해야 할까? 누구를 위하고 무엇을 위한 실적물인 것일까?

아, 열 받는다! 괘씸해서 잠이 안 올 것 같다. 선생이란 사람이 돼먹지 못한 교육방해청의 관료에게 이런 수모를 겪으며 살아가야 하나? 선생이란 사람들이 최소한의 자존심도 없나? 여기가 무슨 군대도 아니고 까라면 까야 하나?

나도 지금까지는 그렇게 살았다. 하지만 더 이상 그렇게 살고 싶지 않다. 이런 깡패 같은 공문을 기일 엄수해서 척척 보내는 사람은 교사가 아니다. 선생 때려치우고 나가든지, 학교에 붙어 있을 것 같으면 저항해야 한다. 사람은 때로 사소한 일에 흥분할 줄 알아야 한다. 작은 부조리에 침묵하면 큰 부조리도 지나치기 쉽다. 교육은 정의다!

교육청 고위 관료의 천박한 권위주의

5월 어린이날을 맞아 운동회 준비로 학교가 무척 바빴다. 바쁜 시기에 도교육청에서 학부모 대표 1명과 학교 대표 1명을 불렀다. 우리 학교가 '학부모학교교육 참여지원사업'을 신청하여 경북교육청으로부터 백만 원 지원금을 받은 터였다. 세상에 공짜는 없는지, 돈 백만 원 주고서 이런 식으로 바쁜 교사와 학부모를 불러 댄다. 연수회 장소는 구미 금오산에 있는 경북교육연수원인데, 우리 학교에서는 30킬로미터 정도 되지만 저 멀리 봉화나 울진에서 오려면 200킬로미터가 넘는다.

그건 그렇고, 도대체 얼마나 중요한 일이기에 이렇게 많은 교원과 학부모를 부른 걸까? 오후 2시에 시작해서 3시 30분에 마쳤다. 앞서 사회자가 일정을 미리 알려주는데, 생활지도과장의 인사말 → 우수사례 발표 → 행정사항 전달 순서로 진행한다고 한다. 이런 행사마다 과장이라는 사람의 인사말 순서가 들어가야 하나 싶은 차에 더욱 황당한 일이 이어졌다. 갑자기 높으신 분이 출두하셔서 행사 도중 인사말을 하실 계획이라고 한다. 무슨 국장이란다.

더더욱 기가 막히는 것은 학부모 우수사례 발표가 끝나고 이 국장이라는 사람이 단상에 올라오기 전에 너비가 5미터쯤 되어 보이는 육중한 연단을 설치하기 위해 좌중으로 하여금 5분이 넘도록 뻘쭘하게 기다리게 하는 것이다. 대통령이 행차한 것도 아니고 일개 국장이라는 사람이 나타났다고 저렇게 부산을 떨다니, 군에서나 볼 수 있는 진풍경이 교육 영역에서, 그것도 학부모들이 보는 앞에서 벌어지고 있는 것이다. 고위 관료면 행사 주관하는 자들의 관료이지 학부모와 교사의 관료는 아니다. 할 말이 있으면 그냥 무대에 올라가서 마이크 들고 이야기할 일이련만, 국장이라는 사람은 그런 고풍스럽고 구태의연한 의전을 갖추지 않으면 말이 안 나오는 걸까?

이 천박한 관료주의에 치를 떨었지만, 그날 우리가 겪은 황당함은 이게 전부가 아니었다. 마지막 순서로 사회를 보는 담당 장학사가 청중을 향해 업무 전달을 하는 데 걸린 시간이 단 10분도 안 걸렸던 점이다. 이 10분 때문에 경상북도 방방곡곡에서 바쁜 사람 불러놓고 이런 호들갑을 떠는 것이다. 연수회라는 이름으로 경북 전역에서 바쁜 사람들을 오게 한 이유가 이게 전부였던 것이다.

이건 전형적인 행사를 위한 행사다. 교육청 실적 거양을 위한 인증샷 사진 찍고 고위 관료의 천박한 권위주의적 위세를 부추겨주기 위해 대한민국에서 제일 넓은 경상북도의 곳곳에 있는 바쁜 사람들을 불러 모은 것이다. 이 쓸데없는 행사에 자리 채워주기 위해 고급 인력이 시간과 노력을 소비한 것은 차치하고, 그 많은 사람이 수십 수백 킬로미터를 차 몰고 오면서 기름은 얼마나 낭비되며 또 환경은 얼마나 파괴시켰겠는가? 대한민국의 교육청 때문에 하루에도 수십만 장의 A4 용지가 페이퍼워크로 소모되고, 화석연료가 낭비되고 대기가 오염된다. 교육청이 없어지면 지구환경이 덜 파괴될 것이다.

'교당일명'의 주술과 탈주의 철학

교직을 흔히 전문직이라 부른다. 전문직을 쉽게 정의내릴 수는 없지만, 전문직을 다른 직종과 구별 짓는 핵심이 '고도의 자율성'이라는 점에는 이견이 없다. 전문직 종사자에게 자율성은 생명과도 같다고 할 수 있다. 그런데 이 나라의 교육청은 학교 교사를 자율적 주체로 보지 않는다. 이들이 보기에 교사는 외적 강제에 의해서만 가치 있는 무엇에 몰두하는 타율적인 존재다. 그게 그렇지 않다는 것은 주말 연수에 참가 희망 교사가 너무 많아서 일정한 기준으로 연수 대상자를 추려내는 현실이 반증한다. 연수원에서 양질의 연수를 배치하면 교사들이 주말을 반납하고 자기연찬에 적극 나서는데, 교육청 연수는 근무시간에 실시해도 그렇지 않은 것은 문제의 원인이 교사가 아닌 교육청에 있다는 것을 말해준다.

이명박 정권 때였다. 집권기 내내 경북에서는 교사들의 의사를 묻지도 않고 강제로 집합연수를 실시해 현장교사들의 빈축을 사곤 했다. 강제로 연수를 배치하는 것도 문제지만, 적절한 규모의 예산을 내려주지도 않은 채 일방적으로 연수를 하고 결과를 보고하는 것이 더 큰 문제였다. 지역교육청에서는 도교육청에 배부한 200만 원으로 강사를 섭외하고 관내 전체 교사를 대상으로 연수를 해야 하니, 수백 명의 교사들을 한꺼번에 모아 단 한 차례의 연수를 치른 뒤 상부에 임무를 완수했다고 보고할 수밖에 없었다.

대규모 강제집합연수 과정에서 빚어진 웃지 못할 촌극의 절정은 A군에서 벌어졌다. 최저 비용으로 관내 초·중·고 교사들을 연수시키기 위해 교육지원청 연수 담당자가 고안한 비책은 B시 교육지원청 주관으로 실시하는 연수 내용을 화상으로 받아 생중계하는 것이었다. B시 교육지원청 연수가 열리고 있는 같은 시간대에 A군 교육지원청 연수장에 교사들을 집합시켜놓고 정면에 설치된 대형 모니터를 물끄러미 바라보게 했다. 교사들은 한결같이 '이럴 것 같으면 뭐 하러 사람을 불러 모으는가? 차라리 동영상을 지역청 홈페이지에 올려놓고 시청하게 하지!'라는 반응을 보였다.

B교육지원청에서 설치한 원격화상중계 상비

예비군 교육보다 못한 수준의 이런 연수에 교육 효과가 있을 수 없다. 수강생의 태반이 졸고 있고 나머지 반도 스마트폰 만지작거리며 그저 시간이 가기만을 기다린다. 연수 담당 장학사들도 연수 효과 따위에는 아랑곳하지 않는다. 이들에게 중요한 것은 어떤 식으로든 연수를 해서 그 결과를 상부에 보고하는 것이다.

교당일명校當一名

이 사자성어가 익숙한 사람은 교사인 사람이다. 국어사전에 등재된 일반명사로서의 교사가 아니라 대한민국의 교사라는 뜻이다. 이 지구상의 문명사회 가운데 대한민국의 교사가 다른 나라 교사와 구별되는 점이 창백한 공문서에 적힌 '교당일명'이라는 사자성어에 꼼짝 못하는 것이 아닐까 싶다.

교육청 장학사를 전문직이라 일컫는다. 교사는 원래 전문직이다. 명색이 교육전문가인 장학사가 아무런 교육적 효과도 없는 집합연수를 위해 수백 명 전문가들을 한 자리에 불러내는 것이 전문성이라는 이름으로 정당화될 수 있을까? 전문성은커녕 상식적으로 이게 이성적인 처사인가? 그러나 교육청은 어떻게든 자신의 비이성적인 의지를 관철시키고야 만다. 거기엔 어떤 마법이 작용하기 때문이다. 그들이 램프의 요정을 불러내는 마법주문이 '교당일명'이다. '한 학교에 한 명씩'이란 뜻의 교당일명! 딱 이 네 글자면, 현장에서 누구든 연수장으로 향하게 되어 있다. 이게 대한민국 교사의 운명이다.

장학사에게 '교당일명'이라는 무기가 있지만, 교사에게도 비장의 카드는 있다. 힘이 없어서 억지로 불려오긴 했지만 출석체크하고 입장해서 중간 휴식시간에 빠져나오는 방법이 있다. 몇 해 전 경북교육연구원에서 열린 학교교육과정연수 때 연수 참석자 가운데 3분의 2가 빠져나가는 바람에 연구원 원장님이 진노하셔서, 다음부터 연수 도중에 '도망가는' 교사는 엄벌에 처하겠다는 훈시를 교장회의와 교감회의를 통해 하달했다.

전문직이라 일컫는 위치에 있는 분들이라면, 문제의 인과관계를 지성적으로 생각할 일이다. 교사들이 연수 자체를 싫어하는 건 아니다. 많은 교사가 방학이나 학기 중에도 자비를 들여 뭘 배우려고 애쓴다. 아침 9시 30분부터 오후 5시까지 대부분 강사 혼자 떠들고 재미 하나도 없는 무익한 연수회에서 버터내기는 너무 고역이다. 이건 지성인이 할 노릇이 아니다. 여러분이 지성인이라면, 도주를 기도하는 교사들을 일벌백계로 응징하겠다는 으름장을 놓을 것이 아니라, 교사들이 흥미를 갖고 열성적으로 참여할 수 있는 연수를 기획하고 배치하려고 고민해야 할 것이다.

사실, 나도 그날 연수회장을 이탈했다. 초임 시절부터 나는 예비군 교육 수준의 교육청 연수는 도망가는 게 최선이라 생각해오고 있다. 그 시간에 다른 곳에서 진정한 자기연찬의 시간을 갖는 게 교육적으로도 바람직하기 때문이다.

'도망'이라는 수사는 높으신 분이 직접 구사한 것인지 그분의 말을 옮기는 교감의 표현인지는 모르지만 듣기 거북하다. 한두 사람이 아닌 3분의 2가 빠져나갔다면 그건 그럴 만한 필연적인 이유가 있는 것이다. 교육청에서 주관하는 무익한 연수에 교사들이 이러한 집단적 반응을 보이는 것을 나는 '탈주'라고 일컫겠다.

탈주fuite, flight는 들뢰즈의 개념이다. 들뢰즈의 철학을 이해하기 위해서는 '기계machine'라는 메타포에 익숙해실 필요가 있다. 들뢰즈는 사람을 비롯한 모든 유기체뿐만 아니라 건물, 도시, 제도 등도 기계에 포함시킨다. 기계는 다른 것과 관계 맺는 접속 방식에 따라 성격이 달라진다. 이 글 문맥의 예를 들면, 교사-기계는 배구코트에 나서면 '배구에 몰입하는 기계'가 되고 승진점수를 위해 관리자와 접속을 시도하는 교사는 '승진을 추구하는 기계'가 된다. 즉, 어떤 대상(기계)과 접속하느냐에 따라 교사-기계의 속성이 달라지는 것이다.

기계와 기계가 어떤 목적을 이루기 위해 접속하여 공간을 이루는 것을 배치arrangement라고 한다. 배치를 만드는 것이 '영토화 territorialization'이고 배치를 벗어나는 것은 '탈영토화deterritorialization' 이다. 영토화는 나름의 내적 논리와 원칙에 따라 이루어지는데, 이러한 원리가 코드code이고 이 원리를 적용하는 것을 '코드화codification'라고 한다. 교육청의 장학사-기계는 '교당일명'이라는 코드를 통해 학교의 교사-기계들을 연수회장으로 이끌어냈다. 이것이 교육청이 배치한 영토화다.

모든 기계는 일정한 욕망을 품기 때문에 기계는 본질적으로 '욕망하는 기계'다. 이 기계가 품는 욕망을 동력으로 세상이 돌아간다. 즉, 기계의 욕망이 세상을 움직이는 힘이다. 그런데 기계들마다 품는 욕망이 다르다. 교육청-기계는 어떻게든 교사들을 붙들어 연수시키려는 욕망을 품기에 '연수 배치'라는 영토화를 획책하지만, 교사-기계는 이 무익하고 재미없는 연수회장을 벗어나기를 욕망하며 '탈영토화'를 기도한다. 이것이 '탈주'다.

들뢰즈의 탈주 개념은 동물학에서 영감을 얻은 것이다. 동물들은 현재의 상황이 견디기 어려울 때 탈주를 감행한다. 최초의 생명은 바다에서 탄생했다. 바다에 포식자가 나타나자 작은 물고기들은 뭍으로 탈주해갔다. 처음에는 물과 육지를 오가며 양서류로 있다가 나중에는 파충류와 포유류로 발전해갔다. 절박한 상황을 벗어나기 위한 탈주 본능이 없었다면 진화가 이루어지지 않고 우리 인간도 존재하지 않을 것이다.

따라서, 탈주는 일탈이 아니라 창조다. 어떠한 영토화도 영원한 것은 없는데, 그 이유는 기계가 품는 욕망의 본질이 '생성becoming'이기 때문이다. 생성은 '차이différence의 생성', 즉 '다르게 살기'를 뜻한다. 들뢰즈의 표현을 빌리면 '제 멋대로 살기'이다. '제 멋대로 살기'란 표현이 불손해 보인다면, '자신의 의지대로 살기'라고 읽자. 어린아이는 거의 매일 차이 생성을 욕망한다. 어떤 장난감에 접속하여 놀이에 흠뻑 빠져들다가도 볼 장 다 보면 아이의 흥미(욕망)는 다른 사물을 향해 옮아간다. 이러한 생성 혹은 탈영토화의 욕망이 없다면 아이의 성장은 멈출 것이다. 그리고 아이의 내적 의지를 거슬러 '이거 해라, 저거 해라'며 외적으로 강제하면 올바른 성장이 이루어지지 않는다.

사회의 발전도 마찬가지로 탈영토화를 지향하는 생성의 욕망을 동력으로 이루어진다. 모든 기계는 자신의 의지대로 살아야 한다. 시키면 시키는 대로 살아가는 모범적인 시민이 세상을 발전시키는 데 보탬이 되는 것은 없다. 전 세계를 깜짝 놀라게 한 우리 국민의 위대한 촛불혁명이 어떻게 이루어졌는지 생각해보라. 들뢰즈에 의하면, 인간 세계는 생성을 욕망하는 기계들에 의한 탈영토화와 기존 영토화를 고착시키려는 기계들 사이의 영원한 투쟁으로 점철된다. 이는 토인비가 역사 발전을 도전과 응전의 연속으로 설명한 것과 같은 맥락이다.

우리가 처음에 교난에 섰을 때 교식사회의 분화가 너무 이상했시만 시나브로 현실에 적응해간다. 이것은 퇴행이다. 계급적 속성상 소시민에 해당하는 우리 교사들은 기존 일상이나 문화에 안주하는 경향이 있다. 한 지점에 안주하지 않고 끊임없이 탈영토화와 재영토화를 꿈꾸는 어린아이의 정신을 교사들이 본받아야 한다. 지겹기만 한 연수에서 자리를 지키는 교사보다 탈주하는 교사가 교육계 발전을 위해 훨씬 이롭다. 적어도 촛불민주주의 이후 우리 시대 교사에게 기존 제도권이 배치한 영토화에 대한 탈영토화의 욕망을 품는 것은 선택이 아니라 의무다. 근사하게 말하면 시대정신Zeitgeist이다.

교육청 주관으로 무슨 연수를 이렇게도 자주 여는지, 15시간 과정으로 이틀에 걸쳐 안전교육 연수를 한다고 '교당일명' 차출하라기에 내가 갔다. 고무인형 눕혀놓고 심폐소생술 익히기, 해마다 지겹도록 받는 연수다. 대충 하다가 탈주를 꾀했다. 학교로 갔다. 학기말이라 밀린 일이 많았다. 연수장에 있어야 할 사람이 학교에 오니까 교감 샘이 놀란다. 그런데 교사인 사람이 학교로 향하는 게 어디 놀랄일인가? 교무실 책상에 앉아 업무 처리에 몰입했다.

시범적으로 아이들 망치는 시범학교

일요일 오후, 초등학교 앞 문구점에 학부모들이 줄지어 서 있다. 자녀의 학교 숙제에 필요한 물품을 구입하기 위해서다. 어떤 시기에는 일요일마다 이런 풍경이 연출된다. 참다못한 어느 학부모가 학교 홈페이지에 일갈의 변을 남겼다.

무슨 시범학교를 이렇게 자주 합니까? 그리고 제발 시범학교 숙제 좀 그만 내주세요. 학부모 등골 빠집니다. 일요일에 쉬어야 다음한 주 일을 할 수 있는데, 아이 숙제 때문에 쉬지도 못하고 죽을 지경입니다.

당시 그 학교는 경상북도 지정에 이어 교육부 지정까지 3년째 연속 시범학교와 연구학교로 지정되고 있던 터였다. 시범학교와 연구학교의 차이는 나도 잘 모르고 알 필요도 못 느낀다. 그놈이 그놈인 이것들은 학교가 불순한 목적을 관철하기 위해 아이들을 희생시켜 벌이는 짓거리라 보면 된다. 나는 연구·시범학교 유지하자고 주상하는 교사들을 똑바로 안 본다. 시범학교에 한 번이라도 있어본 교사라면, 시범학교가 시범적으로 아이들 망치는 짓거리라는 걸 알 것이기 때문이다.

도대체 연구·시범학교가 학생교육에 무슨 도움이 되는가? 그렇게 많은 연구를 하고 시범을 보여 전파해왔지만, 지금까지 그 연구·시범 결과가 교육현장에 눈곱만큼이라도 선한 영향을 끼친 사례가 있는가? 실패했다는 연구·시범 결과 보고는 단 한 건도 없고 모두 일정한 성과를 거두었노라고 떠드는데, 도대체 그 성과라는 것이 어디서 어떤 모습으로 나타나고 있는가?

교육의 결과는 본디 가시적으로 드러나지 않는 것이라고? 그래 맞다. 내가 하고 싶은 말도 그것이다. 교육의 성과는 눈에 보이지 않는 속성인데 왜 시범학교들은 하나같이 실적물을 산더미같이 전시하는가? 그 교육 실적물들은 일요일에 쉬지도 못하고 부모가 어린 학생들을 도와 만들어낸 피땀의 소산이다. 전시용으로 교실 벽면에 붙이기 위해 연구·시범 주제와 관계도 없는 가족신문을 집집마다 만들어내게 하고, 학부모들은 자기 아이 기 안 죽이려고 글루건으로 손에 화상 입으면서 비까번쩍한 작품들을 만들어 제출한다. 아이 숙제가 아니라 어른 숙제다. 부모가 못 도와주는 가정의 아이들은 피눈물 흘린다.

교육은 본디 그 부정적인 결과도 눈에 안 보이는 것이니 '잠재적 교육과정'이란 이를 일컫는다.

지금도 나는 연구학교 보고회에 가면 실적물을 가장 먼저 본다. 이 실적물을 만들어내느라 아이들이 얼마나 고생했을까 하는 불편한 마음으로 살펴본다. … 실적물을 본 다음 나는 항상 연구학교 아이들에게 물어본다. '독서교육' 연구학교 보고회에 가면 연구학교 운영 때 힘들었던 점과 좋았던 점이나 연구학교 운영 뒤에 책을 좋아하게 되었는지 물어본다. 그렇게 물으면 한결같이 "책은 쳐다보기도 싫어요"라는 반응이다. 그 이유는 수많은 독서 관련 행사와 독후감 쓰기 때문이라고 한다.

연구학교에 문제의식을 담은 한 교사의 블로그 글이다. 그 글에는 인성연구학교에서 학생들의 선행을 유인하기 위한 외적 동기유발 시스템으로 인성통장을 발급하여 운영한 것에 관한 이야기도 있다. 통장정리기 구입비용이 무려 2~3천만 원이었다고 한다. 연구·시범의 이름으로 전국적으로 천문학적인 교육예산이 이렇게 쓰이고 있다. 학생들 인성을 함양하기 위해 수천만 원짜리 통장정리기를 구입한 것이 문제가 아니다. 그 통장정리기의 유통기한이 문제다. 연구학교 운영기한이 지난 지금 그 기자재가 학생교육을 위해 쓰이고 있을 것 같지 않다.

손님 없는 잔칫집을 생각할 수 없듯이, 연구·시범학교 보고회에는 여기저기에서 온 교사들로 인파를 이룬다. 이 재미 하나도 없는 잔치에 제 발로 모이라면 누가 오겠는가? 교육청에서 각 학교에 공문을 뿌린다. '교당일명'의 주술이 또 위력을 발휘한다. 연구·시범학교 보고회 시즌인 10월이 되면 해마다 학교에서는 이런저런 연구·시범학교 보고회에 참석할 '교당일명'을 차출하기 위해 골머리를 앓는다. 교사가 피곤한 건 둘째 치고 수업결손이 발생한다. 구미에서 열리는 보고회에 오려면 가까운 곳의 교사는 오후 수업을, 울진이나 청송의

몇몇 학교가 합동으로 시범학교 운영 실적물을 전시하고 있다.

교사는 하루 종일 교실을 비워야 한다. 보결수업이 있으니 '수업결손'
은 아니라고 반발하겠지만, 중등과 달리 초등 교실에서 보결수업은
담임 수업과 질적으로 차이가 있다. 교사마다 수업 스타일이 다 다른
데, 담임교사의 수업 스타일에 적응한 아이들이 매 시간마다 교사가
바뀌면 수업이 혼란스러울 수밖에 없다. 그래서 보결수업에서는 학생
들에게 학습지를 풀게 하는 경우가 많다.

　전국의 연구·시범학교들에서 벌어지고 있는 반교육적인 실태를 열
거하자면 별도로 책을 한 권 써야 할 것이다. 그런데 이 백해무익한
교육 사업들은 어떻게 교육현장에서 근절되지 않고 명맥을 유지해오
는 것일까? 학교교육의 3주체 가운데 학생과 학부모가 이런 사업을
원할 리는 없고, 순전히 단위 학교 교원들의 의지에 의해 연구·시범
학교가 유치된다. 여기에도 학교교육 만악萬惡의 근원인 사악한 승진
제도와 점수병이 자리하고 있다. 승진점수와 달리 연구·시범학교 점

수는 모든 교사에게 주어진다. 연구·시범학교의 주무를 맡은 연구부장 교사와 교감은 승진에 필요한 가산점을 받고 나머지 교사들은 학교 이동에 필요한 이동점수를 받는다. 말하자면, 승진파 교사에게는 물론 일반 교사에게도 좋은 것이다.

누이 좋고 매부 좋을 때 반드시 선의의 피해자가 발생한다. 보다시피 연구·시범학교는 학생들에게 막대한 피해를 입힌다. 이 때문에 많은 교사들이 연구·시범학교를 반대하지만, 교육부나 시·도교육청은 어떻게든 주관 학교를 만들어낸다. 그리고 그렇게 만들어진 연구·시범학교의 학생들이 입는 크고 작은 피해는 불가피하다.

시범학교는 시범적으로 아이들을 망치는 학교다.

관성적인 페이퍼워크로
피폐해져가는 교육혼

요즘 유행하는 신조어로 '웃프다'라는 말이 있다. 우습다와 슬프다의 합성어인데, 우리가 일상에서 겪는 어떤 상황이 그 자체로는 우습지만 그 우스꽝스러운 현상이 생겨난 배경은 슬프고 우울한 것이어서 웃지도 슬퍼하지도 못할 때 '웃프다'는 말을 쓴다. 교사들의 교직 일상 속에서 이 '웃픈' 일들이 너무 자주 빚어진다.

교사로서 나는 제일 비참할 때가 영혼 없는 페이퍼워크를 할 때다. 그중 가장 웃픈 것이 방학 끝나고 제출하는 자가연수물이다. 교육공무원법 제41조에 따라 교원은 방학 중에 연가를 쓰지 않고 자택에서 연구하는 자가自家 연수를 신청할 수 있다. 연수 뒤에는 연수물을 학교에 제출해야 한다. 이를테면, 집에서 아무것도 안 하고 무위도식한 교사가 거짓으로 연수물을 제출하면 아무 문제가 없는 반면, 자기연찬을 위해 치열하게 공부한 교사가 연수물을 제출하지 않으면 행정감사 때 적발되어 사유서를 작성해야 한다.

교사들은 방학 때 무슨 공부를 해도 한다. 나도 그런 편이다. 그런데 교사가 양서 몇 권을 읽었으면 그만이지 그 증거를 왜 제출해야 하는가? 방학 끝나고 나서 이 '증거물'을 제출하기가 끔찍이도 싫다. 내가 읽은 책 내용과 무관하게 인터넷에서 자료 검색한 뒤 적당한 것으로 프린트해서 내면 되는 건 안다. 그 속에 무슨 내용이 있든, 남의 것을 베껴내든 아무 문제가 없다. 그냥 제출하면 된다. 그런데도 나는 이게 싫다. 아니, 바로 그런 이유 때문에 싫다. 이건 지성인이 할 짓이 아니기 때문이다. 초등학생 숙제 검사 맡는 것도 아니고 그런 영혼 없는 페이퍼워크를 교사인 사람들이 왜 해야 하는가?

그나마 경북에서는 올해부터 자가연수물을 제출하지 않아도 된다는 전달을 받았다. 그때 얼마나 감격스러웠는지 속으로 만세를 불렀다. 식민지 백성이 해방을 맞은 듯한 기분이었다. 그런 한편, 도대체 이 지극히 상식적인 조치가 왜 내가 발령받고 30년 만에 이루어지는가 하는 의문이 들었다. 또 그전에 우리 선배들은 몇십 년을 그렇게 했을 것이다.

자가연수물 건에서는 해방되었지만, 학교현장에선 아직도 교사들의 손으로 작성되는 영혼 없는 페이퍼워크가 홍수를 이룬다. 연간지도계획서에 창의적 체험활동, 민주시민교육, 안전교육, 학교폭력예방교육, 아동학대예방교육, 성교육, 독도교육, 통일교육 등의 교육활동을 각각 최소 지도 시수를 포함하여 붉은색 볼펜으로 일일이 기입한다. 모든 작업이 지극히 형식적이고 기계적으로 이루어질 뿐만 아니라 계획과 실행이 따로 돌아간다. 민주시민교육이란 이름으로 별도의 교육을 하는 교사는 없다. 모든 교육은 내재적으로 민주시민 육성을 지향하기 마련인데 그것을 어떻게 칼같이 시수를 산출한단 말인가? 원유를 분별증류해서 가솔린-등유-경유로 분리하듯이 교육을 무슨 무슨 교육 따위로 분리시키는 것은 어불성설이다. 이렇듯 원자화되고 파편화된 교육은 그 자체로 이미 교육이 아닌 까닭에 이러한 발상 자체가 사기다. 교육부와 교육청이 전문직 종사자인 교사에게 사기를 강요하고 있는 것이다.

언젠가 일본이 자기 나라에 입국하는 외국인을 대상으로 지문날인을 실시한다는 방침을 발표할 때 국내에서 반일감정이 들끓었던 적이 있다. 미국도 9·11 이후 이 정책을 시행하고 있는데, 나도 입국심사 때 고압적인 미국 관리의 지시에 따라 지문날인 하면서 꽤 불쾌했던 기억이 있다. 자국민에게는 지문날인을 하지 않으면서 유독 외국인만을 대상으로 강제하는 것은 명백한 차별이고 인권 침해다.

교사를 상대로 '너 방학 중에 안 놀고 공부했는지 증거를 제출하라'는 것은 지문날인을 강제하는 것과도 같다. 인권 침해다. 지문날인이 모든 여행자를 잠재적 범죄자로 간주하듯이, 연수물 제출 강요는 모든 교사를 잠재적 양심불량자로 몰아가는 것이다. 웃프게도, 바로 그 연수물 제출 강요로 인해 실제로 읽은 책 내용과 무관한 베껴내기라는 '거짓'을 본의 아니게 범하게 되는 점이다. 연간계획서에 무슨 무슨 조잡한 지도 시수를 기입하는 것도 마찬가지다. 어차피 계획과 실행이 따로 갈 수밖에 없는 현실 속에서 누구에게도 도움이 안 되는 쓸데없는 짓거리를 강제함으로써 멀쩡한 교사를 거짓말쟁이로 만드는 것이다.

만약 대학교수에게 방학 중에 공부했는지 증거 제출하라 하고 무슨 무슨 지도 흔적을 강의 실라버스에 기입하라고 하면 정신병자 취급 받을 것이다. 똑같이 학생을 가르치는 교육자로서 대학교수와 초중고 교사가 뭐가 다른가? 교사를 왜 교수와 다르게 대접하는가? 이게 외국인과 자국민을 다르게 취급하는 쇼비니스트적인 발상과 뭐가 다른가?

웃음과 슬픔은 서로 반의어나 마찬가지다. 따라서 '웃프다'는 말은 '네모난 원'이란 말처럼 일종의 형용모순이다. 모순으로 점철되는 웃픈 교직 일상은 교사를 분열에 빠뜨린다. 나는 거짓말쟁이가 되고 싶지 않은데 거짓말을 강요하는 반지성적인 제도에 질식할 것만 같다.

제도가 부당하게 강제하는 무엇에 정신분열을 느껴야 한다. 미칠 것만 같아서 탈주하고픈 욕망을 느껴야 한다. 이것이 들뢰즈가 말하는 스키조schizo다. 들뢰즈에 따르면, 두 형태의 인간이 있다-편집적인 인간(파라노이아paranoia형型)과 분열적인(스키조형) 인간. 파라노이아적 인간은 기존 영토화에 적응해서 살아가지만 스키조적 인간은 탈영토화를 욕망한다.

고매한 인격자로서 교사의 자존을 유린하는 이 말도 안 되는 불합리한 교직 현실에 순순히 적응해가는 파라노이아적 교사가 되기보다, 종국적으로는 제출하더라도 '이딴 것을 꼭 해서 내야 하나' 하는 심각한 회의와 불만 속에 분열을 느끼는 스키조적 교사가 돼야 한다. 비합리적이고 부조리한 페이퍼워크를 제때에 척척 해내면 교사는 지성인이기를 그친다. 어제도 오늘도 아무 생각 없이 수행하는 관성적인 페이퍼워크로 교사의 교육혼은 시나브로 피폐화되어간다.

이른바 정보화시대의 도래와 함께 거짓 페이퍼워크는 예전보다 훨씬 심해졌다. 예전에는 교사들이 '숙제'를 일일이 손으로 써서 제출했다. 베낄 참조물도 흔하지 않았으니 가끔씩 생각을 담은 글짓기를 해야 했다. 그러한 물적 조건하에서는 교사들의 반발심 때문에 페이퍼워크 강요도 그리 많지 않았다. 말하자면, 거짓말을 지금보다 훨씬 덜 했다.

전국의 교원 수가 40만이 넘는다. 여름·겨울 방학 외에 재량휴업일 등에 자가연수물을 제출하는 양이 1인당 10~20쪽이 될 것이다. 대충 계산해도 1년에 모든 교원이 영혼 없이 제출하는 숙제의 양이 500~1,000만 쪽이 된다. A4 용지 1만 장 만드는 데 30년생 나무 한 그루가 베어진다. 어느 누구에게도 도움 안 되는 이 짓거리를 위해 1년에 500~1,000그루의 나무가 베어지는 것이다. 자가연수물 하나만 계산해도 이러하다. 대한민국의 학교에서 페이퍼워크가 사라지면 지구상의 많은 나무들이 오래 살아남아 인류에게 푸른 숲과 맑은 공기를 더 많이 제공할 수 있을 것이다.

공문, 그 무익한 숫자놀음이여!

2016년 다부초에서 교무부장을 맡고 있을 때 쓴 글이다.

다부초는 2015년부터 업무전담팀을 구성하여 공문 처리를 전담하고 있다. 업무전담은 담임을 맡지 않은 2인의 교과전담교사가 담당하고 있다. 대신 업무전담교사의 수업 시수는 상당히 적다. 교무부장인 내가 업무전담을 맡고 있었는데, 3월 1일부터 5월 10일 현재까지 내가 접수한 공문이 총 251건이고, 기안한 공문이 55건이다.

업무전담팀에서 '업무'란 공문 처리를 의미한다. 그리고 모든 공문을 업무전담팀이 맡는 것은 아니다. 공문 성격상 업무 담당자가 해야 하는 것이 있기 때문이다. 그런데 이 경계가 애매하기 때문에 업무 담당자와 업무전담교사 사이에 갈등이 있을 수 있다. 공문을 배분하는 교무행정사도 특정 공문을 업무 담당자에게 줘야 할지 업무전담팀 교사에게 줘야 할지 난감해하는 경우가 많다. 하지만 웬만하면 교무부장이 떠안는 편이다. 업무전담팀 운영의 본래 취지가 담임교사는 페이퍼워크에서 해방되어 학생교육에만 전념하게 하자는 것이기 때문이다.

얼핏 보면, 대한민국의 모든 교사가 부러워할 만한 '꿈의 시스템'이라 할 것이다. 하지만 이 시스템에도 한계는 있다. 가장 심각한 모순은 '누가 업무전담팀을 맡을 것인가?' 하는 것이다. 페이퍼워크를 좋아할 교사는 없다. 업무전담팀 교사도 교사인데 이 일을 기피하고 싶긴 마찬가지인 것이다.

나도 이 일이 싫지만, 누군가 해야 할 일이라면 내가 하는 게 맞다고 생각했다. 나는 젊은 선생님들보다 이런 일을 잘 처리할 수 있기 때문이다. 공문 처리란 게 어차피 '거짓말 놀음'이다. 간혹 젊은 선생님들이 무익한 숫자놀이에 불필요한 진정성을 투여하느라 스트레스 받는 것을 보면 안쓰러운 한편 무모하다는 생각도 든다.

나는 가급적 진실한 삶을 살고자 하지만, 공문 처리에서는 과감한 거짓말쟁이가 되고자 한다. 사실 나는 성격이 대단히 결벽적인 편이다. 이를테면, 녹색 생활을 실천하기 위해 A4 용지는 철저히 이면지를 재활용한다. 이런 일에는 아주 소심하면서도 공문 작성할 때는 거짓말하는 것에 조금도 양심의 가책을 안 느낀다. 아니, 제대로 된 교사라면 반드시 그러해야 한다고 생각한다. 인간의 열정은 무한하지 않아서, 쓸데없는 페이퍼워크에 정성을 쏟는 만큼 필연적으로 교육 실천엔 차질이 생기기 때문이다.

그나저나 공문 참 지독스레 많다. 면사무소도 아니고 아이들 가르치는 교육의 장에서 뭔 공문이 이렇게 많이 필요할까? 대부분 쓸데없는 공문이고, 또 그렇다 보니 공문 생산하는 쪽이나 보고하는 쪽이나 진정성은 1퍼센트도 담지 않는다. 예를 들어, 학부모 대상으로 학교폭력 예방을 위한 교육을 하고 실적을 보고하라고 한다. 대한민국 어느 학교에서도 학부모를 따로 불러 이 교육을 실시하는 경우는 없다. 보통 3월 학부모총회를 겸해 여는 교육과정설명회 때 유인물 나눠주는 것으로 대신한다. 학교교육은 교육청 시키는 대로 다 하면 망한다. 교육 본연에 충실하기 위해서라도 편법은 불가피하다. 말하자면, 교육 실천에 진정성을 다하기 위해서라도 페이퍼워크에서는 거짓말을 일삼아야 하는 것이다.

그리고 학부모 교육을 했으면 했지 그걸 무슨 교육 실적으로 간주하며 또 그 실적을 왜 보고해야 하는가? 또 참석 학부모 수가 뭐 그리 중요한가? 세상에 어떤 실없는 사람이 강당에 앉은 학부모 머릿수를 헤아린단 말인가? 이렇게 구시렁거리니 옆에 있는 교감이 "등록부 확인해서 헤아려 보면 된다"고 굳이 친절하게 답을 제시한다. 누가 그걸 몰라서 안 하나? 내가 그렇게 하지 않는 이유가 있다. 교육청에서 요구하는 무익한 숫자놀음에는 절대 진정성을 들여 반응하지 않겠다는 나름의 원칙을 지키기 위해서다. 그리고 등록부상의 숫자도 정확할 수 없다. 참석하고 등록부에 적지 않은 학부모의 수는 파악되지 않기 때문이다. 그러니까 이 보고는 원천적으로 정확하지 않을 수밖에 없다.

그래도 공문은 보내야 한다. 그러면 어떻게? 최고치와 최저치만 생각하면 된다. 이를테면, 전체 학부모 수가 100이고 아무리 적게 와도 40명은 오고 아무리 많이 와도 80을 넘지 않는다면, 이 숫자놀음의 답은 대충 나온다. 최저치인 40에서 대충 10을 더하고 최고치에서 대충 한 10을 빼면 50에서 70 사이의 숫자 가운데 그날 떠오르는 임의의 수가 답이다. 그날 떠오르는 대로 기입하면 된다. 단호히 말하지만, 이 이상으로 머리를 쓰는 것은 쓸데없는 짓이다! 내가 거짓으로 공문 보낸다고 이 나라 교육에 손실이 있는 것도 아니고 반대로 최선을 다해 정확성을 기한다고 해서 교육에 발전이 있는 것도 아니다. 그러니 공문 처리는 최대한 빨리 하고 시간과 노력을 아껴 학생 교육에 쏟는 게 최선이다. 그게 국가를 위하는 길이다.

교사에게 공문이란 무익한 숫자놀음 이상의 의미는 절대 아니다!

교단을 분열시키는 성과급제도

정부에서 새로운 교육정책을 추진할 때, 각각 보수와 진보를 대표하는 교총과 전교조는 지금까지 늘 상반된 입장을 보였다. 그러나 유독 교원평가제와 성과급제도에 대해서만큼은 두 단체 모두 반대 입장이다. 평교사도 관리자도, 보수단체도 진보단체도 그리고 학부모까지도 반대하는 이 제도가 왜 아직도 존치되고 있는지 이해할 수 없다.

교원능력개발평가는 2005년 교원평가라는 명칭으로 시범적으로 운영되다가 2008년부터 현재 이름으로 지금까지 시행되고 있다. 지금 교원능력개발평가는 학교현장에서 거의 있으나 마나 한 제도가 되었다. 아마 전국 평균 점수가 4.5 이상 될 것 같다. 이 점수는 백점 만점으로 환산하면 90점에 해당한다. 교원능력개발평가가 교원의 능력을 개발하고 전문성을 신장하는 데 기여한다고 생각하는 사람은 없을 것이다. 아울러, 5.0이든 4.5든 4.0이든 점수로 교사의 교육 능력을 가늠할 수 있다고 생각하지도 않을 것이다. 그래서 교사들은 교원능력개발평가 결과에 별 신경을 안 쓴다.

하지만 성과급은 다르다. 돈이 결부되기 때문이다. 교사들이 돈을 밝힌다는 뜻은 아니다. 집단 내에서 남들만큼 열심히 일했다고 생각하는데 자신이 금전적으로 불이익을 받으면 속이 상하고 일할 마음이 안 나는 것은 당연하다.

교사들이 관리자나 동료 교사들로부터 평가받는 것은 두 가지다- 근평(근무평정)과 다면평가. 예전에는 이 두 평가가 완전히 분리되어 근평은 관리자가 매기고 다면평가는 동료 교사 가운데 대표로 선출된 평가위원이 매겼다. 그러던 것이 2016년부터는 교원업적평가라는 이름으로 근무평정(근평)과 다면평가가 합쳐져서 기존의 근평을 대신하게 되었다. 기존의 근평 점수는 100퍼센트 관리자(교장, 교감)가 매겼는데, 지금은 관리자가 60%, 다면평가위원(동료 교사)이 40%를 매긴다.

어떤 의도로 기존 제도를 이렇게 개정한 것인지는 몰라도, 2016년 이후부터 성과급 문제로 학교에서 동료들 사이에 얼굴 붉히는 일이 많아졌다. 예전에는 승진을 위해 근평이 필요한 승진파 교사들은 관리자가 매기는 근평에는 목을 매도 성과급이 걸린 다면평가에는 별 신경을 쓰지 않았다. 다시 말해, 승진파 교사들은 점수를 챙기고 일반 교사들은 금전을 챙기는 원원이 통했던 것이다. 그런데 개정 교원업적평가 시스템 아래에서는 동료들이 매기는 다면평가가 근평의 40퍼센트를 차지하기 때문에 이 점수에도 눈독을 들일 수밖에 없다. 문제는 점수와 돈이 같이 따라가는 것이다. 결국 이 제도는 승진파 교사가 관리자의 근평과 동료의 다면평가 그리고 그에 따른 높은 성과급까지 세 가지를 다 가져가는 '승자독식'의 비정한 인간관계를 파생시켜 교사공동체를 파괴하는 악법이 되고 있다. S-A-B 3등급으로 이루어진 성과급에서 최고등급과 최저등급 간의 금액 차이는 100만 원이 훨씬 넘는다.

이와 관련하여, 그해 한 페이스북 친구로부터 씁쓸한 소회를 피력한 메시지를 받았다. 교직 경력이 10년 조금 넘은 선생님인데, 승진에 관심 없이 아이들 열심히 가르치고 학교 일도 성실히 하면서 선후배 동료 교사들로부터 괜찮은 교사로 인정받으며 살아오신 분이다. 이전까지는 부장교사들과 잘 지냈고 또 그들이 승진에 욕심을 내는 것을 보면서도 '저런 분이 승진해서 관리자가 돼도 나쁘진 않겠다'고 생각하셨다고 한다. 그런데 그해 다면평가를 잘 받기 위해 다면평가 기준을 자기네들 유리하게 짜는 것을 보고 심각한 인간적 배신과 함께 그 몰염치함에 환멸을 느꼈다고 하신다.

다면평가 기준안이라는 것은 정하기 나름이다. 이솝우화의 여우와 두루미를 연상하면 되겠다. 접시에 음식을 담으면 여우에게 유리하고 호리병에 담으면 두루미에게 유리한 것처럼, 다면평가 항목에 어떤 요소를 넣느냐에 따라 교사별 평가점수가 확연히 달라지기 마련이다. 평가위원회에 부장교사들이 많이 포진되어 있으니 자기네들 유리한 쪽으로 결정을 낸 것으로 이해된다.

무릇 인간은 이해관계가 개입되기 전에는 모두 좋은 사람들이다. 예비군 훈련소에서 만난 낯선 사람들이 명함을 주고받을 때 얼마나 싹싹하고 호의적인가? 사람이 좋으려면, 이해관계가 상충될 때 합리적인 판단을 내려야 하고 무엇보다 선량한 약자 편에서 갈등을 봉합하려 애써야 한다. 그게 도덕적인 삶이고, 따라서 교육적인 교직 삶이다. 그 선생님이 품는 울분도 그런 것이었다. 그랬더니 어느 부장 선배 교사가 다가와서 이렇게 말했다고 한다.

"네 말이 다 맞다. 용기가 없어서 네 말을 대변하지 못해 미안하다. 그러니 너도 부장이 되고 관리자의 위치가 되어 이 부조리를 변화시켜라."

말이 안 된다. 현재 도덕적이지도 교육적이지도 않은 길을 걷는 사람들이 훗날 그 자리에 서서 무엇을 바꾼단 말인가? 오히려 지금보다 더 나빠질 것이다. 칠흑 같은 승진의 터널을 지나는 과정에서 더욱 타락할 것이기 때문이다. 학교 일을 자기들이 다 한 것도 아닐 터이다. 후배 교사들은 그저 젊다는 이유로 학교의 궂은일을 다 떠안았을 텐데, 부장이 돼서 부장수당에 근평에 성과급까지 독식하는 사람들이 훗날 학교 위계질서 내의 권력자가 되면 지금보다 더 나은 교육자가 될까?

미안하다니? 미안한 마음을 말로만 하면 어떡하나? 실천을 해야지. 미안한 생각이 들면 돈을 내놓으면 될 일이다. '성과급 균등분배'라는 합리적인 방책이 있다.

그분이 내게 물어 오신다. 선배 부장교사들의 후배이자 20, 30대 후배 교사들의 선배로서 이 학교에서 어떻게 처신해갈 것인가 하는 고민을 토로하신다. 이에 답하노니… "그 추한 선배들처럼 안 살면 된다"고 말씀드리고 싶다. 그 선배들을 반면교사 삼아, 맑은 영혼을 가진 후배들 눈에 자신은 그런 실망스러운 선배가 되지 않길 바란다. 그렇게만 살아도 교사로서 잘 사는 것인데, 생각보다 그리 쉽지 않은 일이다. 쉽지 않기 때문에 뿌듯한 삶이기도 하다.

그리고, 무엇이 이 선배들을 이렇게 만들었는지에 대해서도 생각해보셨으면 한다. 평소에 괜찮은 선배로 비쳤던 그 모습이 그분들의 본모습일 수도 있다. 그렇다. 존재 양식이 의식을 규정하는 법이다.

순진무구한 아이들을 상대하는 학교사회의 교사들은 대부분 선한 분들이다. 그런데 그 선한 사람들이 승진의 사다리를 타게 되는 순간, 추하디추한 짓거리를 서슴지 않는 파렴치한으로 변질된다.

교직사회에서 '승진'은 호환마마보다 더 무서운 괴물이다. 조잡한 점수놀음으로 관리자를 선별하는 현행 승진제도가 존속하는 한, 그 이름 모를 후배 교사가 겪은 것과 같은 비애는 끊이지 않을 것이다. 집단지성과 협력을 토대로 한 희망의 교육공동체여야 할 학교사회가 만인이 만인에 대해 시기하고 경계하는 얼음왕국으로 남을 것이다.

성과급 균등분배를 권장해야지
엄벌에 처하다니

차등성과급제도하에서 균등분배를 하지 않으면 B등급을 받은 교사는 평균 금액보다 75만 원을 손해 보고, 최고 등급인 S등급보다는 140~150만 원 적게 받는다(2016년 기준). 우리 학교에서 B등급 받은 여선생님 한 분은 작년에 출산으로 휴직을 하셔서 이 등급을 받았다. 본인도 이 결과를 당연하게 받아들일 것이다. 저출산 국가에서 아이를 낳은 게 무슨 큰 흠이라도 되는 것일까? 하지만 평가자의 입장에선 누군가에게 최저 등급을 매겨야 하는데, 이런저런 이유로 휴직하신 분에겐 낮은 등급을 매길 수밖에 없다.

"균등분배를 엄금한다"는 교육부의 지침이 있었기에 아마 전국적으로 많은 출산 여교사들이 "애국하고 엄청난 경제적 불이익을 받는" 웃지 못할 코미디의 희생자가 될 전망이다. 이 나라 교육을 관장하는 교육부라면 무엇보다 교육적이어야 한다. 교사 된 사람이 자기 수중에 들어온 금전의 상당액을 동료를 위해 출연하겠다는데, 그 숭고한 이타심을 치하하지는 못할망정, 그걸 문제 삼고 나아가 신분상의 불이익 처분을 가하겠다며 겁박하는 게 교육적인가?

교직은 전문직이고 전문직은 고도의 자율성이 핵심이다. 교사들이 성과급을 받아 무슨 돈놀이를 한 것도 노름을 한 것도 아니다. 오히려 교사들을 상대로 돈 가지고 장난 친 쪽은 교육부다. 교육자가 돼서, 일터에서 같이 고생한 동료 교사가 잘못된 제도로부터 불이익을 받았을 때, 물질적으로나 정신적으로 아픔을 나누려는 행위가 무슨 죄악을 구성한단 말인가?

교육은 주로 철학과 소신의 문제라고 믿는다. 교사는 상부의 부당한 지시에 따라서가 아니라 오직 자신의 신념과 양심에 따른 행위를 할 뿐이다. 나는 우리 교육공동체 내에서 불의의 낮은 평가등급을 받고서 정신적으로나 경제적으로도 불편을 겪고 있는 동료와 아픔을 나누기 위해 성과급 균등분배를 실천할 것이다.

아무리 생각해도 교육공동체를 온전히 지켜내기 위해 성과급 균등분배를 선택한 나의 결의엔 문제가 없다. 오히려 명분이 없는 쪽은 교육 당국이다. 인간적으로나 교육적으로 아무런 명분 없이 그저 힘의 논리로 존귀한 교사의 자존을 짓밟으려는 식민지적·야만적 행정명령에 분노한다.

이 글은 촛불혁명이 일어나기 전인 2016년 7월에 페이스북에 쓴 글이다. 현재 우리 사회 전체에서 변화의 바람이 휘몰아치고 있건만 교육계는 촛불 이전과 별반 다르지 않다. 그래도 교원성과급은 모두가 반대하기에 폐지될 줄 알았건만, 지난 3월 국무회의에서 차등 비율을 70%에서 50%로 줄일 뿐 현행 제도를 그대로 유지하는 것으로 확정되었다.

창조학교와 혁신교육에 대한 단상

전국 17개 지자체 가운데 13개 시·도에서 이른바 진보 교육감이 대세를 이룸에 따라 경북을 비롯한 보수 교육감 지역에서도 혁신교육이 뜨거운 관심사 내지 이슈로 떠오르고 있다. 박근혜 정부 때부터 시행해오고 있는 '창조학교'가 그 좋은 예다.

처음에 나는 창조학교를 관 주도하에서 혁신교육 흉내 내는 그렇고 그런 연구·시범학교의 아류쯤으로 생각했다. 하지만 창조학교에는 보통의 연구·시범학교와 구별되는 중대한 차이가 있다. 이 대열에 참여하는 교사에게 승진이나 이동에 쓰이는 점수 따위의 인센티브가 주어지지 않는 점이다. 즉, 물화된 외적 동기가 아닌 혁신교육을 염원하는 교사의 순수한 자발적 동기를 동력으로 추동되는 점에서 여느 제도권 교육 사업과 질적으로 구별된다 하겠다.

그간 제도권 교육을 망가뜨려온 것이 교사를 '점수의 노예'로 길들이는 속물적 시스템이었던 것을 생각할 때, 이건 정말 혁신적인 의미를 지닌다고 본다. 어떤 면에서 혁신 교육감 체제하의 혁신시범학교보다 보수 교육감 체제하의 창조학교에서 교육적 진정성이 더 바람직한 모습을 떨지도 모른다.

그러나 열망이 갖춰져 있다고 해서 바람직한 교육이 저절로 이루어지는 것은 물론 아니다. 사랑의 실천은 열성의 문제가 아니라 기술의 문제Art of Loving이기 때문이다. 잘은 모르지만, 수업에 관해서는 프로젝트수업을 비롯한 이런저런 기법들을 경기도 같은 진보 교육감 지역으로부터 벤치마킹해서 어느 정도 기반을 닦은 상태일 것이다. 그러나 학생자치나 교사의 자율적 집행역량 부분에서는 별 진전 없이 난항을 겪고 있는 듯하다. 어제(2017. 5) 내게 다모임 관련 연수를 요청해 오신 것도 이런 맥락으로 이해된다.

담당 선생님께선 학생자치를 비롯한 실천적인 부분에 관한 노하우를 중심으로 강의해달라고 하시는데, 나로선 고민이 많이 된다. 고민의 요지는 다부초와 같은 소규모 학교의 다문화 시스템을 큰 학교에서 어떻게 원용할 것인가 하는 것이다. 고민 끝에 내린 결론은 다음과 같은 것이다. 그리고 이 원리는 학교 규모와 상관없이 유효하리라 확신한다. 그것은, 이론적인 부분과 실천적인 부분, 철학적인 부분과 기능적인 부분이 결코 따로 갈 수 없다는 것이다.

교육은 교실 수업이나 학생자치회 같은 특정 교육활동을 통해서만 이루어지지 않는다. 교사와 학생이 교문에 들어오는 순간부터 학교 구성원들의 일상 전반에서 이루어진다. 심지어 교문을 벗어난 또래끼리의 부딪침 속에서도 이루어지니, 이게 '잠재적 교육과정'의 개념이다. 잠재적 교육과정은 '문화'와 동의어다. 혁신교육에서 혁신이란 학교문화의 혁신을 뜻한다.

관리자와 교사, 교사와 학생, 선배 학생과 후배 학생 등, 각각의 관계망이 민주적이지 않으면, 민주적인 학생자치는 이루어질 수 없다.

교무회의에서 관리자나 담당 계원 혼자 지시하고 교사들은 수동적으로 받아 적기만 하는 회의 문화가 척결되지 않으면 혁신적인 학생자치회는 불가능하다. 민주주의를 살아본 교사만이 학생들에게 민주주의를 가르칠 수 있기 때문이다.

혁신교육은 자판기가 아니다. 일회성 연수를 통해 그때그때 필요한 처방전을 발급받을 수는 없다. 혁신교육의 주체인 교사집단과 학교 관리자가 학교문화를 혁신적으로 쇄신하고자 하는 신념 아래 오랜 시간 동안 지난한 실천 과정을 통해 시나브로 경작해갈 일이다.

이 나라 제도권 교육체제를 신랄하게 비판해온 2부의 끝을 그나마 '선량한 제도가 선량한 학교교육을 견인할 수 있다'는 가능성의 언어로 닫을 수 있어 교육청의 교육 동지들께 조금이나마 덜 미안할 수 있어서 다행이다.

창조학교라는 나무가 본래 취지대로 무럭무럭 성장하여 경북에서 혁신학교의 주춧돌이 되었으면 한다. 그런데 일각에서 창조학교 선생님들의 노고에 대한 보상으로 점수를 부여하자는 주장이 제기되고 있다고 한다. 그러면 절대 안 된다. 앞에서 살펴봤듯이 점수와 교사의 성장 그리고 학교교육의 발전은 절대 함께 갈수 없다. 교육 발전의 동력은 지금보다 더 나은 교육을 염원하는 교사의 내발적 동기에 의해서만 추동된다.

3부

반지성적, 반교육적 학교문화

초등교육은 배구 때문에 망한다

경북 초등 현장에는 두 종류의 남교사가 존재한다―배구 잘하는 교사와 배구 못하는 교사. 경북뿐만 아니라 지금까지 내가 파악하기로는 수도권 지역을 제외한 전국 대부분의 초등 현장에서 배구에 목숨 거는 이상한 풍조가 몇십 년째 흘러오고 있다.

특히 내가 재작년까지 근무한 칠곡군에서는 남교사는 물론 여교사들도 배구에 몰입해야 한다. 다른 시·군에서는 9인조 배구로 남교사 7명에 관리자 1명 그리고 여교사 1명 정도의 혼합팀으로 시합을 하는 것이 보통인데, 이 군에서는 남교사와 여교사가 별도로 단일팀을 구성하여 경기를 한다. 그러니 다른 지역에서는 늘 열외로 빠져 있던 여선생님들도 칠곡군에 오면 배구 때문에 고민하게 된다. 최소한 서비스는 무난히 넣을 줄 알아야 한다. 칠곡군에서는 배구 역량이 곧 교사 역량이다. 상대편 코트로 서비스를 날릴 수 없는 여교사, 키가 크면서 스파이크를 못 때리는 남교사는 배구 때문에 자존감이 망가진다.

배구에 과도하게 몰입하는 칠곡군을 떠나 작년에 구미에서 근무하게 되면서 가장 기뻤던 것이, 여기서는 교육청 주관 교직원배구대회가 열리지 않는다는 것이었다. 그런데 웬걸, 교육장이 바뀌면서 배구 대회가 부활했다. 얼떨결에 선수로 선발되었고, 4월 초순부터 1주일에 한 번꼴로 근무시간 중에 다른 학교에 원정 가서 연습 경기를 했다. 몇 번 참여하다 '이건 아니다' 싶어서 교육장 앞으로 문제제기성 민원을 넣었고 페이스북에도 공개했다.

존경하는 우리 교육지원청 교육장님께 말씀드립니다.

저는 도량초등학교에 근무하는 교사 이성우입니다.

용건부터 미리 밝히자면, 요즘 우리 관내 초등학교에 번지고 있는 과도한 배구 몰입 풍조에 대한 시정 조치를 요청하는 바입니다.

주지하다시피, 해마다 스승의 날을 앞두고 기승을 부리는 초등 현장에서의 배구 신드롬은 비단 어제오늘의 문제가 아닙니다. 교육자라는 사람들이 자기 직분인 학생교육과 무관한 여가활동에 과도한 시간과 에너지를 근무시간에 소진하는 자체가 심각한 직무유기를 구성합니다.

분명히 일러두건대, 이건 국가공무원법에서 규정하고 있는 성실의무에 위반되는 명백한 범법 풍조입니다. 때문에 선량한 관리자로서 교육장님께서 이를 묵인하는 것 또한 심각한 직무유기에 해당함을 일러드리며, 만약 빠른 시일 내에 저의 이 민원에 납득할 만한 조치가 취해지지 않는다면, 제 입장을 관철하기 위해 강도 높은 모종의 후속 액션을 취할 것입니다.

• 모든 공무원은 법령을 준수하며 성실히 직무를 수행하여야 한다.-국가 공무원법 제56조(성실의무)

• 공무원이 정당한 이유 없이 그 직무수행을 거부하거나 그 직무를 유기한 때에는 1년 이하의 징역이나 금고 또는 3년 이하의 자격정지에 처한다.-형법 제122조(직무유기)

공무원의 직무유기와 관련한 법적 해석을 덧붙이면, "주관적으로 직무를 버린다는 인식과 객관적으로 직무 또는 근무지를 이탈하는 행위가 있을 때 직무유기죄가 성립한다"라고 적고 있습니다.

교사의 직무는 학생교육입니다. 골프가 교사의 직무와 무관하듯 배구도 그러합니다. 교사인 사람이 근무시간 중에 학교를 벗어나 골프 치러 가는 것이 직무유기이듯이, 다른 학교에 원정 배구 가는 것은 물론, 교내의 배구코트로 향하는 것도 엄연한 직무유기인 것입니다.

초등현장의 일과는 학교마다 크게 다르지 않습니다. 대부분 오후 2시 50분까지는 수업을 합니다. 퇴근시간은 4시 30분이니 다른 학교에 원정 배구 가서 몇 게임 뛰자면, 수업마침 종 치자마자 떠날 채비를 해야 합니다. 종례도 대충 해야 하고 청소 지도는 할 겨를도 없습니다. 이렇듯, 마음이 콩밭에 가 있는 교사가 자기 본연의 직분인 학생교육에 충실할 수 있을까요? 근무시간 중에 근무지를 이탈하는 것이 '객관적 직무유기' 요건이라면, 이런 교사의 심사는 '주관적 직무유기'의 요건에 해당한다 하겠습니다.

딱딱한 법조문을 들먹이는 것이 불편하시다면, 교육적 입장에서 한번 생각해봅시다. 도대체 교사라는 사람들이 배구에 몰입하여 배구 실력이 늘면 학교교육의 무엇이 좋아지는 것일까요? 아이들이 행복해집니까? 아니면 하다못해 애들 성적이라도 올라갑니까?

전임지인 칠곡군에서 있었던 일입니다만, 어떤 학교장은 남교사가 부임해 오면 맨 먼저 묻는 말이 '배구 잘하냐?'는 거였고, 그 대답이 시원찮으면 그다음부터 거들떠보지도 않았다고 합니다. 또 다른 어떤 교장은 매일같이 오후에 강당에 교사들 모아놓고 배구 연습을 시킵니다. 교장이라는 사람이 교사들과 배구코트에서 상주하다시피 하니 학교 업무가 마비될 지경이었습니다. 그래서 어느 여선생님이 참다못해 학교장에게 "배구 때문에 바빠서 일을 못하겠다. 교재 연구도 해야 하는데…"라며 볼멘소리를 내뱉었더니 교장이 하는 말인즉, "그래, 너 얼마나 네 일 잘하는지 보자", "너 얼마나 수업 잘하는지 다음 공개수업 때 보자"라고 했답니다.

누가 봐도 도무지 교육자의 모습과는 거리가 먼, 제정신이 아닌 교단 풍토라 하겠습니다. 이 광기의 지역을 떠나 올해 구미로 옮겨가면서 가슴 뿌듯했던 것이 "구미는 배구대회라는 것이 없다"는 기대감이었습니다. 그런데 교육장이 바뀌고선 교직원배구대회가 부활했다고 하는군요. 참 아쉽습니다. 아마도 삼십여 년 현장에 몸담으셨으면 지금 제가 논하는 현장에 만연해 있는 배구 신드롬의 심각한 교육적 역기능에 대해 모르지 않을 텐데 말입니다.

교직원배구대회라는 것이 존속하는 곳이면, 칠곡이나 구미나 별반 차이가 없는 듯합니다. 관내 여러 초등학교에선 교사들이 눈코 뜰 새 없이 바쁜 3월 초순부터 배구 연습을 시작했다고 합니다.

이 글을 드리는 저는 30년째 초등교직에 몸담아오고 있습니다만, 배구와 관련하여 사도師道의 본을 보여야 할 우리 선배 교사들이 후배 교사들을 길이 아닌 곳으로 잘못 이끌고 있다는 자괴감이 듭니다. 생각해보십시오. 군대든 회사든 학교든 보스가 좋아하는 것에 '아랫사람'들이 관심을 품고 인정받기 위해 애쓸 것은 당연합니다. 자기 학교에 부임해 오는 남교사에게 "배구 잘하냐?"고 묻는 교장 휘하에서 근무하는 교사는 배구에 온 열성과 고민을 쏟게 됩니다.

학교가 이래도 좋은 것일까요? 청운의 꿈을 품고 교단에 선 젊은 교사가 가장 심각하게 고민하는 것이 수업연구도 건강한 교육철학도 아닌, 어떻게 하면 배구 잘할 수 있는가 하는 것이라면, 이런 교단에 희망이 있겠습니까?

교육장님!

우리, 교육계의 선배가 돼서 제발 부끄러운 줄 좀 알았으면 합니다. 교사는 지성인이어야 합니다. 우리 때야 교대, 사대 쉽게 들어가고 아무나 선생 했지만, 요즘 젊은이들이 교대 들어가려면 얼마나 어렵습니까? 그 우수한 인재들이 현장에 첫발을 내딛자마자, 배구에 환장한 교장들과 노회한 선배 교사들에 떠밀려 지성과 거리 먼 '시정잡배'로 하향 평준화되어가는 이 소모적이고 반교육적이기까지 한 광란의 학교문화와 교육 풍토를 쇄신해갑시다.

모든 것이 구미 교육의 수장으로 계시는 교육장님의 의지에 달려 있습니다.

첫째, 작년처럼 교직원배구대회를 취소하시기 바랍니다.

둘째, 지금까지 장황한 제 글에서 피력했듯이, 정상적인 교육적 식견을 가진 교육 수장이라면, 심각한 교육적 역기능은 물론 범법 행위를 파생시키는 이 행사를 취소하지 않을 이유가 없습니다. 그럼에도 그리할 수 없다면, 납득할 수 있는 성의 있는 답변을 주시기 바랍니다.

그리고 배구대회 존속 여부를 떠나 현장에서 근무시간 중에 교사들이 배구코트로 향하거나 타 학교로 원정 배구 나서는 사례가 없도록 엄중 단속해주시기 바랍니다.

불편한 글, 끝까지 읽어주셔서 감사합니다.

교육장님의 건강과 구미교육지원청의 건승을 기원합니다.

사실 칠곡에 비해 구미에서는 배구 몰입이 그리 과도한 편은 아니었다. 오히려 보다시피 나의 민원이 과도했다. 교사인 사람들은 대부분 내가 이상하다고 할 것이다. 그러나 교사 아닌 일반 시민이 보면 어떻게 생각할까? 과연 어느 쪽이 이상하게 보일까? 정상적인 식견으로 보면 이건 학교가 아니다.

나도 내가 변한 것을 안다. 예전에는 아무 생각 없이 같이 배구 열심히 했고 팀 주장을 맡아 목이 쉬도록 파이팅을 외치기도 했다. 그런데 다부초에서 4년간 제대로 된 교직 삶을 실천한 뒤로는 '이건 아니다' 싶은 것에는 저항의식을 품게 된다. 정말 이건 아니다. 교직에 첫발을 내디딘 젊은 교사가 교육철학이나 수업기술에 고민하는 것이 아니라 '어떻게 하면 배구 잘할 수 있나'를 고민하게 하는 교직사회의 문화는 바꿔야 한다. 우리 선배들이 이렇게 부끄러운 초등교직문화를 후배들에게 물려줘서는 아니 될 일이다!

초등배구 잔혹사

초등교육 적폐의 온상인 교사 배구에 대한 비판 글을 쓴 뒤 방송국 관계자들을 비롯한 많은 분과 소통을 나누었다. 또한 배구에 얽힌 아픈 상처가 있는 많은 교사 페이스북 친구들이 댓글을 달아주셨다. 이분들과의 댓글 소통을 통해 전국적 차원에서 이 문제가 내가 생각하는 것 이상으로 심각하다는 걸 새삼 알게 되었다. 몇 가지를 정리해보면, '초등배구 잔혹사'라는 제목이 결코 과장이 아님을 알 것이다.

▶ 배구 시합에서 진 다음 날 조회 때 풍경을 상상해보세요. 씩씩대는 교장이 짜증을 내고 교무실은 장례식장 같았습니다.

▶ 배구에 미친 곳, 아마 전국에서 제일 심한 곳이 ○○광역시일 겁니다. 다수가 싫어하지만 아무도 말하지 못하는 진실… 배구는 동호인 활동으로 주말에 하면 될 일인데. 평일, 그것도 근무시간 중에 합니다.

▶ 발령받은 첫해, 월요일은 장학사님들까지 모여서 하는 남교사 배구 친목회, 수요일은 직원체육, 금요일은 다른 학교 원정 배구(심지어 섬으로), 목요일에는 한번 맞춰봐야 다른 학교랑 붙는다며 네트를 치기 일쑤였습니다. 끝나고 나면 승진 이야기가 주제가 되는 회식이 이어지는 건 당연했지요.

▶ 초임 시절 교장 선생님의 눈총을 받아가면서도 수업 준비해야 한다며 배구 안 나가고 반항(?)하다가 찍혀서 고생했던 기억이 나네요.

▶ 수업보다 배구 잘하면 더 인정받는 교직문화! 진짜 이젠 바뀌었음 합니다.

▶ 특수학교에서 신규 발령받고 4년 차에 선배의 한마디. "특수학급 나가려면 배구 배워야 사랑받아!" 그래서 어쩌면 통합특수교육 대상 학생들이 속한 일반 학급 교사들과의 친화를 뜻함. 옮긴이과 생존을 위해 배우기 시작했답니다.

▶ 매일 교장 선생님이 배구를 해서 결재를 강당으로 가야 했던 때가 떠오르네요. 매주 강제로 내기 배구도 해야 했습니다.

▶ 배구… 겨우 만 5년 차인 저의 지난 시련이 고스란히 떠오르네요. 9월 1일 자 발령인데 8월 29일쯤 전체 회식에 참석해서 제일 먼저 들은 말이 "출근할 때 체육복 들고 오라는 것"이었습니다.

순발력이 없고 굼뜬 편이지만 그나마 큰 키 덕분에 늘 배구 연습하러 끌려가야 했지요. 하지만 서비스를 넘기지 못해서 늘 눈치 보며 혼나가며 연습하고 교실 오면 퇴근시간이니 그때부터 교재 연구에 밀린 업무 했습니다. 서브를 못 넘겨도 절대로 멤버에서 빼주지는 않더군요. 발령받았던 그해에는 배구대회가 끝났는데도 교장 선생님 지인들을 초청하여 벌인 배구 시합을 하다가 손가락 인대에 부상을 입었죠. 또 어떤 교장 선생님은 "남자부가 우승하고 여자부가 우승 못할 경우 여자들이 밥을 사고, 여자부가 우승하고 남자부가 못할 시엔 남자들이 밥을 사고, 둘 다 우승하면 내가 사겠다!"는 돼도 않은 말씀을 하신 분도 계셨답니다. '하고 싶지도 않은 배구 연습하면서 졌다고 밥까지 사야 되냐고' 정말 화가 치밀어 올랐던 기억이 나네요.ㅜㅜㅜ

▶ 배구라는 특정 스포츠가 현장에 비정상적인 모습으로 자리 잡고 있듯이 현장에는 다양한 비정상들이 존재하는 것 같습니다. 이 지역 초등교직계에서는 "승진을 위해 과학전람회 입상하려면 테니스를 배워 테니스 모임에 나가라"라는 말이 돌던 때가 있었습니다. 배구로 대표되는 이러한 모습들은 이미 종목이나 운동하는 시간의 문제가 아니라 교육 전반에 퍼진 승진 문화에 기인한 구조적인 문제입니다.

▶ 배구로 인해 인격적 모독 수준의 처사를 받은 당사자로서 저희 학교의 실태를 적나라하게 고발하고 싶은 심정이네요.ㅜㅜㅜ

참으로 부끄러워 고개 들 수 없는 이 나라 초등 교단의 자화상이다. 중등 교사인 친구가 내게 묻는다. 초등 교사들은 왜 그리 배구에 열광하느냐고? 정확히 말하면, 초등 교사들이 배구에 환장하는 것이 아니라 여교사에 비해 수적으로 훨씬 적은 남교사들이 그러는 것이고, 더 정확히 말하면 다수의 남자 교장들이 배구에 환장하는 것이다.

그러면 초등 교장들은 왜 그리 배구에 환장하느냐고 물어 온다. 중등 교장들은 안 그렇다면서. 초등 교장들의 기형적인 배구 집착증의 원인을 다음과 같이 짚어본다.

첫째, 초등교직사회의 특수성이다. 중등과 달리 초등은 대학입시로부터 자유롭기 때문에 학생교육이라는 교사의 본업을 등한시해도 별문제가 안 된다. 만약 고등학교 교사들이 학생교육을 뒤로하고 매일 배구에 몰입하면 학부모가 가만히 있지 않을 것이다. 또한, 사범대학과 달리 교육대학은 전공이 없다. 중등 교사들은 같은 대학을 나와도 전공이 다르면 선배와 후배 사이에 별 친화력이 없지만, 초등 교사들은 같은 교대를 나온 자체로 선후배 사이에 끈끈한 사회적 관계망이 형성된다. 그래서 초등교직사회에서는 '우리가 남이가?'라는 인식이 공유되는데, 특히 남교사들 세계에서 이것은 절대적이다. 이 마초적 유대 강화의 강력한 매개체가 바로 배구인 것이다. 우리 사회에서 다른 직종도 그렇겠지만 학교는 가부장적 질서에 따라 돌아가기 때문에 남교사의 문화가 곧 교사집단의 지배적인 문화로 자리 잡는다.

둘째, 질곡의 승진제도와 기형적인 배구 문화는 밀접하게 연관되어 있는데, 그 중심에 교장이 있다. 현재의 반교육적이고 불합리한 승진제도하에서는 자질 없는 교장들이 양산되는 것은 불가피하다. 폐쇄적이고 비민주적인 초등교직사회에서 자질 없는 교장일수록 단위 학교 내에서 폭압적인 권력자로 군림한다. 때문에 수업 외의 학교 일상에서는 교장의 선호도에 따라 교사문화가 형성된다. 교장이 텃밭에 관심이 많으면 교사들은 텃밭으로 모이고, 교장이 배구에 관심이 많으면 교사들도 배구코트로 모인다. 만약 교장이 독서에 관심이 많다면 교사들 또한 그 선한 영향을 받을 것이나, 안타깝게도 이 나라 교직사회에서 그런 지성적인 교장을 보기는 극히 드물다. 많은 초등 교장들의 관심사는 배구다. 후술하겠지만, 배구를 좋아하고 또 잘하면 교장 되기에 유리하고, 그런 사람이 교장이 되어서는 다시 후배 교사들에게 배구에 미치기를 종용하는 악순환이 반복되는 것이다.

셋째, 초등 교장들이 배구에 환장하는 것은 '대한민국에서 직업만족도 1위가 초등 교장'인 것과 관계있다. 쉽게 말해, 할 일이 없으니 배구에 온 관심을 쏟는 것이다. 직업만족도 1위를 자랑하는 초등 교장들에게 가장 큰 불행은 무료함이며, 반대로 가장 큰 낙은 배구 경기일 것이다. 그런 교장에게 5월은 계절의 여왕이다. 물 만난 물고기처럼 스승의 날 배구 시합을 앞두고 교장들은 모종의 포부와 성취욕에 불탄다. 지난해 아깝게 우승 문턱에서 좌절한 학교에선 올해 교육장배 교직원배구대회에서는 필히 우승을 목표로 3월부터 수업 마치자마자 강당으로 집합시킨다. 어떤 화끈한 교장은 사비를 출연하여 교사들의 전의戰意를 독려한다.

어떤 교장 선생님은 "남자부가 우승하고 여자부가 우승 못할 경우 여자들이 밥을 사고, 여자부가 우승하고 남자부가 못할 시엔 남자들이 밥을 사고, 둘 다 우승하면 내가 사겠다!"고 한다.

배구대회를 마치면 모든 학교들은 친목회식을 갖는다. '밥을 산다'는 것은 전체 교직원 회식비를 댄다는 뜻이다. 관내에서 제일 큰 학교 교장은 무조건 우승해야 한다는 강박관념에 사로잡힌다. 이런 학교 배구팀이 타 학교 팀과 연습게임에서 지거나 하면 바로 '비상'이 걸린다. 선수들끼리 모여 패인을 분석하고 교장은 감독이 되어 전력 보강을 위한 이런저런 주문을 내린다. 이 피 터지는 노력에도 불구하고 실전에서 교장이 기대한 성적을 못 거두면, 다음 날 학교 일상이 매우 불편해진다.

배구 시합에서 진 다음 날 조회 때 풍경을 상상해보세요. 씩씩대는 교장이 짜증을 내고 교무실은 장례식장 같았습니다. 어이없는 광경이 그때는 심각했습니다.

배구로 인해 인격적 모독 수준의 처사를 받은 당사자로서 저희 학교의 실태를 적나라하게 고발하고 싶은 심정이네요.

앞에서 적시했듯이 배구 못하는 교사는 인간 취급 안 하는 무식한 교장도 가끔 있지만, 보통 저런 모습은 아니고, 우승에 목말라하는 교장들은 시대의 추세에 맞게 '초빙교사제'라는 제도를 활용하여 배구 잘하는 교사를 스카우트한다. 제도의 원 취지는 단위 학교의 교육 목표 달성에 도움 되는 교사를 초빙하는 거지만, 배구에 환장한 교장은 배구 우승에 도움 되는 교사를 초빙하려는 것이다.

말죽거리 잔혹사가 아니라 초등배구 잔혹사, 남세스러워서 더 이상 얘기 못하겠다. 야인시대의 말죽거리만큼이나 비지성적이고 원초적인 초등 선생들의 '집단난투극', 참으로 수치스러운 초등교직의 흑역사다.

배구 몰입과 참교육은
절대 양립하지 못한다

구미를 떠난 지 근 10년 만에 돌아와 배구 몇 게임 하면서 놀란 것은 20, 30대 젊은 교사들의 배구 실력이 엄청나다는 것이다. 젊은 사람이 나이 든 사람보다 운동을 잘하는 것은 당연하다 하겠지만 배구는 그렇지 않다. 아마추어 배구는 힘보다는 요령이다. 예전의 젊은 교사들은 힘만 좋았지 요령은 없었다. 그런데 요즘 젊은 교사들은 우리 때와 달리 발육상태가 좋아 신장부터 엄청 크다. 배구는 일단 키가 관건이지 않은가? 신장만 아니라 기술도 엄청 발전해 있다. 젊은 교사들 가운데 서비스를 언더로 넣는 사람은 거의 없고, 스카이 서비스를 넣는 모습도 적잖이 볼 수 있다.

'이게 뭔가? 10년 전에 비해 어찌 이렇게 달라졌나?' 하는 의문이 곧 풀렸다. 내 모교인 대구교대에서 배구동아리가 남학생들 사이에 인기란다. 이 동아리가 흥하는 이유는, 반지성적인 승진제도로 얼룩진 초등교직사회에서 기능하는 배구의 실용적 측면 때문이다. 현장에 발령받은 선배들이 모교 후배들에게 '출세하려면 배구 열심히 하라'는 귀띔을 해준단다. 이처럼, 작금의 젊은 교사들의 배구 과잉 몰입은 질곡의 승진제도와 상관관계가 있는 점에서 나는 이 신세대 초등 교사의 문화를 절대 좋게 볼 수 없다.

내가 젊은 남교사들의 배구 몰입 풍속도에 찬물을 끼얹는 말을 하는 또 다른 이유는, 교장이 절대권력자로 군림하는 초등교직사회에서 배구 몰입 교사문화는 필연적으로 절대다수 여교사에게 폭력으로 다가가기 때문이다. 말하자면, 배구 몰입은 초등교직사회 내의 가부장 파쇼 문화와 맞닿아 있는 것이다.

물론, 배구 자체만 즐기고 방금 언급한 두 가지의 부정적 영향은 피하면 되지 않느냐 할 수도 있다. 그렇게 생각하시는 분들께는 참 죄송하다. 하지만 유기체는 주변 환경과 자신의 색깔을 일치시키려는 본능이 있다. 진화생물학 용어로 의태mimicry라는 것인데, 선한 환경에선 선한 영향력을, 불선한 환경에선 불선한 영향력을 받는 것은 필연이다. 모르긴 해도, 배구동아리 따위에서 '바람직한 교사의 존재론' 따위에 대한 진지한 고민의 이야기가 나올 것 같진 않다. 아마 승진 이야기, 연구 점수 따는 노하우 등등의 공유가 이루어질 것이다.

혹자는 전 과목을 가르치는 초등 교사가 체육 교과에도 나오는 배구에 관심을 갖는 것이 뭐가 문제인가 하실 것이다. 정확히 말해, 초등과정은 '배구'가 아니라 '배구형 게임'이다. 이런 식이라면, 초등 교사가 신경 쓸 것은 수백 가지도 넘는다. 한마디로 초등 교사는 모든 것에 두루 관심을 품고 소양을 닦아야 한다. 따라서 바로 그 논리 때문에 배구 몰입은 비판받아야 하는 것이다. 하고한 날 배구에 몰입하면 배구와 무관한 국어, 수학, 사회, 과학, 영어, 미술, 음악 등의 교과 연구는 언제 하는가? 또 배구에 몰입하는 것과 배구 연수는 엄연히 별개의 문제다. 교사 동아리 시간에 기타 연수를 배우듯, 배구에

취약한 교사가 잘하는 교사로부터 리시브 연수 따위를 받는다면 아름다운 풍경이라 할 것이다. 내가 무슨 배구에 원수진 인간도 아니고 그런 것까지 왈가왈부하겠는가? 다시 말하지만, 배구가 문제가 아니라 배구 몰입이 문제고, 배구 연습하는 게 문제가 아니라 근무시간에 하는 게 문제다.

나도 20대엔 날렵한 몸으로 배구코트에서 선배 교사들에게 사랑받았다. 그때가 엊그제 같은데 지금은 코트에서 최고령 선수가 되었다. 진부한 수사지만, 세월 정말 빨리 간다. 배구코트에서 '아자 아자' 몇 번 하다 보면 30대 40대를 지나 정년퇴임이 가까워진다. 나이를 먹는 것이야 나쁘지 않다. 어떻게 먹느냐가 중요하다. 교직 인생은 짧고, 바른 교사의 길을 가기 위해 채워야 할 소양은 많다. 그런 면에서 아주 가끔씩 한 번 하는 것은 몰라도 하고한 날 배구코트에 모이는 초등교직문화는 개인이나 이 나라 교육을 위해서도 청산되어야 할 적폐 그 자체다.

배구 몰입과 참교육은 절대 양립하지 못한다!

협의가 없는 협의회

학교에 첫 발령을 받고 학교살이의 이모저모를 알아갈 때 크게 실망스러웠던 것 중의 하나가 교사들의 회의 문화였다. 이름은 직원협의회인데 협의協議가 없다. 관리자에 의한 훈시와 업무 담당자의 전달이 전부다. 예전만큼은 아니지만, 지금도 나는 이런 상황에선 호흡곤란을 느낀다. 길어도 한 시간이 걸리지 않는 짧은 회의지만 그 시간을 못 견뎌 한다. 그 무료함을 견뎌내는 나름의 방편인지 어떤 동료는 뭘 열심히 받아 적는 척하는데, 교장·교감의 지겨운 훈시보다 동료의 그 영혼 없는 몸놀림이 더 씁쓸하다. 한때 이런 상황을 힘들어하는 내가 비정상인지 심각하게 고민한 적도 있다. 이런 표현이 조심스럽다만, 이 이상한 페르소나를 쓰고 벌이는 역할극이 너무도 천박해 보였다. 아무리 생각해도 이건 지성인으로서 교사가 할 짓이 아니었다.

사실, 협의는 없고 업무 전달이 전부인 회의는 열 필요가 없다. 어차피 회의 없이도 거의 매일 업무 전달이 실시간으로 온라인 네트워크를 통해 전달되기 때문이다. 그럼에도 1주일에 한 번씩 꼬박꼬박

회의를 여는 것은 관리자들이 교사 대중을 통제하기 위한 권위주의적 발상이 전부라 해도 지나친 말은 아니다.

교직 삶에서 일정한 경력에 도달했을 때 그 비루한 국면으로부터 탈주를 기도하였다. 나의 전술은 내가 회의를 지배하는 것이었다. 이른바 벌떡교사가 되어 교장보다 말을 더 많이 하였다. 몇 번 이러고 나면 매주 꼬박꼬박 열리던 전체 직원회의는 한 달에 한 번으로 대폭 줄고 부장교사 중심의 회의 체제로 옮아간다.

그로부터 십수 년이 지난 지금 이 학교에 오니 전체 교직원회의가 한 달에 한 번 열리고 있다. 말하자면 내가 예전에 피터지게 싸워 쟁취한 체제가 이미 마련되어 있는 것이다. 하지만 그때와 달리 다부초를 경유해서 이곳에 다다른 지금 내게 이 모습은 그리 아름다워 보이지 않는다(뒤에서 상술하겠지만, 다부초에선 교사들끼리 1주일에 한두 번 2시간씩 협의 시간을 갖는다).

회의를 적게 여는 것이 자랑일 수 없다. 한 달에 한 번 30분 미팅 시간에 교장·교감의 말씀이 절반을 차지하고 나머지는 계원의 전달로 그치는 회의는 회의가 아니다. 50 중반인 지금 나는 또다시 협의 없는 협의회에서 갑갑증을 느낀다. 나이가 들면 관리자보다 후배 교사가 더 두렵다. 그때와 달리 지금은 '회의를 왜 자주 안 여냐?'는 문제제기를 하려는데, 관리자의 반감보다 젊은 동료 교사들에게 지탄받을 것이 뻔하니 참으로 난감하다.

최근 진보 교육감 지역의 교육연수원에서 교무부장 교사들을 대상으로 '민주적인 교사문화'라는 주제로 강의를 한 적이 있다. 강의 끝에 어떤 분이 자기네 학교는 고작 한 달에 한 번 회의를 여는데 젊은 교사들이 이마저도 하기 싫다며 볼멘소리로 따져 들고 해서 스트레스를 많이 받는다고 한다. 파쇼 교장 밑에서 억압적인 분위기를 참다못해 욱하는 혈기를 표출하는 벌떡교사는 싸가지는 없지만 그래도 인간적이고 교육자답다. 혁신학교에서 교사 주도로 한 달에 한 번 열리는 회의조차 "이런 걸 왜 하느냐?" 하는 교사는 파쇼 교장보다 더 나쁘다.

그 교사들은 과거 1주일에 꼬박꼬박 관리자 주도의 훈시로 일관하는 억압적인 회의 문화를 경험하지 못해 그런 불만을 품는 것으로 이해된다. 보수교육체제에서 교장이 파쇼를 부리는 것과 혁신교육 체제에서 자기중심적인 교사들이 혁신에 반기를 드는 것, 둘 다 슬픈 일이다. 진보 교육감 체제하에서도 결국 교사가 바뀌지 않으면 혁신 교육은 요원하다.

친목회, 그 침묵과 요설의 변증법

어느 해 2학기에 새로운 교장 선생님이 부임해 오셨다. 그 학교도 다부초처럼 몇몇 전교조 교사들이 관리자들과 대등한 형세로 맞서던 학교였다. 그런 곳엔 교육청에서 대개 '좋은 분'을 보낸다. 교사들은 그런 교장을 환영하기 마련이다.

며칠 뒤 친목회에서 환영회를 열었는데, 그 자리에서 교장 선생님이 선심성 발언을 늘어놓는다. "저는 마, 선생님들이 원하는 거라면 뭐든 들어주겠심더. 오후에 연수 같은 건 안 시킬 테니 배구든 뭐든 선생님들이 원하시는 대로 하이소!" 교사들은 환호한다. 그 자리에서 내색은 못하지만 나는 이런 장면에서 몹시 우울해진다.

우리는 교사다. 존재론적으로 '교사' 하면 어떤 초상이 떠오르는가? 교사는 어떤 사람이어야 하는가? 교사의 정체성을 규정하는 여러 가지가 있겠지만, '지성'이란 요소를 빼고 교사를 말할 수는 없을 것이다. 그런데 현실 속에서 우리가 만나는 교사집단의 에토스 속에서 '지성의 향기'를 체감하기는 어렵다.

학교 일상에서 교육에 관한 지적인 담론이 오가는 풍경을 볼 수 있는 학교가 있던가? 지적인 담론은커녕 어떤 사안에 대해 최소한의 토의나 협의도 잘 이루어지지 않는다. 그런데 회의 때는 침묵을 지키는 사람들이 친목회에서는 지나칠 정도로 생기발랄하다. 회의나 연수 때는 꾸벅꾸벅 조는 사람이 배구코트에만 서면 눈빛이 반짝인다.

얼핏 모순되어 보이는 이 이중적인 모습들은 사실상 서로 밀접한 관계에 있다. 나는 이 이치를 '침묵과 요설饒舌의 변증법'이라 일컫겠다. 주인마님 앞에서는 찍소리 못하는 여종이 부엌에서 지짐 구우면서는 끼리끼리 온갖 수다를 떠는 법이다. 이것은 노예의 문화다. 상전은 도량이 넓어서가 아니라 노예들의 폭동을 막기 위한 안전장치로서 그 문화를 인정하고 권장하기까지 한다. 억압적인 구조에서 받는 스트레스를 권력을 향해 풀지 말고 스스로 풀라는 것이다.

여가 시간에 친목배구 마음대로 하게 하는 게 시혜일 수 없고, 교장의 그런 학교 경영 방침이 선정善政일 수 없다. 새로 부임해 온 교장이 폭군이 아니어서 다행인 것은 좋으나 "선생님들이 원하는 건 뭐든 해도 좋다"는 지도자가 성군은 아니다. 학교에서 교장이 진정으로 굽어살펴야 할 백성은 따로 있다. 학생이다. 그런데 침묵과 요설을 왔다 갔다 하는 교사문화 속에 학생은 어디 있는가? 페이퍼워크로 헉헉거리는 것과 와자지껄 친목회, 초등 교사의 여가 시간에서 이 두 국면을 제외한 풍경은 좀처럼 없다. 그리고 이 두 국면 속에 학생은 없다. 바람직한 학생교육에 대한 고민은 없다.

"교사들이 수업 끝나고 화기애애한 친목활동을 즐긴다고 해서 학생들이 직접 피해를 보는 것은 없지 않나?" 하고 반발할 것이다. 일단, 성격상 그런 곳은 사교장이지 학교가 아니다. 그리고 사교상 같은 학교에서 마음씨 좋은 관리자와 교사 대중이 담합해서 학생들에게 피해를 입히는 경우가 허다하다. 원정 배구가 좋은 예다. 경남에서는 근무시간 중에 섬으로 원정 배구 하러 간다고 한다. 섬이 아니라 가까운 학교에 배구 하러 가도 학생교육에 크고 작은 피해는 불가피하다. 무엇보다, 지성의 단련에 힘써야 할 교사가 '침묵과 요설' 밖에 모르는 자체가 반교육적이다.

친목회! 동료의 기쁨과 슬픔을 함께하며 물질적으로 상호 부조하려는 것은 우리의 아름다운 풍속이다. 또한 호모 루덴스로서 인간에게 유희는 삶의 재충전을 위해 꼭 필요하고, 공동체 의식이나 심미적 감성과 연결될 때 그것은 인간을 인간답게 하는 행위이기도 하다. 그런데 억압적인 구조 속에서 침묵과 동전의 양면으로 그것이 기능할 때, 그것은 우리 삶을 생기 있게 하는 레크리에이션re-creation이 아니라, 오히려 우리를 망가지게 하는 또 다른 질곡이 아닐까 생각한다.

학교는 사교클럽이 아니다. 학교는 지성의 전당이어야 하고, 교사는 지성인이다.

친목회의 문제 또한 질곡의 승진제도와 연관되어 있다.

비루한 승진제도가 비루한 교사문화를 파생시킨다. 승진이라는 암흑 터널 자체가 반교육적이고 반지성적인 여정으로 점철되다 보니 그 터널을 빠져나온 사람의 두뇌와 감성 속에는 지성이 자리할 여지가 없다. 학교사회 권력구조의 정점에 있는 교장이라는 사람들의 비루한 정신세계가 그대로 교사집단의 비루한 문화를 배태하는 것이다.

교사들은 과도한 페이퍼워크로 혹사당하고선 그에 대한 보상으로 과도한 친목 문화를 즐긴다. 교사의 영혼을 말살하는 반교육적인 페이퍼워크와 퇴행적인 친목 문화는 동전의 양면을 이룬다. 이 둘은 불합리한 교직사회 구조에 교사들을 순응시키는 채찍과 당근이다. 그리하여 수시로 워크아웃 내보내주고 친목배구 실컷 하게 해주는 교장이 최고 소리 듣는다. 지성을 상실한 선배 교사에게 화끈한 친목 문화는 위로가 될지 모르지만, 온전한 젊은 교사에게 이것은 이중고일 뿐이다.

선배 교사들도 처음부터 반지성적인 삶을 살지는 않았다. 우리도 젊을 때는 주변 사람들이 부러워하는 나름 인텔리였다. 질곡의 승진제도가 파생시킨 비루한 교사문화 속에 침잠되어 이렇게 변질되었을 따름이다. 교사문화의 지성과 건강한 교육공동체의 회복을 위해 비루함을 강제하는 현행 교원승진제도는 바로잡아야만 한다.

동문회라는 이름의 파시즘

신규 교사 시절부터 교직생활에서 뭔가 수상하다고 느낀 것이 동문회 문화다. 그래서 동문회엔 잘 안 나가는 편이다. 그러다 아주 오랜만에 지역에서 열리는 동문회에 참석해봤다. 내 나이쯤 되면 특히 남자 교사들은 동문회에 발길을 끊게 되는데, 이 인과관계 속에 동문회의 문제와 초등교직의 문제, 학교의 문제가 내재해 있다. 그 이야기를 풀어보려고 한다.

동문회에 가면 좋은 점이 몇 가지 있다. 퇴근시간이면 배가 출출하기 마련인데, 잠깐 들렀다가 저녁도 해결하고 평소 보기 힘든 반가운 사람들을 볼 수 있어서 좋다. 관계가 뜸한 사람들끼리의 반가운 조우는 교육청 연수 따위에서도 이루어지지만, 아무래도 업무를 매개로 한 만남과 식사를 매개로 한 만남이 같을 수 없다. 동문이란 이름으로 으샤으샤 하는 자리에서 오랜만에 벗을 접하는 것은 기쁜 일이다. 그 밖에, 동문회에 가면 처음 보는 선후배들과 면을 트고 또 여러 학교의 사정이나 교직 일상의 이슈들을 공유함으로써 교육 현실에 대한 감각과 관점을 재충전할 수 있는 이점이 있다.

하지만 이러한 순기능과 무관하게 현실 속 동문회에는 적잖이 불편한 모순과 불합리가 도사리고 있다.

첫째, '우리가 남이가'라는 자못 원시적인 인간 대 인간의 만남이 수평적이 아니라 수직적으로 이루어진다. 그리고 그 수직적 위계의 근간이 나이나 학번에 따른 것이 아니라 위계질서에 입각해 있는 점이 꼴사나운 형국이다. '우리가 남이가'라는 구호가 무색하게도, 같은 학번이라도 교장인 동문과 평교사인 동문은 남 이상의 무엇이다. 평교사인 선배가 입장할 때와 달리 교장인 선배가 식당을 들어서면 모두 기립해서 흡사 사단장 사열 받는 듯한 장면이 연출된다.

둘째, 오랜만에 그리운 얼굴 보고 밥 한 그릇 먹으러 왔건만, 잘 차려진 음식을 앞에 두고 내빈 소개부터 시작해서 잘난 사람들의 권위를 치켜세우기 위한 '애국조회' 순서가 불편하다. 때론 교장 선생님 훈화말씀에 담긴 비호감의 수사법에 이전까지 충만한 시장기와 입맛이 싹 가시기도 한다. 이날 비호감의 백미는 지역 교총회장이라는 교장 선배의 입에서 나온 "교총이 이렇게 교육을 발전시켜왔다"는 발언이었다. 군사독재 시절 곡학아세의 수치스러운 과거사는 차치하고 최근 역사교과서 국정화를 지지한 교총이 교육을 발전시켰다고 하는 것은 허위사실 유포에 해당한다. 토론이 필요한 지점이지만 참았다. 동문회에서조차 벌떡교사가 될 수는 없다.

셋째, '우리가 남이가'라는 구호가 순수한 연대의식의 표방일 수 없다. 이 말은 동문이 아닌 다른 교직 동료에 대한 배타성을 내포하기 때문이다. 논리적으로, '우리가 남이냐?'라는 명제는 우리 아닌 사람은 남이라는 의미다. 대구교대동문회는 대구교대 출신 교사들을 외연으로 하는 집단이기 때문에 경북에 근무하는 조능 교사 가운데

타 교대를 나온 사람은 '남'이 된다.

　전문직이라는 교사집단에서 벌어지는 이 반지성적인 패거리 문화는 명백한 파시즘이다. 선량한 교사라면 이 광기의 파시즘에 동조할 이유가 없건만 동문회라는 게 이렇게 비합리적으로 흘러가는 이유가 뭘까? 그것은 이 패거리 놀음이 동문회를 이끄는 극소수 인물들의 이해관계와 밀착되어 있기 때문이다. 극소수 인물들이란 승진한 선배 교사들과 승진을 열망하는 후배 교사들이다. 교장으로 승진한 사람에게 동문회는 고위직 관료로서 자신의 인정욕구를 한껏 충족시킬 수 있는 사교클럽이다. 승진을 좇는 후배 교사들은 그런 교장의 비위를 맞춰주면서 자신의 출세가도에 영향력을 행사할 고위직 선배들과 외교 관계를 강화해간다. 제로섬 게임이 본질인 승진 전선에서 이 외교적 관계가 절대적으로 중요하다는 것은 설명할 필요가 없을 것이다. 승진파 교사 입장에서는 동문이 아닌 경쟁자는 '남'이어야만 한다. 군대도 아닌 교직사회에서 동문이라는 이름의 파시즘이 형성되는 기제가 이런 것이다. 거듭 말하지만, 이 나라 교직사회의 모든 문제는 추하디추한 승진제도와 연관되어 있다. 비루한 승진제도가 비루한 교사집단의 문화를 파생시킨다.

　어떤 학교에서는 학교 동문회 담당자가 전체 교원이 자리한 직원협의회에서 업무 전달하듯이 "○월 ○일 ○○교대 동문회가 있으니 많은 참석 바란다"는 말을 하곤 한다. 이런 행태가 그 지역의 교대를 나오지 않은 소수자들에겐 얼마나 큰 폭력으로 다가가겠는가? 선생이란 사람들이 학교에서 아이들 열심히 잘 가르치면 되지, 동문 이름으로 단결 또는 인화가 왜 필요한가? 교육이 있고 동문이 있는 것이지 그 역은 아니다. 특정 집단 구성원끼리의 화합은 필연적으로 그

서클 외부 교육가족과의 불화를 의미하는 까닭에 교육 발전을 저해하는 이런 사조직은 철폐되어야만 한다!

학부모의 무분별한 민원이
학교교육을 망친다

　다부초에서의 4년을 뒤로하고 구미 도량초등학교로 옮겨 첫해 (2017)에 3학년 담임을 맡았다. 다부초라는 특별한 학교에서 근무하다 이곳으로 옮기니 처음에는 여러모로 적응이 안 되었지만 지금은 너무 행복한 교직 일상을 보내고 있다. 이 학교는 다부초만큼은 아니지만 다른 학교에서 흔히 겪는 불편들, 즉 쓸데없는 페이퍼워크나 보여주기식 교육 같은 것이 현저히 적은 편이다. 작년에 이어 올해도 교장 선생님이 후덕한 리더십으로 교사들의 교육활동을 적극 도우시는 점도 이 학교 교사들의 큰 복이다. 무엇보다 이 학교는 아이들이 정말 착하고 사랑스럽다. 지금까지 31년째 학교에 근무하면서 이렇게 착하고 예의 바른 아이들을 처음 본다. 학부모님들도 교사를 존중하며 학교에 큰 신뢰와 지지를 보내신다. 한마디로, 도량초의 모든 교육 주체는 "도량이 넓은" 교육가족이라 하겠다.

　'학부모의 무분별한 민원' 운운하는 제목과 이 '들어가는 말'이 조응하지 않아 내가 무슨 말을 하려는지 의아할 것이다. 이 '보고서'의 내용은 다부초처럼 학부모공동체가 튼실하게 구비되어 있는 학교를 제외한 전국의 어느 학교에서도 흔히 일어날 수 있는 일이다. 민주사회에서 학교교육의 주인인 학부모가 모종의 불편한 심사를 학교 측에 전하여 스스로 문제해결을 도모하는 일은 바람직한 일이다. 하지만 많은 경우 돌출적인 민원은 교사의 교육 열정에 찬물을 끼얹어 학교교육 발전을 저지함으로써 결국 전체 학생들에게 피해를 초래한다는 말을 하고자 한다

어떠한 교과든 교육은 그 자체로 '도덕적 가치'를 생명으로 한다. 내가 담임을 맡을 때 아이들에게 가장 강조하는 가치가 '더불어 살아가기', 아프리카 코사 언어로 우분투ubuntu이다. 이 '더불어 삶' 속엔 미물을 비롯한 모든 생명체와의 연대적 삶이 포함된다. 지구촌의 동식물과 사이좋게 살기 위해 우리가 지향해야 할 가치가 생태주의다.

순진한 우리 반 아이들에겐 교사가 힘주어 하는 말이 자기 두뇌와 영혼에 깊게 파고든다. 3월 초, 북극에 빙하가 녹아 살 터전을 잃은 북극곰의 이야기를 영상과 사진을 곁들여 보여주면서, 지구온난화의 주범이 에어컨에서 나오는 프레온가스라고 이야기해줬다. 그러면서 "우리 이번 여름에 에어컨을 적게 틀자. 집에서도 학교에서도 그러자"고 했더니 아이들의 눈빛에서 뭔가 의연한 결의의 반응이 보였다. 그 때만 하더라도 나는 '그저 그러려니' 생각했다. 즉, 다른 학교에서 담임할 때의 경험에 비추어 말이다.

시간이 흘러 5월쯤이었다. 수업 마치고 우리 교실에서 기타 배우는 아이들끼리 기타 연습을 하다가 '에어컨' 이야기를 자기네끼리 주고받는 걸 들었다. 우리 반의 한 아이가 "우리 반은 지금까지 에어컨

두 번밖에 안 틀었다"고 하니까, 다른 반 아이가 놀라면서 "우린 열 번도 넘게 틀었다"고 했다. 이에 또 다른 우리 반 아이가 "얘들은 북극곰의 고통에 대한 교육을 안 받았는가 보다!"라고 하는 것이었다.

그때까지만 해도 더위가 참을 만했다. 우리 교실은 창문을 열면 복도와 교실에 맞바람이 시원하게 불어와 견딜 만하다. 그러다가 며칠 뒤 너무 더워서 에어컨을 몇 번 틀었다. 그러자 몇몇 아이들이 "선생님, 북극곰!" 하는 거다. 아이들이 참 기특했다. 사실 나도 에어컨 안 틀고 싶었지만, 최근 직원협의회 때 교장 선생님께서 "에어컨 안 틀어준다는 민원을 받았다"며 "전기세 걱정하지 말고 시원하게 틀어주라"는 말씀이 떠올랐다. 내 소신대로라면, 아이들도 동의하고 나도 견딜 만하기 때문에 적어도 오전 2교시까지는 안 틀어주고 싶다만, 나도 이제 나이가 든 건지, 학부모의 눈을 의식하게 된다.

20, 30대 때 제일 미운 교장이 여름과 겨울 냉난방에 인색한 교장이었다. 지금은 학부모 민원 전화 때문에 "교실에 에어컨 빵빵하게 틀어주라"고 하시는 교장 선생님께 약간의 유감을 품으니 그 격세지감이 혼란스럽기까지 하다.

도둑놈 제 발 저리듯, 적절한 루트를 통해 '혹 우리 반 학부모인지' 뒷조사를 해봤더니 다행히 우리 학년은 아니었다. 누군지 모르지만 나는 그 담임교사가 참 존경스럽다. 지금 교장 선생님이나 당시 교장 선생님도 교사들에게 모든 걸 맡겨놓으시는 편이라 학급에서 냉난방 가동에 전혀 눈치를 안 본다. 교사 자신의 돈이 드는 것도 아니고, 아이들이 더우면 자신도 더울 터인데, 에어컨 가동을 절제했다는 것은 어떤 신념에 기초한 결정일 가능성이 많다. 자세한 인과관계는 모르지만, 학부모의 민원 전화 한 통으로 학급 담임교사의 신념이 무너지고 교육 열정에 찬물을 끼얹는 느낌을 받는 것이 씁쓸하기만 하다. 교사가 아이에게 체벌을 가한 것도 아닌데 불편한 점이 생기면 무턱대고 교장실로 전화 거는 학부모님들은 자제하셔야 한다.

교장 선생님들도 그렇다. 사적인 관계에서도 분쟁이 발생하면 양쪽 말을 다 들어보고 판단하는 것은 상식이다. 하물며 학교교육이라는 중대한 국면에서 발생한 분쟁이라면 공적인 입장에서 문제를 해결해야 한다. 공적인 입장이란 말할 것도 없이 교육적 입장이다. 교육적 입장에서 냉철하게 시시비비를 가린 뒤 후속 조치를 취해야 한다. 그런데 우리 사회에서 대부분의 학교장은 학부모가 민원을 넣으면 교사 말은 들어보지도 않고 무조건 무마시키려고만 애쓴다.

전체 학생들의 교육적 이익을 생각하며 대승적 차원에서 문제를 해결할 생각은 하지 않고 그저 그 민원이 더 확대되지 않게 하기 위해 덮으려고만 하는 보신주의가 학교교육을 망친다. 공교육 기관의 선량한 관리자로서 학교장은 자신을 지키기보다 학교와 교육을 지켜야 한다. 결국 이 문제도 교장의 문제로 귀결된다. 내가 "학교에서 일어나는 모든 문제의 기저엔 나쁜 승진제도가 자리한다"고 하는 것은, 학교교육에서 교장의 역할이 그만큼 막중하기 때문이다. 학교교육이 바로 서려면 교사가 바로 서게 해야 한다. 학부모의 무분별한 민원으로부터 교사를 바로 서게 할 수 있는 사람은 교장밖에 없다.

위기의 교실

어느 광역시 학교의 6학년 교실에서 일어난 일이다.

여학생 몇이서 전학 온 여학생을 왕따시키는 일이 벌어져 담임교사가 가해 학생들을 복도로 불러내어 타이르고 있었다. 그런데 담임교사를 아연실색케 할 심각한 학생 비행이 그 시간에 교실 안에서 벌어지고 있었다. 밖에서 한창 학생지도에 열을 쏟고 있는 교사를 두고 한 녀석이 "왜 아직 안 오지? 샘이(선생님이) 걔들 성폭행하는 거 아냐?"라는 말을 한 것이다. 철없는 아이의 장난기 어린 발언이라 하기엔 너무나 심각한 이 사실은 몇몇 아이의 입을 통해 담임교사에게 보고되었고, 교사는 방과후 해당 학생을 남겨서 또 다른 학생지도에 들어갔다.

교사가 원한 것은 자백이나 사과가 아니라 학생 스스로 이 사태의 심각성을 알고 진심으로 잘못을 뉘우치는 것이었다. 그런데 아이는 잘못을 인정하기는커녕 그런 말 한 적 없는데 왜 자신을 나쁜 아이로 몰아가느냐는 식의 적반하장 격 태도를 보였다. 주위에서 들은 아이들도 있고 증인도 있는데 그렇게 딱 잡아떼는 아이의 태도에 교사는 더욱 경악할 뿐이었다.

교사 앞에서 이렇게 나오는 아이가 자기 부모에게 어떻게 이 사실을 왜곡해서 전했을 것인지는 불을 보듯 뻔하다. 그리고 문제 아이 뒤에는 반드시 문제 부모가 있는 법이어서 이제 사태는 교사-학부모의 대리전으로 옮아갔다. 아이보다 더 영악한 학부모는 교사를 쉽게 이기는 방법을 알고 있었다. 학부모는 교실이 아닌 교장실로 향했다. 그리고 선량한 교사를 폭력교사로 몰아갔다.

사건의 본질은 아이의 발언이 문제이건만, 이에 대해선 증인도 있고 하니 자기네가 불리하다는 감을 잡았을 것이다. 그래서인지 학부모는 이 사건과 전혀 무관한, 평소 교사의 학생지도 방식을 문제 삼았다. 교사의 약점을 최대한 수집하는 과정에서 그들은 '교사 비행'의 한 단면으로 언젠가 개구진 한 남자아이를 대상으로 교사가 아무런 감정을 싣지 않았지만 등짝을 한 차례 친 일이 있다는 것을 포착했다. 그리고 이것을 폭력성의 증거로 학교장에게 제출했고 학교장은 받아들였다.

이쯤이면 학교장의 수준도 대충 답이 나온다. 문제 학생과 문제 학부모도 부족해 교장까지 문제다. 의협심 강한 전교조 활동가인 이 선생님이 평소 이런 교장하고 사이좋게 지냈을 리가 없다. 교장은 이 사태를 기화로 평소 눈엣가시 같았던 해당 교사에게 타격을 가하고 싶었다. 교장은 폭력적 훈육과 학생지도 부실을 문제 삼아 교사에게 경고장을 발부했다.

여기서 언급한 일은 현재 이 나라 학교의 어떤 교실에서도 일어날 수 있다. 이 글을 쓰는 나 역시 그 아이의 학급 담임이라면 똑같은 고초를 겪을 수밖에 없을 것 같다. 저런 아이와 학부모는 어디서든 볼 수 있다. 그리고 그 학교 교장이 한심한 것은 사실이지만, 학부모의 갑질에 방어막이 되어 교사를 보호해주는 교장은 그리 많지 않다. 이 학교의 상황은 바닥에 떨어진 교권과 위기의 교실 그리고 실의에 빠진 교사의 자화상이 투영된 우리 학교의 현주소를 여실히 보여준다.

몰상식한 학부모에 의한 교권 침해,
더 이상 방치해서는 안 된다

권위주의가 지배하던 시대엔 공공기관의 문턱이 높았고, 민원을 보려면 시민들이 공무원들에게 굽신거려야만 했다. 그러다 군사정권 종식과 함께 사회 전반에 민주화의 바람이 불면서 국민이 주인이 되는 시대가 도래했다. 더불어, 공무원과 시민의 갑을 관계에 역전이 일어났다.

그나마 학교는 다른 기관에 비해 이러한 역학관계의 반전이 늦게 이루어진 편이다. 내 기억으로 일반 공공기관은 김영삼 문민정부가 시작된 1990년대 초반부터 급속히 체질 개선이 이루어졌지만, 학교에서 교사가 학부모의 눈치를 보기 시작한 것은 2000년대 중반에 이르러서였다. 이때까지만 해도 불량 교사로부터 학부모가 피눈물 흘리는 일은 다반사였어도 학부모의 횡포에 선량한 교사가 수모나 고초를 겪는 일은 매우 드물었다.

그래서 나는 그 시절에 학부모와 교사 사이에 분쟁이 발생하면 학부모 편을 들었다. 두 학교에서 이런 일을 겪었는데, 그때마다 동료 교사들의 따가운 눈총을 받으면서도 학부모 편에 서서 그들의 입장을 대변하곤 했다. 내가 학부모 편을 든 것은 교사에 비해 학부모가 사회적 약자였기 때문이다. 무릇 정의는 언제나 약자의 편에 있다고 나는 믿는다.

이런 까닭에 과거 학부모가 교사의 눈치를 보던 시대에서 거꾸로 교사가 학부모의 눈치를 보는 시대로 바뀐 것 자체는 우리 사회의 발전적 모습으로 봐야 한다. 문제는 그것이 교육적으로나 상식적으로 너무 불합리한 수준으로 치닫는 점이다. 또한 지금 학부모-교사 관계에서 학부모는 더 이상 사회적 약자가 아니다. 오히려 교사가 약자다. 때문에 정의 또한 교사 편에 있다.

사회 정의 실현 차원에서 그 어떤 경우보다 교사의 인권은 반드시 지켜져야 한다. 공교육의 담지자인 교사는 개인이 아니기 때문이다. 즉, 교사 개인의 '인권'은 그대로 '교권'을 구성하여 그의 교육적 영도 하에 있는 학생집단의 행불행과 지적·정의적 성장에 직접 영향을 미치는 것이다.

그럼에도, 앞의 6학년 교실에서 보듯이 선량한 교사에게 극심한 스트레스를 안기며 학교교육에 위해를 가하는 학부모의 만행이 버젓이 일어나고 있다. 이 경악스러운 작태는 결코 이례적이고 특수한 사례가 아니라, 이 나라 전국의 교실 곳곳에서 날마다 벌어지는 현상이다. 지구상의 마지막 유교 국가라 하는 한국 사회에서 왜 이런 충격적인 일이 일어나고 있는 것일까? 전 세계에서 우리만큼 교육을 중히 여기는 나라도 없건만, 내일의 주역을 길러내는 초등 교실이 이렇게 망가져가고 있는 것이다.

문제 학부모에 의한 교실 붕괴, 더 이상 방치해서는 안 된다. 병을 치료하기 위한 첫걸음은 병이 생겨난 원인을 아는 것이다. 병의 원인을 알아야 처방도 가능한 법, 사태가 이 지경에 이르게 된 원인을 살펴보자.

첫째, 서두에서 언급했듯이, 과거와 달리 학교가 권위주의를 청산하고 학부모 중심으로 학교문화의 체질 개선을 한 것은 바람직한 변화다. 하지만 학부모-교사의 힘의 균형을 위한 제도적 장치는 확보하지 않은 채 교사 측의 일방적인 무장해제만을 강제한 것이 문제다. 과거에 교사중심의 권위주의적 학교문화가 문제라고 해서, 지금처럼 일부 몰상식한 학부모의 갑질에 교사가 속수무책으로 당하도록 방치하는 것이 대안일 수는 없다. 학부모에게든 학생에게든 교사가 권위적이어서는 안 되지만, 교사가 권위를 잃으면 교육의 모든 것이 무너진다.

둘째, 문제 학생과 문제 학부모를 교실 차원에서 교사 혼자 감당해야만 하는 교직사회의 불합리한 현실이 문제다. 한국 사회는 가부장적 연령주의ageism가 지배하는 사회다. 학교에서건 어디서건 사람 대 사람의 대치 국면에선 나이와 성별이 중요한 변수로 작용하는 법이다. 문제 학생이나 문제 학부모의 희생자들이 대부분 젊은 여교사라는 사실이 이를 방증한다.

셋째, 앞의 글에 나오는 문제 학생과 문제 학부모의 행태에서 우리가 경악한 것은 그들의 뻔뻔스러움과 적반하장 격 태도였다. 학교장의 부적절한 처신도 경멸스럽긴 마찬가지였다. 이 웃지 못할 촌극이 빚어지는 인과관계야말로 당면한 문제, 즉 교권 추락과 교실 붕괴 나아가 우리네 학교가 짊어지고 있는 문제의 본질이 내재해 있다고 본다.

상식적인 사회, 이를테면 미국의 학교라면, 그 몰상식한 학부모는 교장실로 쳐들어가는 것이 아니라 교장실로 불려 왔을 것이다. 학부모는 '아이가 최악의 처벌은 피하기 위해 학교장에게 어떻게 말을 풀어가면 좋을지' 고민하며, 착잡하고 무거운 마음으로 교장실을 들어설 것이다. 그런데 이 비이성적인 사회에선 비행을 저지른 아이의 학부모가 되레 큰소리친다. 착잡한 마음으로 교장실을 노크하는 것이 아니라, '내 이것들을 그냥 두나 봐라!' 하는 기세로 교장실 문을 열어젖히고선 거만한 자세로 소파에 앉아 학교장을 겁박해댄다.

문제는 그 말도 안 되는 겁박이 먹혀든다는 것이다. 왜 그럴까? 여기엔 두 가지 이유가 있다.

1) 객관적 요인(구조의 문제)

대한민국의 학교를 움직이는 것은 점수다. 자동차가 기름의 힘으로 굴러가듯이 학교는 점수의 힘으로 굴러간다. 아이들을 교육하는 교사에게 점수는 중요하지 않지만 관리자에겐 중요하다. 교사 위에 관리자가 있고 관리자 위에 점수가 있다. 그런데 학부모가 학교 점수를 좌우한다. 민원 발생 빈도가 높으면 학교평가에서 좋은 점수를 못 받는다. 그래서 점수 관리에 혈안이 돼 있는 관리자에게 교사와 학부모 가운데 누가 옳은가 하는 것이나 교육적으로 바람직한 처방이 뭔가 하는 따위는 중요하지 않다. 그저 민원이 발생하지 않게 하는 것이 중요할 뿐이다.

2) 주관적 요인(사람의 문제)

아무리 점수가 중요한들, 교육자로서 최소한의 자질이나 인간으로서 약간의 품위나 자존심이 있는 사람이라면 몰상식한 학부모의 갑질에 저자세로 나올 이유가 없다. 그런데 슬프게도 이 나라 학교에선 교장들 가운데 최소한의 자질을 갖추지 못한 소인배들을 심심찮게 볼 수 있다. 무릇, 승진제도 자체가 철학은 빈곤하고 좀스럽기만 한 인간을 길러내기 때문이다. 젊을 때부터 바람직한 교육에 관한 고민은 없이 오로지 점수 모으기에 혈안이 된 이들은 점수를 얻기 위해서라면 교육자적 양심이나 인간으로서의 품위를 저버리는 데 너무 익숙해 있다. 자기보다 훨씬 젊은 학부모의 적반하장 격 행태를 고분고분 받아주는 한심한 교장들의 심리기제는 이렇게밖에 이해할 수 없다.

방금 살펴봤듯이, 객관적 요인과 주관적 요인은 밀접하게 연관되어 있다. 점수로 학교를 평가하는 시스템(객관적 현실)은 관리자들로 하여금 민원 발생을 최소화하기 위해 교육적 고민은 없이 그저 학부모의 입막음에만 신경을 쏟게(주관적 경향성) 만든다. 하지만 아무리 점수가 중요하다 해도 최소한의 교육적 신념이나 인간적 품위를 지닌 사람이라면 돼먹지 못한 학부모의 준동에 저자세로 나올 이유가 없건만… 질곡의 승진 터널(객관적 조건)을 빠져나온 인물들에게 그런 결기(주관적 자질)를 기대하긴 힘들다.

지금까지 살펴본 문제의 원인을 토대로 몰상식한 학부모에 의한 교권 침해를 막기 위한 해법을 생각해보자. 앞글에서 묘사한 학교의 문제는, '교장실에 불려 와야 할 학부모가 교장실을 쳐들어간 것'으로 요약된다. 즉, 상식적인 사회라면 그 학교 교장은 학부모를 소환해야 하건만, 우리 경우에선 학부모가 적반하장의 태도를 보이는 것이다. 이 두 학부모의 차이는 어디서 오는 것일까? 이것은 국민성의 차이가 아니라 학교의 차이일 뿐이다. 학교 시스템이 작동하는 방식에 따라 학부모의 태도가 달라지는 것이다. 즉, 문제의 해법은 학교 시스템의 전환에 있다. 구체적으로,

첫째, 학교에 권위를 회복시켜야 한다. 학부모든 학생이든 교사의 권위를 손상시키는 언행에 대해 강력한 조치를 취하는 법적·제도적 장치가 마련되어야 한다.

둘째, 문제 학생에 대한 지도는 교사가 아닌 학교장의 고유 업무로 넘겨져야 한다. 나이나 성별을 떠나 문제 학생과 문제 학부모는 교사가 감당할 수 있는 대상이 아니다. 이는 교실에 강도가 침입했을 때 교사가 어찌할 수 없는 것과도 같다. 교사는 학생을 가르치는 사람이지 무뢰한을 상대하는 사람이 아니다. 문제 학생과 학부모를 상대하는 일은 학교에서 최고의 권위를 지닌 학교장이 맡는 게 합당하다. 법적으로도 학교장에게 막강한 권위를 부여하여 몰상식한 학부모가 교장실에 쳐들어가는 것이 아니라 교장이 학부모를 소환하는 것이 상식으로 자리 잡혀야 한다.

셋째, 남다른 소신과 철학을 지닌 교장의 리더십이 요구된다. 이를 위해서는, 반교육적 술수와 조잡한 점수 모으기로 교장을 뽑는 현행 승진제도를 폐지하고 학교 구성원(교사, 학부모 대표)들이 확고한 신념과 철학 그리고 헌신으로 무장한 소신 있는 교육자를 교장으로 뽑는 교장선출제가 실시되어야 한다. 소신 있는 교장이 교사의 소신을 지켜줄 수 있다. 이런 교장이 학교 경영자로 우뚝 서 있을 때, 몰지각한 학부모에 휘둘리지 않고 학교의 모든 것이 오직 학생교육을 위해 돌아가는 풍토가 확립될 것이다.

후배들이여, 과격한 교사가 되자

우리 교육에서 추구하는 지고의 가치는 민주주의다. 모든 법의 으뜸인 헌법 제1조 문구도 "대한민국은 민주공화국이다"라고 되어 있고, 교육법 1조도 "홍익인간의 이념 아래 민주시민을 길러내는 것을 교육의 목표로 삼고 있음"을 천명하고 있다.

그런데 학교는 과연 민주적인가? 전혀 그렇지 않다. 한 집단이 얼마나 민주적인지를 알려면 회의 모습을 보면 된다. 학교에 따라 차이는 있겠으나, 학교에서 열리는 회의에서 의사결정이 민주적으로 이루어지는 경우는 좀처럼 없다. 교내에서 교육적으로나 윤리적으로 부당한 일이 발생할 때 그 문제를 공론화하려면 비상한 용기를 발동해야 한다. 회의 시간에 용기를 내서 문제를 제기하는 교사는 '벌떡교사'라는 낙인을 각오해야 한다.

교육은 삶이다. 존 듀이가 이 말을 역설할 때는, 학생의 배움이 삶과 연계되어 있어야 한다는 의미였지만, 나는 교사의 가르침 또한 삶과 함께 가야 한다고 힘주어 말하고 싶다. 민주적인 학생을 길러내기 위해서는 교사 자신이 민주적인 삶을 살아야 한다. 그리고 자율성을 생명으로 하는 전문직 종사자로서 교사는 칸트가 말하듯이, "완전히 자율적이고 자유로운 자기입법의 주인"이 돼야 한다. 요컨대, 민주적인 삶이란 이 자기입법에 근거하여 아닌 것은 아니라고, 잘못된 것은 잘못됐다고 하는 소신 있는 삶을 말한다.

민주주의의 반대는 독재다. 내가 교단에 첫발을 내디뎠던 30년 전의 교직사회는 교장의 왕국이었다. 지금 교직사회의 분위기는 독재에서 민주주의를 향해 나아가고 있지만 어떤 지역에서는 아직도 학교장이 독단과 전횡을 일삼거나 교사의 인권을 유린하기까지 한다. 배구에 환장한 어느 광역시의 초등 교장은 배구 못한다는 이유로 젊은 교사에게 수치심을 유발하는 쌍소리를 퍼붓기도 한다고 한다. 문제는, 이 심각한 반교육적 부조리와 불의 앞에서 교사들이 침묵하는 점이다. 지성의 전당이어야 할 교직사회에서 벌어지는 이 언어도단의 작태에 왜 교사들은 침묵하는 것일까?

요즘 젊은 선생님들, 너무 착하다. 착한 것은 좋으나, 자신의 자존이나 공적 이익을 지키기 위한 최소한의 저항적 액션은 취해야 한다. 다른 직종의 사람은 몰라도 교사인 사람은 그리해야 한다. 자기 일상에서 마주한 크고 작은 부조리와 불의에 눈감는 사람은 학생에게 정의를 가르칠 수 없기 때문이다.

언젠가 페이스북에서 독재적인 학교장의 횡포에 상처를 받은 교사가 벗들에게 조언을 구하는 글이 올라왔다. 그런데 많은 젊은 교사의 반응은 "어쩌겠나, 참아야지"라는 식이었다. 그중 어떤 이는 "교사의 본질은 수업이니, 수업으로 보여주자"고 한다. 교사가 수업 잘하는 것과 학교장의 횡포가 무슨 관계가 있다는 것인지, 그 댓글을 접하면서 당혹스러웠다. 이것은 미분화된 사고일뿐더러 자기 내면에 있는 비겁을 합리화하는 점에서 일종의 위선이다.

교사가 착한 것은 좋은 일이다. 젊은 교사가 돼먹지 못한 선배 교사에게 대들지 않고 인내심을 발휘하는 것은 좋은 일이다. 앞 세대가 이룩한 지적 유산을 후세대에게 전수해주는 것을 본연의 목적으로 삼는 점에서 교육은 본질적으로 보수적인 속성을 띤다. 때문에 동서고금을 막론하고 교사집단은 급진적이기보다는 온건적이고 보수적인 성향을 지닐 수밖에 없다.

하지만 교사이기 때문에 때론 과격해질 필요가 있다. 착한 것과 과격한 것은 별개의 문제다. 진정으로 선한 사람이라면 불의한 무엇에 대해 불같은 분노를 품어야 한다. 더구나 학교 교사라면 마땅히 그러해야 한다. 우리를 둘러싼 현실이 너무 과격하기 때문이다.

교단에 첫발을 내디딘 젊은 교사의 가장 심각한 고민이 수업기술도 교육철학도 아닌 '배구 잘하는 것'인 학교는 미친 학교다. 자연을 벗 삼아 실컷 뛰놀아야 할 아이들이 학원 다섯 곳을 돌며 몸과 마음이 망가져가고, 학교 교사는 학원에서 아이들이 다 배워 온 탓에 정상적인 수업 진행을 못하는 것은 미친 교육이다.

이 총체적으로 미쳐가는 교육 현실에서 교사는 전복적인 자세를 지녀야 한다. 우리 시대 교사에게 요구되는 가장 중요한 자질은 '과격함'이다. 나이를 떠나 배구 할 때만 과격하고 교무회의 때는 점잔을 떠는 것은 교사 된 사람이 취할 자세가 아니다. 교육공무원인 사람이 근무시간 중에 직무와 무관한 놀음을 감행하는 과격함을, 공중에서 스파이크 펑펑 내리꽂는 과격함을 교육 모순의 상황에서는 잘 볼 수 없다면 교단의 미래는 암울해진다.

슬픔도 노여움도 없이 살아가는 사람은 조국을 사랑하지 않고 있다! 유시민의 항소이유서로 더 유명한 네크라소프의 시구를 이 문맥에 원용하여, "교육 모순에 분노하지 않는 교사는 아이들을 사랑하지 않는다"라고 말하고 싶다. 우리 시대 젊은 교사에게 가장 요긴한 자질은 과격함이다. 착하더라도 때론 과격해야 한다. 과격하다는 것은 다만, 사회적 모순에 민감하다는 뜻일 뿐이다.

나침반의 교훈

앞에서 우리 시대 젊은 교사에게 가장 아쉬운 자질이 '전복적인 자세' 또는 '과격함'이라 했다. 하지만 이에 대한 안티테제로 '과격함이 과연 능사인가?' 하는 성찰이 필요하다.

우리의 생각은 늘 좌우로 왔다 갔다 해야 한다. 이 이치를 멋지게 묘사한 파울루 프레이리의 훌륭한 개념이 있다. 영어로 '임페이션트 페이션스impatient patience'인데, 그대로 풀이하면 '참지 않으면서 참기'이다. 얼핏 보면 말장난같이 들린다. 참으면 참고, 참지 않으면 참지 않는 것이지, '참지 않으면서 참기'라 하니 모순어법처럼 들릴 것이다. 그러나 이 심오한 진리는 그런 식의 미분화된 형식논리로 접근하면 이해할 수 없다. 모순에는 논리적 모순과 변증법적 모순이 있는데, 이 테제는 변증법적 모순에 해당한다. 논리적 모순과 달리 변증법적 모순은 복잡다단한 삶의 오묘한 이치를 설명하는 지혜를 함축하는 경우가 많다. 성경이나 동양철학에서 이런 예를 많이 볼 수 있는데, 정중동靜中動, "먼저 온 자가 나중 되고 나중 온 자가 먼저 된다", "이 또한 지나가리라" 따위의 명제가 그러하다.

신규 교사 시절 나는 '교육청을 폭파시켜버리고 싶다'는 생각이 들 정도로 교육청이 학교 교사들을 괴롭히는 작태에 극도의 분노를 품었다. 초임 교사 시절 누구나 한 번쯤 겪었을 것이다. 수업 한창 하고 있는데, 교감에게 인터폰 와서 "급한 공문이 있으니 처리하라"는 지시를 받을 때 화가 치밀어 오른다. 설령 내 잘못으로 보고 기한을 놓쳤다 하더라도 그렇다. 교사에게 수업이 중요하지 공문이 대수인가? 교육청에서 내려오는 수천 건의 공문 가운데 교육에 유용한 것은 열에 하나도 안 된다. 선량한 교사이면 교육청을 향해 타오르는 적개심을 품어야 한다. 그러나 참는다. 나는 윤봉길 의사가 아니고 교육청은 일제총독부가 아니다. 교육청을 폭파시킬 수는 없다. 그리고 새파란 신규 교사가 교감에게 대들 수 없다. 울분을 삭이며 공문 작성을 하지만 아이들에게 미안한 마음 금할 길 없다. '도저히 못 참겠다'며 투쟁의 날을 세우다가 결국 참고 마는, 이게 임페이션트 페이션스다.

교사라는 사람이 교육청 폭파시키는 망상을 품다니 정신병자 아닌가 할지 모르겠다. 하지만 대한민국 학교는 교사를 미치게 만드는 곳이다. 이런 곳에서 미칠 것만 같다는 생각을 품는 사람은 정신병자가 아니라 지극히 온전한 사람이다. 사실, 안 그런 교사가 더러 있다. 수업시간에 교감이 공문 보내라고 하면, 아무 갈등 없이 아이들 자습을 시켜놓고 페이퍼워크 몰입 모드로 전환한다. 분노할 줄 impatience 모르고 참을 줄patience만 아는 사람은 개인적으로는 세상 편하게 살지 모르지만, 선생은 아니다. 교육은 내재적으로 공교육이다. 공공의 가치에 대한 고민 없이 개인적 편의만 도모하는 사람은 선생이 아니다. 아이들의 바람직한 성장에 대한 고민 없이 교육청에 공문 제때 보내는 것만 강조하는 곳은 학교가 아닌 공장이고, 위에서 시키는 대로 척척 해내는 사람은 선생이 아니라 지식기능공이다.

　반면, 인내심은 없고 비분강개만 있는 교사도 바람직하지 않기는 마찬가지다. 전교조 교사들 가운데 이런 사람 많이 볼 수 있다. 나도 그 한 사람이다. 지금은 몰라도 예전에 그랬던 적이 있다. 교사 운신이 상대적으로 자유로운 구미시에서 갑갑하기만 한 칠곡군으로 옮긴 첫해였다. 학기 초 매주 직원협의회 할 때마다 벌떡 일어서서 "뭔 쓸데없는 짓을 이렇게 많이 시키냐, 도대체 이게 학교냐?"고 떠들었다. 깐깐하기로 소문난 교장·교감이지만 나를 이길 사람은 아무도 없었다. 아무도 내게 반박하지 않았지만, 거꾸로 내 말을 귀담아듣는 사람도 몇 없는 것을 뒤늦게 알았다. 그때 나는 "저 또라이 같은 놈 땜에 평온하던 학교가 시끄럽다"고 뒤에서 나를 욕하던 교감 주위의 승진파 선배 교사들보다 나를 도와주지 않는 선량한 후배 교사들이 더 원망스러웠다. 하지만 사람은 아픈 만큼 성장한다. 그 경험으로부터 소중한 깨달음을 얻었다. 그것은, "대중은 언제나 옳다"는 것이다. 선량한 다수의 사람이 나를 지지하지 않으면 내게 문제가 있는 것이다. 삶은 관계다. 옳은 말은 맥락적으로 옳을 때 옳은 것이 된다. 관계망 속에서 옳아야 옳은 말이 된다. 인내심은 없고 울분만 있는 벌떡교사가 일어서서 떠들 때마다 이웃이 하나둘 떨어져 나간다. 따뜻함이 수반되지 않은 용맹 정진의 결과는 고립이다. 과격함이 능사가 아닌 가장 중요한 이유라 하겠다.

　진리는 항상 구체적으로 접근해야 한다. 모든 경우, 모든 사람에게 적용될 보편타당한 진리 따위는 존재하지 않는다. 내가 우리 시대 교사들에게 과격함이 필요하다 한 것은, 1) 임용고시 따위에 길들여져 젊은 교사들이 너무 온순한 것과 2) 이명박, 박근혜로 이어지는 암울한 시기를 지나면서 학교가 심각하게 우경 보수화된 맥락에서였다.

1) 자신이 너무 온순하다고 생각하는 분들은 과감성과 결기를 단련할 필요가 있다. 반면 현재 '벌떡교사'에 가까운, 이를테면 전교조 활동가들은 온건한 리더십을 학습해야 한다.

2) 시대가 바뀌었다. 지금까지 학교는 더 이상 나쁠 수 없을 만큼 나빴기 때문에 지금부터는 좋아질 것이다. 유념할 것은, 보수반동의 세월을 뒤로하고 혹 급진적인 주장이 난무하는 상황을 경계할 일이다. 노무현 정부 때 이런 오류를 겪었기 때문에 현 정권기에선 똑같은 실수를 되풀이할 가능성이 적지만, 그래도 진보를 자임하는 분들은 이런 우려와 경계심 속에 늘 성찰하는 자세를 견지해나갔으면 한다.

애타는 인내심impatient patience. _{프레이리로 박사학위를 받았다. 내 논문에서 impatient patience를 '애타는 인내심'으로 옮겼다.}

어느 정도 애가 타야 하는 것일까? 얼마큼 분노하고 얼마큼 참아야 할까? 정답은 없다. 도가도비상도道可道非常道. 진리는 항상 구체적으로 발견되는 법이다. 주관적 요건과 객관적 요건에 따라 그 비례배분은 달라야 한다. 이를테면, 과격함이라는 옷이 아직 몸에 맞지 않는 분은 울분보다 인내심에 더 치우칠 일이다. 그리고 투쟁의 대상이 얼마나 공고하며, 이웃들이 얼마나 우호적인가에 따라서도 인내와 울분의 강약을 조절해야 한다. 인내와 울분의 비례배분이 어렵다면, 다음과 같은 원칙에 입각해 판단하는 것이 유용할 것이다.

첫째, 선량한 교장·교감 선생님에겐 최대한 예의를 지켜드리자. 인간 같잖은 악질 관리자에겐 심하게 해도 괜찮다. 그런 경우라면, 설령 주위 사람 모두가 얼굴을 붉힌다 하더라도 용맹 정진할 필요가 있다. 그런 동료들은 결코 선량한 이웃이 아니다. 간교한 김영삼 무리가 3당 야합을 획책할 때의 노무현처럼 돈키호테가 돼야 한다. 악질 관리자에겐 강하게 저항하던 교사가 선량한 교장 선생님에겐 깍듯이 예의를 갖춘다면, 우리의 선량한 이웃들은 이 두 경우를 종합하여 다음과 같은 평을 내릴 것이다-저렇게 예의 바른 교사가 한때 그렇게 모진 모습을 보였다면, 그 교장에게 문제가 있는 것이다.

둘째, 교사로서 본을 보이자. 투사이기 이전에 교사다. 교사로서 아이들과 학부모들 그리고 동료들에게 인정받는 사람은 어떤 행보를 펴더라도 무난히 지지받을 것이다. 권력자가 가장 무서워하는 사람은 잃을 것이 없는 사람이다. 학교사회에선 '교포', 즉 교장 승진을 포기한 사람이 그러하다. 그보다 더 무서운 사람은 자기 일 열심히 하면서 교포인 사람이다. 그보다 더 무서운 사람은 교포에다 자기 일 열심히 하고 유능하기까지 한 사람이다. 이런 교사를 당할 사람은 아무도 없다.

셋째, 개인의 이해관계보다 공공의 이익을 위해 비분강개하자. 나 자신을 위해서가 아닌 대의, 아이들과 학교 그리고 교육 발전을 위해 투쟁해야 한다. 그러나 특히 전교조에서 외치는 "아이들을 위해"라는 말이 공허한 구호로 대중에게 다가가는 경우도 있다. 이에 대한 분별력을 갖기 위해 교사는 공부해야 한다. 공부는 안 하고 투쟁정신으로만 무장하면 깡패와 별반 다르지 않다.

애타는 인내심impatient patience.

말처럼 쉽지 않다. 중요한 것은, 애가 타야 한다는 것이다. 'impatient patience'는 울분impatience과 인내patience의 변증법적 통일이다. 현금의 젊은 교사들에겐 인내심보다 비분강개가 더 중요하다. 울분과 인내는 정반대의 극단兩極性, bipolarity에 위치하기 때문에 울분이 클수록 많은 인내를 요한다. 즉, 그만큼 아픔과 스트레스가 심한 것이다. 하지만 아픈 만큼 성장한다. 울분과 인내를 오가는 진자운동의 진폭이 크면 클수록 많이 성장할 수 있다.

　나침반은 무엇이 그리 두려운지 늘 몸을 좌우로 바르르 떤다. 하지만 우리가 나침반을 신뢰할 수 있는 것은 좌우로 요동치기 때문이다. 좌우로 떨지 않고 처음부터 한쪽을 가리키는 나침반은 고장 난 나침반이다. 수업 중에 공문 보내라는 독촉이 올 때 떨지 않는 교사는 선생이 아니다.

공부가 너희를 자유케 하리라

승진 문제는 이 땅의 교사이면 누구나 피할 수 없는 치열한 고민거리다. 관련하여, 내 주변 사람들이나 후배 교사들로부터 다음과 같은 물음을 자주 받는다.

- 나이 들어 승진하지 않으면 불안하지 않나?
- 나이 들어 담임 맡으면 학부모에게 눈치 보이지 않나?
- 나이 들어 교단에 같이 서 있으면 후배 교사들에게 위축되지 않나?
- 나이 들어 승진하지 않고 있으면 패배감이나 열등감에 사로잡히지 않나?
- 승진하지 않고 이 모든 고민에서 자유로우려면 어떻게 해야 하나?

이 모든 의문에 대한 답은 하나다. 그것은 "공부하라!"다.
나는 작년보다 약간 더, 10년 전보다는 훨씬 똑똑하고 유능해졌다.

교사로서도 당연히 예전보다 유능하다. 같은 교과 내용을 예전보다 더 쉽고 재미있게 가르칠 수 있고, 예전보다 더 넓은 마음으로 아이들을 포용하고 이해할 수 있다. 교장·교감이나 동료 교사들과도 더 잘 지낼 수 있다. 이 같은 결과는 연륜이 쌓이면서 삶의 지혜가 풍부해진 것도 있지만, 궁극적으로 공부가 뒷받침되었기에 가능하다. 나는 교단에 선 뒤로 지금까지 꾸준히 공부해왔다. 책만 파고든 것이 아니라 이론과 실천의 균형을 추구했으며, 다양한 사회적 이슈나 교육 담론을 놓고 이웃들과 치열하게 토론하는 과정에서 나와 다른 생각들과 부대끼며 나의 관점을 더욱 정교하게 다듬어갔다.

교사에게 공부는 존재론-인식론-가치론의 통합이다. 교사의 정체성은 선비 혹은 학자이고, 헨리 지루의 멋있는 말로 교사는 지성인이다Teachers As Intellectuals. 교사의 존재 이유는 가르침에 있지만, 가르치기 위해서는 먼저 배워야 한다. 교사는 학생만 성장시키는 것이 아니라 자신도 성장시켜야 한다. 학생들에게 훌륭한 가르침을 전하기 위해 교사는 자기 인식론적 지평을 끊임없이 확장해가야 한다. 그리고 지성인에게 공부는 그 자체로 즐거움이고 최고의 가치다. 이런 까닭에 교사에게 공부는 목적과 과정의 통일이다. 어떤 목적을 위해 공부를 하는 것이 아니라 공부 자체가 목적이고 과정인 것이다.

어느 지역의 1급정교사 연수 때 나의 책『교사가 교사에게』를 주제로 강의한 적이 있다. 책 제목은 '평교사인 선배 교사가 후배 교사에게'라는 의미이고, "참된 교사의 존재론은 승진에 있지 않다"는 메시지가 이 책에서 내가 하려는 말의 전부라고 봐도 좋겠다. 강의 끝에 질의응답 시간이 있었는데, 어느 선생님께서 승진에 관한 자신의 고민을 말씀하셨다.

질문 나도 승진은 교사의 길이 아니라 생각하지만, 나이 들어 학부모 앞에서 평교사로 당당히 설 수 있을지 걱정됩니다.

나의 답변 충분히 설득력 있는 반론입니다.

이와 관련하여, 제가 핀란드 학교에서 경험한 것을 말씀드리고 싶습니다. 어느 고등학교를 방문하여 수업이 이루어지고 있는 교실을 쭉 돌아봤습니다. 어느 교실에서 연로한 여교사가 체육 이론 수업으로 인체에 관한 강의를 하고 있었습니다. 핀란드 말을 알아듣지 못하지만 느낌상 그리 유능한 수업은 아닌 것 같았습니다. 하지만 나름 혼신의 힘을 다해 열강하고 있었습니다. 놀라운 것은 학생들이 교사의 그 열의를 수용하는 태도였습니다. 교사의 작은 실수에도 괜찮다는 듯, 힘내시라는 듯 따뜻한 피드백으로 반응하는가 하면, 교사의 열성에 부응하려는 듯 모두들 경청하는 모습이었습니다. 제가 말하려는 것은, 제대로 된 사회에선 교사의 에이징(나이 듦)이 무능의 의미로 매겨지지 않는다는 것입니다.

그렇다면 우리 사회는 어떨까요?

저는 확신합니다. 지금은 몰라도 20, 30대 후배 선생님들께서 원로 교사가 되었을 때는 핀란드와 같은 모습이리라 봅니다. 이렇게 생각하는 근거를 말씀드리겠습니다.

제가 여러분만 한 나이 때, 나이 든 선배들은 참으로 무능했습니다. 사실 그 시절엔 교사를 아무나 쉽게 했습니다. 우리 선배들은 2년제 교대를 나왔고, 심지어 교사양성소 출신도 많았습니다. 학벌이 중요하다는 말이 아닙니다. 그 시대 교직사회를 구성하는 사람들의 전반적인 에토스가 도무지 지성이라곤 거리가 멀고 진복 배구 때 눈이 반짝이는 사람들이 대부분이었습니다. 그런 교직 풍토에서 나이를 먹을수록 그나마 젊었을 때 지녔던 지적 역량이 점점 퇴화할 것은 당연합니다. 그런 식으로 나이 먹은 선생을 학부모들이 좋아할 리 없겠죠.

하지만 여러분은 다릅니다. 여러분은 모두 학창 시절 수재 소리 들으며 성장한 분들입니다. 나이 들어서도 우리와 다른 모습일 것입니다. 나는 확신합니다. 여러분이 내 나이가 되었을 때, 나이 든 교사에 대한 사회적 인식은 달라질 것입니다. 핀란드처럼요.

그때 이 말을 안 했지만, 젊었을 때 아무리 똑똑해도 지적 단련을 게을리하면 지성은 쉽게 퇴화한다. 예나 지금이나 미래에도 배구에 목숨 걸고 책을 멀리하면서 나이만 먹은 교사가 인정받을 곳은 없다.

지금 내가 근무하는 학교에서 내가 나이가 제일 많다. 하지만 학부모와 학생들에게 나는 어느 정도 인정받고 있다고 생각한다. 나이 먹을 대로 먹은 상태에서 도량초에서 작년과 올해 평교사로 지내며 깨달은 중요한 사실이 있다. 학부모님들과 아이들은 나이 많은 교사를 싫어하는 게 아니라 불성실하고 무능한 교사, 아이들에게 친절하지 않은 교사를 싫어한다는 것이다. 나이 먹는 것이 문제가 아니라 나이만 먹는 것이 문제다. 나이와 함께 발전하는 교사는 교단에서 위축될 이유가 없다. 실력 있는 교사는 두려울 게 없다.

공부가 너희를 자유케 하리라!

4부

이런 학교도 있다-다부초 이야기

경북에서 손꼽히는 자생적 혁신학교

　다부초등학교는 한국전쟁 격전지로 유명한 경북 칠곡군 다부리에 있는 학교다. 여느 농산어촌 지역의 소규모 학교처럼 이 학교도 한때 전교생 수가 20여 명으로 줄어들면서 폐교 위기에 있었다. 그런 학교를 참교육을 열망하는 몇몇 학부모와 교사들이 의기투합하여 오늘의 다부초로 만들었다. 수월성과 경쟁을 강조하는 대도시 학교교육에 염증을 느낀 학부모들은 아이들이 공부 스트레스를 덜 받고 운동장 흙을 밟으며 뛰어놀 수 있는 학교를 원했고, 희망의 교육공동체를 염원하는 전교조 교사들은 그런 학부모들을 필요로 했다. 이들은 거창한 혁명가도 파괴분자도 아닌, 그저 인간다운 삶을 좇는 소박한 생활인일 뿐이다.

　들뢰즈는 소수자들이 다수자_{들뢰즈의 다수자는 수적 개념이 아닌 역학적 개념}의 폭정에 시달리다 더 이상 버틸 수 없을 때 탈주가 일어난다고 한다. 각자 영역에서 소수자인 이 두 교육 주체들의 접속은 기존 삶의 터전을 이탈하여 새로운 삶의 방식을 지향하는 점에서 탈영토화를 기도한 탈주다. 이들의 유목적 행보는 보수 일색의 경북에서 보기 드문 자생적 혁신학교를 생성하였다. 진보적인 학부모님들과의 연대에 힘입어 다부초 교사들은 "즐거운 배움과 행복한 나눔"이라는 기치 아래 참다운 혁신학교 건설을 위해 건실하게 나아가고 있다.

다부 특유의 혁신교육 시스템을 정립하기까지 실로 험난한 과정의 연속이었다. 낡은 기존 교육체제로부터 탈영토화와 재영토화를 추구하는 이들의 욕망을 인정하지 않고 제도권에 속박시키려는 교육 관료들과 충돌하는 과정에서 빚어진 파열음은 지금까지도 학교 내외적으로 그 잔향이 채 가시지 않은 상태다.

경북에서 다부초는 교장·교감의 무덤으로 일컬어진다. 자생적 혁신학교로 체질 전환을 꾀하기 시작한 2010년 이후 지금까지 교장과 교감은 각각 최소 근무 연한인 1.5년과 1년을 채우자마자 학교를 떠났다. 다부초에 근무하는 교감이 1년을 채우고 전근할 때가 되면 다른 시·군 교감들은 다부초가 있는 칠곡군으로 희망내신을 내지 않는 것이 불문율로 통하고 있다. 타 시·도에서 전입한 교감은 기존 관내에 근무하는 교감보다 희망내신에서 밀리기 때문에 아무도 근무하기를 원하지 않는 다부초에 꼽힐 가능성이 많기 때문이다. 그래서 2010년 이후 지금까지 다부초의 모든 교장·교감은 신규 관리자가 발령을 받았다.

관리자들에겐 무덤일지라도 어떤 교사들에게 다부초는 가능성과 희망의 학교다. 나도 그 한 사람이다. 나는 2013년부터 2016년까지 4년간 이 학교에서 근무하고 지금 학교로 옮겼다. 다음은 2012년 2월 다부초로 향할 때의 내 마음을 적은 글의 일부분이다.

학부모님들과 기존 진지를 지키고 있던 동지들은 나의 전입을 크게 환영하는 분위기이고 나 또한 기대감에 부풀어 있다. 내가 이 학교에 얼마만큼 힘이 될지 모르겠다. 학부모와 교사들이 마음을 잘 맞추면 '한국의 서머힐'을 만들어갈 수도 있을 것이다. 반대로, 교장·교감 선생님들과는 물론 학부모들이나 심지어 동지적 관계에 있는 교사들과도 불편한 동거로 일관할 가능성도 없지 않다. 내부의 적이 더 무섭고 극복하기 힘든 법이다… 지금으로선 섣부른 낙관도 의심도 자제하고 그저 다부초 아이들에게 좋은 선생님으로 다가가도록 노력하자.

처음 이 학교를 향할 때는 '다른 교사들은 이 학교에서 힘들어해도 나는 그럴 일이 없다'고 생각했다. 그러나 첫 해에는 적응이 안 되어 애를 먹었다. 나중에 알았지만, 나처럼 진보를 자임하는 중년 교사들이 다부초 같은 자생적 혁신학교에 가서 한동안 적응을 못하는 사례가 많았다. '아무리 진보를 표방하더라도 아이들이 너무 버르장머리가 없고 또 공부를 너무 안 시키는 것은 문제가 있다'는 생각이 찾아든다. 스스로 진보적이라고 생각하는 교사들은 오랜 세월 동안 일반 학교에서 자기도 모르게 어떤 식민지적 사고가 고착화되어 있는 것을 자각하지 못하기 때문에 혁신학교에 처음 오면 적응이 안 되는 것이다. 내 경우는 4년간 다부초 생활을 통해 새로운 교사로 거듭나는 데 많은 도움이 되었다. '버르장머리 없는' 아이들과 급진적인 동료 교사들과 부대끼며 내 안의 파시즘을 자각하고 어느 정도 극복하면서 예전보다 조금 더 나은 교사로 성장했다고 자부한다. 이처럼 다부초는 학생과 교사가 동반성장을 꾀할 수 있는 학교다.

물론, 초기에 품었던 다부초에 대한 부정적인 시각이 완전히 불식

된 것은 아니다. 다부초는 완성된 학교는 아니다. 어떤 면에서는 부족한 면이나 고쳐야 할 점이 적지 않다. 그런 부분은 지금 내부의 교육 주체들이 끊임없이 고민하고 부대끼면서 차츰차츰 고쳐나갈 것이다. 4부에서는 다부초의 그런 면들을 솔직담백하게 그려볼까 한다.

'학력'이 아닌 '교육력'이다

농산어촌에 위치한 학교는 해마다 학생 수 감소로 열병을 앓는다. 6학급도 못 되는 소규모 학교에서는 학생 한 명을 유치하기 위해 전 교직원이 안간힘을 쓰는 실정이다. 다부초 인근의 한 초등학교만 해도 2015학년도에 복식학급이 발생했는데, 이대로라면 향후 몇 년 안에 문을 닫을 전망이다. 이 학교는 다부초가 속한 면의 중심 학교다. 아이러니하게도 면의 중심 학교인 이 학교는 학생 수가 감소해서 걱정이고, 그 언저리에 있는 다부초는 학생 수가 점점 늘어서 걱정이다.

나는 이게 다부 교육의 빛나는 성과라 생각한다. 이 맥락에서 학교교육 역량에 대한 개념을 재정립할 필요를 느낀다. 보통, 학교의 교육 역량을 '학력'으로 대변한다. 대관절 학력學力이란 뭘 말하는 걸까? 학교의 역량을 말하는가, 아니면 학생의 역량을 말하는가? 어느 경우든 역량은 또 무엇을 의미하는가? 자문자답하자면, 학력이라 함은 특정 학교 학생들의 학업성적, 즉 도학력교사 따위의 일제고사 성적을 말하는 것이 보통이다.

학교가 사설학원이 아닌 이상 시험점수로 교육 역량을 환원할 수는 없다. 도덕적으로나 상식적으로도 그러하다. 교육사에서 기념비적인 콜먼 보고서Coleman Report, 1966는 학생의 학업성적에 절대적인 영향을 미치는 요인이 가정배경임을 일러준다. 상식적으로, 서울 강남의 학교와 농촌 오지 학교의 학업성적이 같을 수가 없다. 시골 아이들의 상당수는 결손가정의 자녀들이다. 출발점 행동수준에서 엄청난 차이가 있는 두 학교의 학력을 갖고 어떻게 학교교육 역량을 비교할 수 있단 말인가? 강남 학교 아이들의 학업성적이 학교교육의 결과인가?

특정 학교의 교육 역량은 수월성excellence 대신 효율성efficiency이란 개념으로, '학력' 대신 '교육력'이란 개념으로 대치되어야 한다. 소규모 농촌학교에서는 학업성적이 아주 뛰어난 수재는 없을지라도, 대부분의 학생들이 교사의 세심한 배려 아래 한 사람도 소외되지 않는 배움이 가능하다. 그리고 작은 학교 특유의 따뜻한 교육공동체 분위기가 마련되어 학생들이 정서적으로 건강한 성장을 도모해간다.

학교 교육력에서 가장 중요한 것은 '행복'이다. 행복도는 학교 교육력의 충분조건은 아니지만 필요조건이다. 필요조건necessary condition은 '필수적인 조건'이란 의미이다. 행복하다고 해서 교육력이 높은 것은 아니지만, 교육력이 높으려면 일단 행복해야 한다. 학업성적은 우수하되 정신적으로 피폐한 아이들이 있는 학교는 교육력에 문제가 있는 것으로 봐야 한다. 학생 행복도 면에서 다부초의 교육력은 탁월하다.

다부초의 교훈이 그러하다. "즐거운 배움과 행복한 나눔"이라는 기치 아래 80여 명의 학생들이 경쟁을 벗어나 더불어 살아가는 삶과 자유롭고 창의적인 배움을 일궈가고 있다. 이러한 학교의 강점이 입소문을 타면서 인근 대구 지역에서 찌든 교육에 염증을 느끼고 삭막한 경쟁위주의 교육에 적응하지 못하는 아이들을 위한 대안적 학교로 각광받고 있다.

어떤 분들은 다부초가 학교 부적응 학생들의 피난처로 전락하는 것이 아닌가 하는 우려를 표하곤 한다. 나는 이런 불편에 대해서도 넓은 마음으로 포용해야 한다고 생각한다. 교육의 본질은 공교육이다. 공교육 체제에서 일어나는 모든 교육적 문제는 범사회적 차원에서 모두의 문제로 모든 교육 주체들이 그 해법을 고민해야 한다. 대도시 학교에서 적응 못하는 아이가 이 학교에 와서 행복을 느낀다면 다부 교육의 자랑이고 다부초의 빛나는 교육력이 아닐 수 없다. 학교폭력 문제가 심각한 사회문제로 대두되는 이 시대에 학생들이 학교에서 행복을 느끼고 학교 공부에 흥미를 느껴간다면 이보다 더 자랑스러운 교육 역량이 어디 있을까?

건강한 자에겐 의원이 필요 없나니, 학교교육은 온전한 아흔아홉 마리의 양보다는 길 잃은 한 마리의 양을 위한 특단의 배려를 아끼지 말아야 한다. 그리고 길 잃은 양이 온전한 양에게 심각한 민폐를 끼치고 하는 일은 없다. 적어도 지금까지 다부에선 이런 일이 없었다. 모난 돌이 덜 모난 돌들과 부대끼면서 서로가 서로를 더욱 둥글게 다듬어가는 '집단적 자기정화'가 일어나는, 이것이 다부 교육의 빛나는 장점이라고 생각한다.

어느 해에 전학 온 어떤 아이는 대구의 어느 학교에서 학교폭력으로 심각한 피해를 겪고 6개월간 병원에 입원하여 심리치료를 받은 적이 있었다. 그러던 아이가 다부초에 전학 와서는 날마다 학교 가는 게 즐겁다고 한다. 아이의 부모는 아이를 위해 대구에서 이곳 시골로 아예 전 가족이 이사를 했다. 눈에 넣어도 아프지 않을 귀하디귀한 자녀들이 행복을 느끼는 학교, 아침에 눈떠서 학교 가는 시간이 기다려지는 학교, 이런 학교의 교육력이 최고로 매겨져야 하지 않을까?

학부모 캠프

다부초에서는 해마다 7월 말쯤 학부모회 주관으로 1박 2일 캠프를 연다. 학생-학부모-교사 모두가 참여하여 밥도 같이 지어 먹는가 하면, 교사와 학부모가 밤이 새도록 교육과 삶에 관한 허심탄회한 이야기를 나눈다. 올해(2016년) 다섯 해째를 맞는데, 갈수록 행사의 질이 점점 높아져가는 느낌이다.

다부 교육의 탁월성이 이러한 교육공동체의 활력에 기인한다. 사실 오늘의 다부 교육은 선진된 의식과 헌신성을 겸비한 학부모 집단이 없었으면 불가능했다. 지독한 보수 교육감 체제에서 자생적 혁신학교의 명맥을 유지해올 수 있는 것은 이 훌륭한 학부모님들이 든든한 버팀목이 되어주시는 데 힘입은 바가 크다.

십수 년 전만 해도, 좋은 쪽으로든 안 좋은 쪽으로든 학교교육에서 학부모가 영향력을 행사하는 경우가 극히 드물었다. 그때는 '민원'이란 개념 자체가 없었다. 요즘은 한 학부모가 교장실로 전화를 걸거나 교육청에 민원 글을 올림으로써 학교교육이 휘청거리는 시대가 되었다. 좋은 예가 앞서 언급한 '에어컨 민원'이다. 물론 이러한 학

캠프 안내 포스터

부모의 민원 제기가 꼭 나쁘다고 볼 수는 없다. 이를테면, 파쇼적인 학교장의 독단으로 교실 에어컨 가동을 통제하는 학교라면 이런 학부모의 민원이 순기능을 할 수도 있다. 문제가 되는 것은 학부모 개인 자격으로 취한 돌출적인 행보인 것이다. 선한 의도에서든 내 아이만 생각하는 개인주의의 발로에서든, 학부모의 불만이나 제안은 학부모공동체 내의 집단토론을 거쳐 '학교운영위원회'라는 창구를 통해 제기되는 것이 바람직하다. 이게 이루어지지 않으면 건강한 학교교육을 기대할 수 없다. 교육은 주로 신념과 철학의 문제인바, 학부모의 민원 제기와 교사의 신념이 상충될 때 교사가 자기 신념을 내려놓는 교실에선 바람직한 교육이 이루어질 수 없기 때문이다.

다부초에선 튼실한 교사-학부모 교육공동체가 구축되어 있기 때문에 교사들이 학부모의 눈치를 보며 소극적인 교육 실천을 하거나 할 일이 전혀 없다. 다른 학교에서 흔하게 빚어지고 있고 우리 교사들을 가장 힘들게 하는 교육 난제라 할 '학교폭력위원회'가 다부초에선 전혀 열리지 않는다. 다부 아이들이 착해서 학교폭력이 발생하지 않는 게 아니라, 아이들의 싸움이 학부모 싸움으로 비화되지 않기 때문이다. 다부 학부모님인들 자기 자식이 귀하지 않겠는가? 이분들의 자제력은 성숙한 학부모 문화에서 기인하며, 그 원천이 바로 학부모캠프와 같은 행사들이다. 솔직히 고백하자면, 이런 행사 때문에 교사들의 심신은 다소 피곤한 것이 사실이다. 특히 여선생님들은 이런 '과도한' 교사 참여에 적잖은 부담을 갖기도 한다. 이런 차이를 존중하여 교사공동체가 손상되지 않게 세심한 배려가 절대적으로 중요하다. 다부의 성숙한 학부모님들은 이런 내막을 잘 알고 계셔서 교사들에게 부담을 주거나 하진 않는다.

급한 공문 때문에 아이들 자습을 시켜놓고 공문 처리할 일이 없는 학교, 하지도 않은 교육 사업을 번드레하게 포장하며 선량한 교사의 양심을 갉아먹고 시간과 열정을 소진하는 반교육적 페이퍼워크가 없는 학교, 수요일에 친목회 한다고 강당으로 동원되어 팔뚝에 멍이 들도록 강제 배구를 할 필요가 없는 학교, 학부모와 교장·교감 눈치 보지 않고 교사가 학생교육에만 전념할 수 있는 꿈의 학교가 다부초등학교다. 이 꿈같은 이야기가 구현될 수 있는 원천이 건강한 학부모 공동체다.

누구를 위하여 학교종은 울리나?

　　한 주 동안 우리 반 아이들이 영어마을에 입소해 있다. 아이들이 강의실에서 교육받고 있는 동안 고요한 기숙사에서 책을 보고 있는데 바깥에서 들려오는 종소리에 어떤 교육학적 영감이 떠오른다. 학교종 소리야 학교에 발령받고 줄곧 들어온 소리지만, 다부로 온 뒤로 한 번도 들은 적이 없는 소리여서 새삼 새롭게 들린다.

　　정확히 말해 이곳에선 종소리 대신 시그널 음악으로 영어동요가 흘러나온다. 종소리든 시그널 음악이든 학교종은 학생들의 행동을 통제하기 위한 신호signal라는 점에서 다르지 않다. '통제'라는 수사법이 과격하게 느껴지는가? '통제'라기보다는 '안내'라 하면 어떨까? 학교종이라는 신호에 학생들이 취할 수 있는 반응에 선택의 여지가 없는 점에서 '안내'라는 유순한 수사법은 학교교육의 실상을 호도할 오류가 있다.

　　학교종이 땡땡 치면 왜 아이들은 교실로 뛰어 들어가야 할까? 사실 교육적으로 이 신호와 반응 사이엔 어떠한 필연성도 있을 수 없다. 모래사장에서 1학년 꼬맹이가 흙 만지며 노작활동을 벌이는 것은 공부가 아닌가? 점심시간에 도서관에서 독서삼매경에 빠진 아이도 학교종이 땡땡 치면 읽던 책 덮고 교실로 뛰어가야 한다면, 이게 과연 교육적으로 바람직한 것일까? 존 듀이에 따르면, 교육은 '흥미를 위한, 흥미에 의한, 흥미의' 교육이어야 한다. 그런데 아동의 자발성에 터해 활활 타오른 흥미에 찬물을 끼얹는 학교종은 교육적이라 할 수 없다.

누구를 위하여 학교종은 울리나?

교단에 선 지 30년 가까이 되어서 이런 의문을 처음 품어본다. 다부초에 오기 전에는 이런 불온한(?) 생각을 해본 적이 없다. 아니, 학교라는 유기체가 제대로 돌아가기 위해 학교종은 꼭 필요한 장치라고 생각했다. 큰 학교에서 언젠가 학교 방송 시스템이 고장 나서 학교의 일상이 거의 마비되다시피 한 적도 있기 때문이다.

대규모 학교에서는 몰라도 6학급 이하의 작은 학교에서 학교종은 불필요할뿐더러, 종을 없애면 교육적으로 놀라운 효과가 있다. 타 학교 교사들에겐 나의 이 관점이 비현실적인 이상주의로 들릴 것이다. 이해한다. 나도 처음에 다부초에 왔을 때 학교종이 없는 것이 너무 의아했다. '이러면 아이들 생활이 엉망진창 되는 게 아닌가?' 하고 말이다. 그러나 신기할 정도로 아이들이 규칙을 잘 지킨다. 물론, 다부아이들이 종소리 없이도 시정時程을 잘 따르는 것은 다부 특유의 시스템에 기인하는 면도 있다. 아래 표에서 보듯 다부초에서는 블록수업제를 운영하기 때문에 일반 학교에 비해 시정이 간명해서 아이들이 숙지하기 쉬운 편이다.

학교에서 학교종을 울리는 명분은 정해진 일과日課 시간 대로 학생

일반 학교와 다부초의 시정 비교

일반 학교		다부초	
1교시	09:00~09:40	1~2교시	09:00~10:20
쉬는 시간	09:40~09:50		
2교시	09:50~10:30		
중간 놀이	10:30~10:50	중간 놀이	10:20~10:50
3교시	10:50~11:30	3~4교시	10:50~12:10
쉬는 시간	11:30~11:40		
4교시	11:40~12:20		
점심시간	12:20~13:20	점심시간	12:10~13:10
5교시	13:20~14:00	5교시	13:10~13:50
쉬는 시간	14:00~14:10	쉬는 시간	13:50~14:00
6교시	14:10~14:50	6교시	14:00~14:40

행동을 통제하기 위함이다. 들어갈 종소리에 들어가고 나올 종소리
엔 나오라는 뜻이다. 다부초 아이들은 학교종을 울리지 않아도 자
율적으로 들어갈 때 들어가고 나올 때 나온다. 간혹 점심시간에 '놀
이 삼매경'에 빠져 5교시 수업에 약간 늦을 때도 있지만, 이런 일은
1년 중 손에 꼽을 정도다. 설령 이런 일이 발생해도 교사들은 아이들
의 이런 행동에 별 문제의식을 느끼지 않는다. 기본적으로 아이들의
자기규율 능력을 신뢰하기 때문이다. 반면, 타 학교에서는 학교종이
울려도 아이들이 느릿느릿 억지로 교실에 들어와서는 수업 시작하려
면 '물 마시고 오겠다'거나 '화장실 가겠다'는 녀석들과 교사가 실랑
이를 벌이곤 한다. 이런 현상은 학생 행동을 타율적으로 강제한 것
과 학생의 자율성을 존중한 것의 차이에서 비롯하는 것이라고 본다.
처음엔 다부 아이들의 자유분방한 생활상이 이해하기 힘들었고

때론 불편하기까지 했다. 솔직히 지금까지도 그런 부분에 대해서는 약간의 이견이 있다. 하지만 내가 이곳에서 깜짝 놀란 것 중의 하나가 아이들의 성숙한 자기규율 능력이다. 이곳 아이들은 자발적으로 청소를 열심히 하는 것이나, 급우들 간의 분쟁이나 학생 공동체 내의 문제를 자율적으로 원만하게 해결해가는 자기정화 역량이 뛰어나다. 다부초에서만 볼 수 있는 이 특유의 교육 역량이 '학교종 없애기'와 관계있지 않나 생각한다.

다부의 경우를 보듯, 학교종이라는 신호체계가 없어도 아이들의 공동체 생활엔 별문제가 발생하지 않는다. 학교종이라는 신호에 의해 조건화되지conditioned 않은 다부 아이들의 일상에서 보이는 성숙한 모습은 교육자로 하여금 다음과 같은 의문을 품게 한다.

누구를 위하여 학교종은 울리나For whom the school bell tolls?

학생 하나하나가 주인공이 되는 학교 행사

　다부초에서는 학생들이 공부를 썩 잘하거나 열심히 하지 않는다. 교사들도 학생들에게 공부를 많이 시키고 하지는 않는다. 앞서 말했지만, 다부초의 자랑은 '학력'이 아니라 '교육력'이다. 그 특유의 교육력은 학교 교육활동에서 학생을 중심에 세우는 데 있다.

2016학년도 졸업식 광경이다.

졸업식의 하이라이트로 졸업생들이 6년 학교생활 소회를 발표하는 장면이다. 6학년 학생들이 모두 단상에 올라와 부모님께 큰절을 올린 다음 한 사람씩 마이크를 잡고 오늘의 자신을 있게 한 고마운 분들, 즉 부모님과 선생님 그리고 후배들을 향해 이야기를 건네는 모습이다. 그리고 학생의 발언이 끝나면 부모님이 답사 형식으로 자기 자녀와 선생님 그리고 학교를 향해 한 말씀을 하신다.

아이들은 처음엔 웃음 띤 표정으로 말을 풀어가지만 부모님 이야기나 학교를 떠난다는 말을 할 때는 자신도 모르게 울음을 터뜨리고 만다. 아이의 애틋한 마음은 일파만파로 퍼져 장내 모든 참석자의 눈물샘을 자극한다. 이 눈물의 원천은 이별의 설움 이상도 이하도 아닐 뿐인데, 따뜻한 공동체적 연대의 카타르시스를 연출한다. 이 눈물을 통해 평소 부모-자식, 학생-교사, 선배-후배 사이에 다소나마 불편했던 감정이 정화되고 관계의 소중함을 다시 생각하게 된다. 부모와 자녀가 주고받는 대화 형식이지만 이 대화는 공연성公然性을 띠는 점에서 교육적으로 비상한 의의를 지닌다. 부모가 돼서 가정에서 자녀에게 건네는 한마디와 이렇게 다중 앞에서 마이크를 잡고 건네는 것은 따뜻함이나 진지함의 무게가 다르기 마련이다. 아이 또한 많은 사람 앞에서 자기 영혼의 목소리를 토해내는 점에서 자기 말에 대한 공적 책임성을 의식하게 된다. 그리고 몇날 며칠 동안 대사를 준비하는 과정에서 자신의 삶을 진중하게 돌아보며 자기성찰의 계기를 맞이할 것이다.

다부 아이들은 1학년 입학식에서도 마이크를 잡고 앞에서 한마디씩 할 기회가 있다. 물론 쑥스러워서 아무 말도 못하는 아이도 많다.

하지만 1학년 입학할 때부터 6학년 졸업할 때까지 학교의 모든 행사에서 아이들 하나하나가 주인공으로 다중 앞에 서는 기회를 많이 가짐으로써 점점 자신감을 갖게 된다. 누구나 무대 울렁증이라는 것이 있기 마련인 법, 이 울렁증은 어릴 때 무대에 자주 서는 경험을 통해 더 쉽게 극복될 수 있다.

이런 값진 경험은 아무리 훌륭한 식견을 지닌들 부모가 아이에게 해줄 수는 없다. 오직 학교가 아이들에게 줄 수 있는 선물이다. 그리고 이것은 다부초처럼 작은 학교에서만 가능한 일이다.

관계의 교육론

매주 수요일 5교시에 '다모임'을 한다. 오늘 다모임은 한 달에 한 번 있는 생일잔치(소중한날)다. 혁신학교 용어로 다모임이란 학생자치회를 말하는데, 다부초에서 학생자치는 학생들의 학교 일상에서 일어나는 문제점을 공유하고 해결 방안을 모색하는 학생회의와 '소중한 날'이란 이름의 생일잔치가 있다.

작년까지 그랬고 올해도 3~4월 소중한 날 행사 때까지는 학년별로 앉다가 이번 달부터 두레별로 앉기로 했다. 총 7개 그룹으로 구성된 두레는 각 두레별로 1~6학년 학생들을 고루 편성한, 일종의 무학년제 시스템이다.

현장교육학자로서 나는 '관계의 교육론'이란 나름의 소박한 교육철학에 천착해오고 있다. '관계의 교육'에서 제일 중요한 것은 만남이다. 이 만남은 실존주의 교육철학에서 말하는 심오한 수준의 것도 중요하지만, 우선 면 대 면eye-to-eye의 접촉이 기본이다. 이런 나의 생각을 잘 설명해주는 영어속담이 "Out of sight, out of mind"이다. 눈에서 멀어지면 마음에서도 멀어진다. 거꾸로 말하면, 마음을 가까이 하기 위해선 자주 접촉해야 한다.

순진한 1학년 신입생과 능구렁이 같은 6학년 아이를 같이 붙여놓으면 6학년 아이들은 무척 갑갑하다. 하지만 처음에는 갑갑해도 동생들이 형과 언니들을 따르면 그 재미로 후배들을 따뜻하게 어루만진다. 이러한 관계맺음은 1학년과 6학년 사이의 머나먼 관계를 좁혀준다. 작은 학교에서 이런 부대낌을 의도적으로 배치하면 학교폭력이라는 불상사가 생겨날 여지가 거의 없다. 사실 고학년 아이가 저학년을 상대로 돈 뺏고 폭력을 저지르는 일이 큰 학교에서 많이 일어나는 이유도 '군중 속의 소외'라는 역설적 이치 탓이 크다. 그리고 어린 후배와 성숙한 선배를 한데 붙여놓으면 후배는 선배에게서 근접발달proximal development을 꾀하고 형은 동생을 추스르면서 리더십 따위를 배워가는 이점이 있다. 서로가 서로를 성장시키는 것이다.

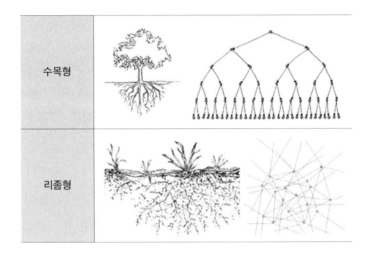

들뢰즈에 따르면 관계를 맺는 유형은 크게 두 가지가 있다. 수목형과 리좀형이다. 영어사전에서 리좀rhizome은 '뿌리줄기' 혹은 '땅속줄기'로 풀이되어 있다. '뿌리줄기'라는 말에서 보듯 리좀은 뿌리이기도 하고 줄기이기도 한 것이지만, 들뢰즈가 말하는 리좀 개념은 수목형 뿌리에 대비되는 형태를 말한다. 수목형 뿌리는 우리가 흔히 보는 풀이나 나무의 뿌리이다. 수목형은 모든 것을 하나의 중심(나무의 기둥)으로 귀속시키는 방식으로, 각각의 뿌리들은 유기적 통일체의 일부분에 지나지 않는다. 수목형에 반해 리좀형은 여러 줄기들이 중심 뿌리 없이 분기되고 접속되는 형태를 취한다. 리좀에서는 시작과 끝도 없고 중심도 없다.

교실살이는 기본적으로 수목형이다. 교사라는 낙락장송을 중심으로 반장·부반장이라는 '간부' 밑에 평민으로서의 학생집단이 있다. 반면, 어린이라는 생명체는 본질적으로 리좀적이다. 이들은 끊임없이 또래 리좀들과 접속하려 애쓴다. 하지만 수목형 관료제를 속성으로 하는 제도권 학교교육은 리좀들끼리의 접속을 차단하려 한다. 리좀들을 수목형으로 길들인다. 학교종이 땡땡 치면 또래들끼리의 접속을 멈추고 선생님이란 이름의 수목을 향해 모이도록 강제한다. 이렇게 길들여진 아이들은 어른이 되어서도 관료제의 집단체제에 순응해 갈 것이다.보울즈와 진티스Bowles & Gintis의 대응이론correspondence theory이 이 같은 이치를 잘 설명하고 있다.

예전에 3학년 담임할 때, 아침 시간에 내가 잠깐 교실을 비운 상황에서 반장 아이가 몇몇 급우들이 떠든다고 앞에 불러내 엎드려뻗쳐 시키고 있는 걸 본 적이 있다. 불과 1주일 전 반장선거에서 출마의 변으로 "신발이 닳도록 친구들을 위해 헌신하겠다"고 떠들던 녀석의 모습에서 타락한 이 나라 정치인의 초상을 보는 것만 같았다. 하지만 '작년에 반장 할 때도 이렇게 했다'는 아이의 말로 미루어 아이의 행동양식은 철학이 빈곤한 교사의 정신세계에 연유함을 알 수 있다. 순전히 교사의 편의를 위해 반장을 '완장 찬 인민위원'으로 만드는 형국이다. 이런 교실은 식민지다. 파쇼 교장이 갑질하는 교무실보다 이런 식민지 교실이 교육적으로 훨씬 심각한 재앙이라 하겠다.

조기 교육의 중요성은 아무리 강조해도 지나치지 않다. 어린 학생들을 미래의 민주시민으로 육성하기 위해 민주주의를 학습하는 기초공동체라 할 교실에서 교사는 학생과 학생이 리좀적으로 만나도록 학급을 경영해야 한다. 구체적으로,

첫째, 교실을 수목형에서 리좀형 체질로 바꿔가자. 내용과 형식은 항상 불가분의 관계다. 좌석 배치에 따라 아이들이 부딪는 결이 달라진다. 좌석 배치를 늘 정면 대형으로 할 것이 아니라 수시로 모둠 대형이나 '디귿 자 대형'을 만들자. 하루 종일 친구 뒤통수만 바라보는 배치 구도에서는 또래 간 접속이 활발히 일어날 수 없다.

둘째, 교사 주도의 설명식 수업을 지양하고 아이들끼리 토론을 많이 하게 하자. 지적 성장은 남에게 설명을 들을 때보다 자신이 타인에게 설명할 때 훨씬 많이 일어난다. 또래끼리 토론하고 설명하는 과정에서 서로 가르치고 배우게 하자.

셋째, 다모임 혹은 학생자치의 기회를 자주 만들어주자. 다모임이 꼭 토론이나 협의 위주일 필요는 없다. 어린 학생들에겐 지적 소통보다 정서적 소통이 훨씬 중요하다. 학급에서 장기자랑 등의 활동을 통해 모든 아이가 주인공으로 우뚝 서게 하는 표현의 기회를 주면 좋다. 학생 대중 앞에서 자기를 표현하는 자체로 어린 시절에 평생을 버텨갈 소중한 내적 역량을 기를 수 있다. 이런 활동은 동학년 내에서 학급의 경계를 허물어 '학년 다모임'의 이름으로 대집단 공동체 학습을 꾀할 필요도 있다. 이를테면 피구대회를 열면 학반끼리 경쟁

하는 것이 아니라 학반 아이들을 뒤섞어 편성한 '두레'끼리 하게 하는 것이다. 그 과정에서 아이들이 평소 교실 벽에 의해 드리워진 학급 또래 간의 마음의 벽을 허무는 의미 있는 '접속'이 일어난다. 개인 간, 집단 간에 수준과 형태가 다른 구성원들끼리 다양한 방향으로 부대끼고 소통함으로써 서로가 서로를 성장시키게 하는 게 리좀의 정신이다.

전교생 다모임에서 학년별로 앉다가 두레별로 앉으니 한동안 소란했지만 시간이 흐르면서 점차 평온을 되찾았다. 지금 두레별 다모임은 정말 잘 돌아간다. 어제는 다가오는 1박 2일 캠프 때 장기자랑 발표를 위해 두레별로 무엇을 할지 토론하는 시간을 가졌다. 1학년에서 6학년이 함께하는 무학년제 시스템에서는 학년성의 한계로 저학년 아이들이 적극적으로 참여하기가 어렵다. 특히 토론에서 그러하다. 그런데 올해 아이들은 너무 신기할 정도로 이 이질 집단 내의 조

다모임 두레별 토론 장면

화미를 기특하게 보여주고 있다.

내 교직 생애에 이보다 더 가슴 벅찬 교육미학적 경험을 한 적이 없다. 학교에서 이보다 더 아름다운 풍경을 볼 수 있을까 싶다. 6학년 형아와 1학년 꼬맹이 사이에 저렇게 따뜻한 시선이 오가는 곳에서 학교폭력이 발생할 가능성은 거의 없다.

이 완벽한 정서적 연대를 기반으로 왁자지껄 주고받는 대화 속에서 비고츠키가 말하는 '공유된 활동shared activity'이 왕성하게 일어나니, 어떤 훌륭한 교사가 진행하는 수업에서보다 아이들은 서로가 서로의 스승과 학생이 되어 교과서를 통해서는 배우지 못한 값진 체험학습을 해가는 것이다.

교육은 관계다!

놀이가 공부다

다부 교육의 가장 빛나는 장점은 아이들이 마음껏 뛰놀 수 있도록 시스템이 갖춰져 있는 점이다.

우선, 아이들이 놀 수 있는 시간이 많다. 아이들이 놀 수 있는 시간은 1) 아침시간, 2) 중간놀이시간, 3) 점심시간, 4) 방과후시간이다.

오전 9시 수업 시작 전인 아침시간에는 학급 담임교사에 따라 조금씩 차이는 있지만 대체로 아이들이 자유롭게 보낸다. 처음 이 학교에 와서 나는 이게 적응이 안 됐다. 아이들을 자유롭게 '방목'하는 게 너무 무책임해 보였던 것이다. 그래서 이전 학교에서 하던 대로 독서나 글씨쓰기 따위의 지적 활동을 시켰는데 지금은 생각이 바뀌었다. 독서도 중요하지만, 놀이도 의미 있는 활동이고 놀이를 통해서도 의미 있는 배움이 일어난다.

다른 학교에도 중간놀이시간은 있지만, 보통 20분 주어지고 그것도 애국조회라든가 스포츠클럽 등의 명목으로 아이들이 자유롭게 노는 시간을 박탈하기도 한다. 다부초에서 이런 일은 있을 수 없다. 다부 아이들은 대체로 교사 말을 잘 따르는 편이지만 다른 건 몰라도 놀이시간 뺏기는 것은 못 참는다. 그래서 우리 교사들도 아이들에게 놀이시간은 꼭 지켜주려 애쓴다. 그밖에 점심시간에도 아이들은 실컷 뛰어놀뿐더러 방과후에도 오후 4시까지 놀이를 즐긴다. 한마디로 원 없이 노는 것이다.

아이들이 실컷 뛰어놀 수 있는 교육 환경을 만들어주기 위해 학교가 의도하는 또 다른 배려는 체육창고를 개방하는 것이다. 처음 이 학교에 와서 깜짝 놀란 게, 아이들이 교무실을 자유롭게 들락거리면서 체육창고 열쇠를 마음대로 갖다 쓰는 것이었다. 더욱 놀라운 것은 아이들이 마음대로 열쇠를 만지게 해도 열쇠가 분실되는 불편이 거의 발생하지 않는 점이다. 그럴 수밖에 없는 것이, 체육창고 열쇠를 잃어버리면 가장 불편한 쪽이 바로 아이들 자신이기 때문이다. 없어지거나 하면 어떻게든 자기네들 힘으로 찾아내고 만다. 이러한 일상 속에서 아이들은 저절로 자율성과 책임감을 길러간다.

다부초에서 3학년이 된다는 것은 고학년 형아들이랑 축구를 할 수 있음을 의미한다. 큰 학교와 달리 소규모 학교에선 연령을 초월하여 선후배 학생 사이에 끈끈한 유대를 맺어간다. 이런 곳에서 학교폭력이나 왕따 따위가 생겨날 여지가 매우 적은데, 학생집단의 공동체 의식이 길러지는 원천이 놀이다.

네오비고츠키주의자들의 연구 결과에 따르면, 아동은 놀이를 통해 자기조절 능력을 길러간다.Elkonin, 1978 사진 속 상황은 코너킥 장면인데, 라인도 그어놓지 않았음에도 아이들은 적당한 곳에 공을 세워놓고 나름의 잠재적 룰에 따라 원만한 경기 운영을 펼친다. 가끔 "핸들링이다 아니다" 하며 작은 분쟁이 발생하지만 이내 해결된다. 이 모든 과정이 심판 없이 이루어지는 것은 물론이다. 아이들은 자기 주장을 너무 강하게 내세워 경기가 지연되면 결국 모두가 손해라는 것을 알기 때문에, 대승적 차원에서 자기정화 역량, 비고츠키의 용어로 자기조절self-regulation 역량을 배워가는 것이다. 이것은 훗날 민주시민의 자질로 연결될 것이다. 타 학교 아이들의 놀이에서도 이런 점은 있지만, 다부 교육의 장점은 놀이의 교육적 의의를 강조하며 아이들이 놀 멍석을 적극적으로 깔아주는 점에 있다.

놀이를 매개로 선배와 후배가 어우러지면 근접발달영역ZPD이 형성되어 능동적이고 자발적인 학습이 일어난다. 성숙한 아이와 어린 아이가 같이 놀면 후자가 전자에게 배울 것은 있어도 그 역은 아니지 않은가 하는 의문이 들기 쉽다. 하지만 어린 동생들을 이끌면서 선배들은 리더십이라는 중요한 자질을 학습해간다. 그리고 지적으로도 학습자보다 교수자가 더 많이 배운다는 것은 '배움의 공동체' 이후 교육현장에서 상식으로 통하고 있다. 요건대 놀이에서는 선배 혁생과 후배 학생이 어우러져 서로가 서로에게 도움이 되는 상생의 화학작용이 일어나는 것이다.

다부 아이들은 초등학교 때 실컷 뛰놀기 때문에 체력이나 끈기가 타 학교 출신 아이들보다 강하다. 학부모님 가운데 '저렇게 자유롭게 뛰어놀기만 하다가 중학교 생활을 어떻게 하려나?' 걱정하는 분이 계시는데, 오히려 다부 아이들이 중학교에 올라가 학업이나 생활 면에서 다른 아이들보다 훨씬 잘해낸다. 나는 이 힘이 놀이에서 생겨난 것이라 생각한다. 초등학교 때 실컷 놀았기 때문에 중학교에 올라가서는 공부에 잘 집중할 수 있다. 또 공부도 체력이 뒷받침되어야 잘할 수 있는데 다부 아이들은 체력 하나는 자랑할 만하다. 그뿐만 아니라 놀이를 통해 자기조절 능력을 길렀기 때문에 집단생활을 원만히 영위해간다.

아이들이 행복한 학교, 아이들이 마음껏 뛰놀며 건강하게 심신을 단련시켜가는 교육을 위해 특별히 교육예산이 필요한 것도, 교사들의 헌신이 뒤따라야 하는 것도 아니다. 학교가 할 일은 그저 아이들이 놀 시간만 만들어주면 된다. 이런 취지에서 최근 강원교육청이 '놀이밥'이란 이름으로 학교 일과에서 아이들에게 100분의 놀 틈을 만들어주는 방안을 제시한 것은 정말 반가운 일이다. 아이들에게 놀이는 밥이다. 놀이가 공부다.

노가다와 노작의 차이

　혁신학교 특유의 교육 프로그램으로 주기집중교육이라는 게 있다. 주기집중교육은 특정한 기간epoch에 집중적으로 이루어지기 때문에 '에포크 수업'이라고도 한다. 사실 현재의 학교교육은 40분(중등은 45분, 50분) 수업을 기준으로 돌아가기 때문에 교과 공부가 지나치게 분절되어 있는 맹점이 있다. 단원이니 차시니 하는 개념도 그렇다. 지적 여정이 이렇게 파편화되고 원자화되어 있으면 배움의 맥이 끊겨버린다. 어떤 학습 주제에 대해 학생들의 흥미에 불이 붙으려는 순간 종이 울리고 '수업 끝'이 되어버리는 것이다. 주기집중교육은 이러한 폐단을 고려하여 최소한의 수준이나마 특정 시기에 특정 주제에 관한 교육활동을 밀도 있게 해가자는 취지로 하는 것이다. 다부초에서는 10월 마지막 한 주에 주기집중교육 프로그램을 운영하는데, 음악, 미술, 공예, 공작 등의 활동을 배치한다. 평소 교육에서 머리 쓰기를 주로 했다면 주기집중교육에서는 몸 쓰기에 치중한다.

　이 글은 2016학년도 주기집중교육 기간에 '연못'을 주제로 교육활동을 펼 때 느낀 교육학적 통찰을 적은 것이다.

콩밭 매는 아낙네가 아니다. 연못 가꾸는 아이들이다. 최근 만든 연못 둘레에 수변 식물을 심고 있는 모습이다.

콩밭 매는 아낙네와 연못 가꾸는 아이들의 차이는 '노가다와 노작의 차이'로 요약된다. 박정희 시절 우리는 수시로 방천에 나가서 풀밭에 쪼그리고 앉아 잡초를 뽑곤 했다. 흥미는커녕 아무런 보람도 못 느끼는 점에서 그건 노가다에 불과했다.

노가다와 노작의 차이는 자발성 유무에 있다. 시켜서 억지로 하는 노가다와 달리 이 아이들은 새로 조성한 연못에 애착을 품고 연못을 예쁘게 가꾸기 위한 일에 주체적으로 참여한다. 반면, 노가다에서 일의 주체는 일 속으로 들어가지 않는다. 노동의 주체와 노동 객체(노동 대상, 일)가 따로 노는 것이다. 일할 때는 불행하고 일을 안할 때 행복을 느끼는 것이 마르크스가 말하는 '소외된 노동'이다. 이런 노동을 통해 학생들은 "노동은 괴로운 것"이라는 것을 잠재적으로 학습하게 된다. 따라서 이런 노동은 교육적으로 절대 정당화될 수 없다.

그렇다면 노작활동에서 자발성은 어떻게 생겨나는가? 그것은 흥미와 책임감이다. 아이들이 흥미를 느끼는 노작활동은 하지 말라고 해도 한다. 사진 속 모습처럼 공작 활동에서 아이들은 최고의 집중력과 진지함으로 일에 빠져든다. 이런 노작활동을 싫어하는 아이는 없다. 오히려 종이 쳐서 활동을 더 이상 하지 못할 때 실망을 느낄 것이다.

흥미 없는 일이라도 책임감을 느낄 때 아이들은 일에 빠져든다. 내가 다부에 와서 가장 놀란 것 중 하나가 어제처럼 학교 행사(학예회)를 치를 때 아이들이 교사들을 도와 헌신적으로 일에 몰입하는 것이다. 다부초는 학교시설이 매우 열악하다. 강당이 없어서 급식소를 강당으로 쓰는데, 학교 행사 때마다 식탁과 집기를 다 들어내야 한다. 아이들 손을 빌리지 않고선 행사를 치를 수 없는데, 이때 많은 아이들은 자기 일처럼 몸과 마음을 쓴다. 상당수 아이들이 열심히 참여하면 다른 아이들도 덩달아 열심히 하게 되는 선순환이 일어난다.

흥미는 전혀 없고 힘들기만 한 이런 단순 노동에 아이들이 열심히 참여하는 것은 아이들이 1학년 때부터 공동체의식을 길러오면서 '우리we-feeling'라는 정서가 마음속에 자리해 있기 때문에 가능한 것이다.

이런 걸 보면, 학교는 작아야 한다. 그리고 학교 측에서 아이들을 너무 '부려먹지' 말아야 한다. 아무리 공동체의식에 바탕한 책임감이 갖춰져 있어도, 너무 잦은 헌신을 요구하면 긍정적인 반응을 기대할 수 없다.

사진 속 아이들 가운데 몇몇은 일반 교과 수업시간엔 도무지 학습에 흥미를 못 붙이고 딴전을 피우거나 힘들어하는 아이들이다. 학교 상황에서 교사가 바라는 대로 아이들이 잘 따라오지 않을 때 아이들을 탓하기 쉽다. 하지만 많은 경우 교육 디자인에 문제가 있다고 봐야 한다. 머리 쓰기를 힘들어하는 아이도 몸 쓰기 기회를 주면 학습에 열심히 참여하는 것이다.

존 듀이에게 놀이와 공부, 놀이와 일은 구분되지 않는다. 드릴로 나사를 조이고 망치로 못 박는 일에 흥미를 느끼지 않는 아이는 없다. 이런 활동에선 놀이가 학습이고 놀이가 일이다. 모든 교과 공부를, 모든 교육 실천을 이렇게 디자인하긴 어렵겠지만, 교사와 학교가 고민하는 만큼 '즐거운 배움과 행복한 나눔'^{다부초 교훈이다}이 있는 학교는 가능하다.

건강한 회의 문화

　한 집단이 얼마나 건강한지, 얼마나 민주적인지 알려면 구성원들이 여는 회의 분위기를 엿보면 된다. 즉, 회의 문화는 집단의 건강성을 가늠하는 바로미터라 하겠다. 다른 공직사회나 일반 회사의 형편은 어떤지 모르지만, 학교사회의 회의 문화는 대체로 합리적인 모습과 거리가 멀다. 이름은 '직원협의회'라 하지만, 말 그대로의 협의는 이루어지지 않고 일방적인 지시 전달이 전부다. 이런 반지성적인 갑갑한 체제에 불만을 품거나 이의를 제기하는 이는 좀처럼 없다. 그저 '침묵이 금'이라는 보신주의가 만연해 있다.

　교육은 교사에 의해 이루어진다. 교사의 열정과 의지가 학교교육 성패의 관건이다. 때문에 한 학교교육의 건강성은 교사문화에 달려 있다. 다부초의 가장 빛나는 장점이 이 학교 교사문화를 상징하는 건강한 회의 문화에 있다고 하겠다.

　교원 복무와 관련하여, 다부초 교사들은 페이퍼워크에서 자유롭다. 교사의 행불행을 좌지우지하는 관리자들도 하나같이 품성이 훌륭한 분들이어서 이분들의 온화한 리더십 속에서 교사들은 별 스트레스를 안 받는다. 다부초의 이런 풍토는 분명 모든 교사가 부러워할 바다. 하지만 토론문화에 대해서만큼은 많은 선생님들이 혀를 내두르신다. 학교를 이끌어가는 중핵 교사들의 입장에서도 선생님들의 그러한 반응에 그저 민망하고 죄송할 따름이다. 우리는 우리와 다른 선생님들의 입장을 최대한 존중하고 배려하려 하지만, 다른 건 몰라도 이 부분은 양보하기 어려운 형편이다. 이걸 하지 않으면 우리가 꿈꾸는 학교가 만들어지지 않기 때문이다.

지난 회의에선 "원어민 교사의 투입 학년을 6학년에서 3학년으로 바꾸는 문제"로 1시간 가까이 토론을 했다. 1주일에 한 번 순회 근무로 오는 원어민 교사에게 배정된 수업시수가 3시간인 관계로 3~6학년 가운데 어느 한 학년은 혜택을 못 보게 되어 있다. 1학기엔 3학년을 제외한 4~6학년 학생들이 수업을 받았는데, 2학기부터는 6학년 대신 3학년 수업에 투입하는 게 좋겠다는 제안이 있었다. 사실, 수업효과 면에서는 6학년보다는 3학년이 더 효율적인 게 사실이다. 하지만 오랜 갑론을박 끝에 결국 원래대로 유지하기로 결론을 냈다.

이런 경우, "원래대로 돌아갈 것 같으면, 1시간 동안 헛수고한 게 아니냐? 이런 회의는 뭐 하러 하는가?" 하는 비판이 제기될 수도 있다. 하지만 이것은 결과 중심의 사고일 뿐이다. 타 학교에선 '헛수고'를 피하기 위해 담당자가 학교장의 결재를 받아 완성된 결론을 전체교사들에게 전달하고 교사들은 그저 따르기만 한다. 관료제의 전형이라 하겠는데, 관료제라는 개념을 창안한 막스 베버가 경고하듯이 관료제는 권력이 위계구조의 정점에 있는 소수에게 집중되어 의사결정이 권위적으로 이루어지고 수단과 목적이 전도되는 역기능이 불가피하다.

무릇 합리적인 의사결정이 이루어지려면 앞에서 말한 나침반의 작동 원리를 따라야 한다. 서로 다른 의견들이 좌우로 요동치다가 일정한 시간이 흐른 뒤 한 곳으로 모아져야 한다. 처음부터 결론 내리고 전달만 하는 교직원 회의는 '고장 난 나침반'으로, 그런 회의 결과는 애당초 신뢰의 대상일 수 없다. 1시간 가까이 열띤 토론 끝에 원래대로 돌아가는 것은 헛수고가 아니다. 그 자체로 그 집단의 건강성을 의미하며, 무엇보다 그 과정을 통해 개인이 성장한다. 교사의 성장 없이는 학교의 발전도 기대할 수 없다.

　최근 프레이리의 『페다고지』에서 만난 한 구절이 생각난다. 우리의 행위가 인간다운 것이기 위해선 그저 살아가는 것이 아니라 생각하며 살아가야 한다.Action is human only when it is not merely an occupation but preoccupation. 우리가 하는 모든 것이 다 먹고살기 위한 일occupation_occupy는 '살아가다'의 뜻인데 명사형 occupation은 '살기' 외에 '직업'이란 뜻도 있다은 맞다. 하지만 그게 전부여서는 안 된다. 그게 전부인 삶이 어느 교육부 고위 관료의 말로 '개돼지의 삶'이다. 프레이리의 말대로 인간의 삶, 교육자의 삶은 그것 이상이어야 한다. 가치문제를 치열하게 고민하기preoccupation, 참다운 교육은 이러한 사상행위의 안받침이 있어야 가능하다.

동아리 선정 문제

3월이라 할 일이 많다. 이번 주에 제일 중요한 일은 학생동아리 조직하는 것이다. '동아리'는 예전에 '클럽활동'으로 불리던 것인데, 현행 교육과정에서는 창의적 체험활동의 일부로 편재되어 있다. 이 글에서 말하는 다부초의 동아리 활동은 정규 교육과정 밖의 방과후 활동으로 이루어지는 동아리를 말한다.다부 아이들은 정규 수업이 끝난 뒤 전교생이 오후 4시까지 학교에서 방과후 프로그램이나 자율 놀이 활동으로 시간을 보낸다. 다른 학교에서는 교사가 동아리 몇 개를 선정해서 아이들이 선택하게 하는 방식을 취하지만, 다부초에선 학생들이 동아리를 선정한다.

하지만! 모든 사물은 동전의 양면처럼 긍정적 측면과 부정적 측면이 있는 법이니, 일견 좋아 보이는 무엇의 이면에 있는 역기능을 생각해봐야 한다. 교육은 관념적인 구호로 하는 게 아니다. 교육은 현실이다. 아무리 좋은 생각이라도 현실 속에서 실천적으로 구현되지 않으면 빛 좋은 개살구에 지나지 않는다. 존 듀이의 영향으로 '아동 중심'을 전면에 내세운 진보주의 교육사조가 나오자마자 퇴조해간 것도 이런 이치를 간과한 탓이 크다.

아동을 교육의 중심에 세우는 것은 좋은 일이다. 아동의 흥미를 존중하자는 데 반대할 사람은 없다. 하지만 아동을 중심에 두고 교육이 이루어져야 하는데, 전자만 있고 후자는 없는 것이 문제였다. 혁신학교에서 학생을 중심에 두되 어떤 교육적인 비전을 담보하지 못하면 혁신교육이 아니다. 사실 이게 어렵다. 그래서 현실 속의 많은 혁신학교가 A) 학생을 중심에 두지 않고 교육적인 무엇을 좇거나, B) 학생을 중심에 두고 교육적인 무엇은 대충 방임형으로 간다. 대부분의 혁신학교가 이런저런 내적 혼란 속에서 A와 B 사이를 왔다 갔다 할 것이다.

2015년에 학생 주도로 동아리 선정을 했더니, 제빵부, 레고부, 미니어처부 등 한마디로 '달달한' 것들로 조직되었다. 아이들 흥미 위주로 정했으니 각자 자신이 선택한 부서에서 자기주도적으로 활동하는 것은 좋은 일이다. 문제는, 이런 시스템 아래에서는 B의 오류가 빚어질 위험이 있는 점이다. 학생중심교육이 이렇게 흘러서는 안 된다. 존 듀이의 교육철학은 이런 모습과 아무 관계도 없다. 올해는 학생중심은 살리되 교사중심과 통합하기로 했다. 동아리 조직의 프로세스를 다음과 같이 기획했다.

1단계 교직원다모임(교직원협의)에서 교사 개인의 역량과 흥미 그리고 교육적 가치를 고려하여 개별 교사가 지도 가능한 부서를 한두 개씩 제시한다.

2단계 그 부서를 학생들에게 안내하고, 그 밖에 학생들이 원하는 부서도 수렴한다.

3단계 다시 교직원다모임에서 1)과 2)를 절충하여 최종 결정한다.

1단계는 이번 월요일에 있었고 2단계가 어제(목) 있었다. 월요일 회의에서 선생님들이 각자 제안한 부서는 밴드, 독서, 판화, 생태(환경), 연극 등이었다. 나는 이 구성이 참 맘에 들었다. 그 뒤, 2단계로 어제 강당에 3, 4, 5, 6학년 학생들을 모아놓고 설명회를 했다. "1단계로 선생님들이 이러이러한 동아리를 제안했는데, 2단계로 여러분들이 하고 싶은 것을 제안해보세요. 단, 우리 교사들이 지도할 수 없는 것은 여러분이 주도적으로 이끌어가야 합니다"라는 메시지를 전했다.

그런데 아뿔싸! 어제 아이들은 우리가 심사숙고 끝에 내놓은 교육적인 동아리들엔 눈길 하나 주지 않고, 자기네 스스로 선정한 새로운 동아리들을 내놓는데, 교무부장인 내게 동아리 대표들이 신고하러 온 내용들은 하나같이 '달달한' 일색이었다. 무슨 '인형 만들기'니 하는 것으로서 빵개살이(소꿉놀이)가 전부였다. 이걸 어떡하나? 학생 중심이란 것의 본질이 이런 것일까? 싹 무시하고 교사중심으로 회귀할까?

아니다. 학생을 중심에 두되, 교육적인 비전을 담보하지 못하면 혁신교육이 아니라고 했지만, 교육은 결과보다 과정이 더 중요하다. 교사 시절 혁신교육에 혼신의 노력을 기울여 남한산초 등의 혁신초를 일궈놓은 기라성 같은 활동가들이 진보 교육감 휘하 교육청에 들어간 뒤로 현장교사들의 원성을 듣는 이유를 생각해보자. 이분들이 결과(교육 실적)에 눈이 멀어 학교를 향해 이래라 저래라 압박해대는 바람에 혁신교육이란 게 예전에 전교조 활동가들이 그렇게 비난하던 보수 제도권 교육처럼 변질되어가고 있다.

교육은 결과의 교육이 아니라 과정의 교육이어야 한다. 과정이 교육적이면 결과는 저절로 나오기 마련이다. 다만, 현재의 실천 국면에서 안 나타나는 것뿐이다. 교육을 백년지대계라 일컫는 것은 이런 뜻이 아니던가? 눈앞의 결과에 연연하면 교육을 망친다. 그러므로 학생을 중심에 두는 기조는 어떻게든 유지되어야 한다. 학생을 중심에 두고 그들의 흥미를 존중하되, 교육적 입장에서 그게 바람직한 것인지 대화의 장을 열고 아이들을 설득해야 한다.

물론 쉽지 않은 일이다. 나도 말로는 이렇게 쉽게 하지만 자신이 없다. 자신은 없지만 확신은 있다.

확신 하나! '교육적 가치는 없고 달달하기만 한 무엇'은 조만간 아이들도 회의를 느끼고 다른 방향으로 생각을 돌려갈 것이다. 만약 아이들이 생각을 달리해간다면 그것은 앞의 길을 가봤기 때문에 얻은 결실이다. 따라서 학생 주도로 그릇된 길을 가는 것도 나쁘진 않다. 다음 국면에서 교사와 학생이 대화를 나눈다면 생각의 차이를 좁히기가 보다 쉬울 것이다.

확신 둘! 학생을 중심에 둔 결과로 지금 당장은 교사가 의도한 바의 교육성과를 얻지 못하더라도, 어릴 때 자기 선택의 경험이 많은 아이들은 훗날 민주시민으로 성장하기 위한 소중한 자질을 키워갈 것이다. 사실 이보다 더 중요한 교육적 성과도 없다.

확신 셋! 실패가 무익한 것은 아니다. 교사도 학생도 실패를 통해 성장한다. 다만, 구성원끼리 치열한 토론을 통해 실패를 최소화하고 성공 가능성을 극대화하는 노력이 중요하다. 사실 학교에서 교사가 신경 쓸 일은 이것이 전부가 아닌가 싶다.

악화가 양화를 구축한다

　결국 학생들이 제안한 동아리 부서들(인형부, 만들기부, 블록부)은 모두 채택되었다. 처음에 교사들이 제안한 부서 가운데 '독서'와 '생태'가 빠진 것이 유감이지만, '연극'과 '미술(팝 아트)'은 지켜낸 것에 위로 삼는다.

　어떤 부서들로 할지 최종 결정짓기 위해 선생님들끼리 퇴근시간 넘기면서까지 열띤 토론을 벌였다. 선생님들은 아이들이 제안한 부서들을 채택하는 것은 물론, 원하는 아이들을 다 받아주기 위해 블록부는 두 부서로 편성하자고 했지만 내가 극렬히 반대하여 정족수 외의 인원은 교사들이 제안한 부서로 가게 했다. 내가 적극적으로 반대한 이유는 그 전 해에 겪은 어떤 불편 때문이다.

　교육의 중심에 학생(아동)이 있어야 하고, "교육에서 가장 중요한 것은 학습자의 흥미"라는 존 듀이 식 진보주의 교육관에는 절대적으로 동의한다. 하지만 교육의 중심에 아동을 던져놓고 교사는 그 언저리에서 수수방관하는 식이어서는 절대 안 된다. 그건 자유가 아닌 방임이고, 진보가 아닌 무책임 그 자체다. 혁신학교에 이런 분들이 적

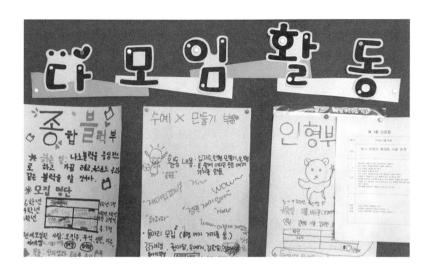

지 않다. 다부초도 예외는 아니어서, 이 지독한 보수 경북지역에서 어렵사리 만들어진 자생적 혁신학교의 에토스를 적잖이 훼손시켰다.

무책임한 방임주의자들이 내세우는 '학생중심주의'가 뭐가 문제인지는 경제학에서 그래샴의 법칙으로 일컫는 "악화가 양화를 구축한다"는 명제로 설명된다. 그래샴이 살던 16세기 유럽에서는 오늘날과 달리 화폐를 금과 은으로 만들어 썼다. 100달러짜리 금화를 만들기 위해서는 100달러어치의 금으로 화폐를 주조했다. 그런데 일부 군주들이 이 주화에 불순물을 섞어 화폐가치가 액면가에 못 미치는 불량 금화를 만들어 유통시키기 시작했다. 그 뒤 불량 화폐가 대세가 되어 사람들은 순금으로 만든 양화는 집에 숨겨놓고 악화를 지불수단으로 사용하게 되었다. 이 현상을 설명하기 위해 그래샴은 '나쁜 돈이 착한 돈을 몰아낸다'는 의미로 'Bad money drives out good' 이라 일컬었다.^{중1이면 해석할 수 있는 이 쉬운 문장이 왜 '악화가 양화를 구축한다'는 어려운 말로 통용되는지 유감이다.}

작년 연말에 있었던 한해 교육살이 반성회에서 나는 아이들이 도서관에서 책을 잘 읽지 않는 이 학교의 학생문화를 거론하면서 '도서관의 찜질방화'라는 말로 심각한 문제의식을 피력하였다. 이 학교에서 아이들은 도서관을 일종의 해방구나 휴식처로 활용한다. 책 진열장을 은폐물 삼아 구석에 처박혀 스마트폰으로 게임하는 녀석이 있는가 하면, 대개 열선 처리된 바닥에 드러누워 잡담을 나누곤 한다. 나는 경악한다. 이게 찜질방이지 도서관인가?

　그랬더니 어떤 분이 "도서관에서 아이들이 꼭 책만 보라는 법 있냐?"며 반론을 제기한다. 맞는 말이다. 하지만 현실 속에서 그것이 어떤 모습으로 펼쳐지는지 따져봐야 한다. 아이들에게 찜질방 자세(악화)와 책 읽는 자세(양화) 둘 다를 허용할 때, 악화가 양화를 구축할 것은 불을 보듯 뻔하다.

　물론 강력한 통제력을 발동하여 악화는 금기시하고 양화를 강권하는 것은 바람직하지 않다. 그리고 이와 관련한 지난 글에서 언급했듯이, 설령 교육적 의의가 적고 달달하기만 한 것이라도 학생들의 선택을 존중해야 한다. 아쉬운 것은, 교육적 입장에서 교사가 제안한 어떤 활동에 대해 아이들과 대화를 통해 그것에 대한 가치를 인식하고 흥미를 갖게끔 하지 못한 점이다(변명 같지만 3월이어서 그럴 시간이 절대적으로 부족했다).

　악화가 양화를 구축하는 이 씁쓸한 진리는 교사에게도 그대로 적용된다. 다른 학교와 달리 교사가 관리자의 눈치를 보는 게 아니라 거꾸로 관리자가 교사와 학부모의 눈치를 보는 이 학교에서 교사들은 자칫 '자유방임'의 달달한 일상에 안주하기 쉽다. 그런 유혹에서 자유로운 사람은 아무도 없다. 교사의 자율성이 최대한 존중되는 이런 학교에서 교육 실천에 임하는 사람에게 요구되는 가장 중요한 자질은 철저한 자기규율 의지다. 그리고 선량한 의지와 불선한 의지가 경합하면 후자가 전자를 구축할 가능성이 많다.

교육은 사랑의 실천이다. 사랑은 맹목이 아닌 분별인 까닭에, 선량한 의지가 나쁜 의지에 구축당하지 않기 위해 전자는 무장된 사랑 armed love^{이 멋진 표현은 프레이리가 브라질의 어느 시인의 시구에서 빌려 쓰면서 유명해졌다}을 지녀야 한다. 사랑의 실천은 언제나 당파적이다. 중립적인 사랑은 있을 수 없다. 인류 최고의 성인이신 예수님도 모든 사람을 사랑하진 않았다.

우유팩 정리 문제

다른 학교와 달리 다부초에서는 교직원 다모임(교직원 회의) 뒤에 회의 진행자인 교무부장이 회의 결과를 정리하여 교직원들과 공유한다. 회의에서 결의한 내용을 정리하지 않으면 간혹 민감한 사안에 대해 구성원들이 각기 달리 해석하여 혼선을 빚는 일이 벌어지기 때문이다. 아래는 '우유팩 정리' 문제에 대한 회의 결과를 정리하여 교직원들에게 전달한 내용이다.

• 2016. 5. 23. 교직원 다모임 결과 정리

어제 회의에서는 학생생활 지도와 관련하여 열띤 토론을 펼쳤습니다. 선생님들께서 대체로 우리 학교 아이들이 자유로운 분위기 속에서 마음껏 뛰어놀며 교사 눈치 안 보고 하고 싶은 말 자유롭게 하는 모습들에 대해 긍정적으로 생각하셨습니다. 한편, 그 이면에 있는 역기능에 대해서도 문제 인식을 공유했습니다. 여러 가지가 있지만 대략 무질서, 주의력 결핍, 배려심 부족, 공격성 따위로 좁혀집니다. 이런 문제점들을 해결하기 위한 작은 노력으로 '우유팩 가지런히 놓기'에 거의 만장일치로 찬성 의견을 모았습니다.

- 중략 -

우유팩을 가지런히 놓게 하는 자체가 목적이 아닙니다. 그렇게 함으로써 아이들이 차분한 마음을 갖게 하고 또 1층부터 가지런히 놓여 있는 모습을 보며 '하모니의 가치', '협동의 중요성'을 느끼게 하는 것이 목적입니다.

1. 학생 개개인이 먹은 우유팩을 정성껏 정육면체로 만들어 학급 바구니에 담습니다(개인적 차원).
2. 우유 당번은 학급 전체 우유팩을 확인하고 현관 앞 우유박스에 가지런히 옮겨놓습니다(학급 차원의 노력).
3. 앞의 어느 학년이 가지런히 놓은 우유팩 위에 자기 학년의 우유 팩을 가지런히 놓아가면서 모두가 협동할 때의 조화미와 협력의 가치를 모두가 느껴갑니다(전체 공동체 차원)

이 이치가 지난주 제가 말씀드린 '내용과 형식의 통일'입니다. 우유팩 바르게 놓고 안 놓고 자체가 중요한 게 아닙니다. 지극히 형식적인 문제이기 때문입니다. 하지만 그 형식적인 문제에서 교사-교사, 교사-학생, 학생-학생 사이에 협응이 이루어져 기존의 산만한 형식을 개선해가면서 새로운 학교문화를 경작해가는 겁니다. 형식과 내용은 함께 나아가는 겁니다. '뚝배기보다 장맛'이라고 하듯 내용이 더 중요하지만, 때론 그릇된 형식은 그릇된 내용을 파생시키기에 형식의 변화는 내용의 변화를 이끌어낼 수 있습니다.

"인간은 습관의 뜰을 지나 이성의 궁전에 도달할 수 있다"(R. S. Peters)고 합니다. 작은 것에서부터 우리 아이들이 올바른 습관을 지니게 하는 것이 중요하다는 인식을 함께했던 뜻깊은 토론이었다고 자평합니다. 차이의 존중 속에 치열한 토론, 우리 다부의 자랑입니다.

우유팩 문제는 혁신교육을 지향하는 교사집단이라면 한 번쯤 고민하거나 치열한 격론을 벌였을 법한 상징적인 이슈일 것이다. 보수적 시각을 가진 분이라면, 우유팩 가지런히 놓게 하는 것이 바람직한 교육이라는 것에 이견이 있을 수 없다고 할 것이다. 반대로, 그런 보수적인 시각에 대한 반발로 "왜 우유팩을 반듯하게 놓게 해야 하는가? 그건 획일성을 강제하는 것이다"라는 주장이 있을 수 있다.

둘 중 어느 것이 맞을까? 정답은 있을 수 없다. 옳고 그름은 항상 구체적으로 접근해야 한다. 평소 획일적인 교육이 이루어지는 학교에서는 '네 멋대로!'의 정신은 필요하다. 이 맥락에서, 영화 〈죽은 시인의 사회〉의 한 장면을 떠올려보자. 시를 가르치는 키팅 선생이 느닷없이 학생들을 운동장으로 데려가 제식훈련을 시킨다. "왼발, 왼발,

번호 붙여 가!"라고 몇 번 하다가 "네 멋대로 걸어!"라는 명령을 내리면서 학생들은 각자 자유롭게 스텝을 밟으며 모종의 카오스를 즐긴다. 이를 통해 키팅 선생이 가르치고 싶었던 것은 '시를 이렇게 쓰라'는 것이다. 즉, 운율이니 뭐니 하는 형식을 다 접어두고 자기 마음 가는 대로 시를 쓰라는 것이다. 키팅은 이러한 형식 탈피의 지론을 강조하며 이 영화에서 유명한 한 장면으로, 학생들로 하여금 시학 이론서를 잡아 찢게 하는 파격적인 교육을 펼친다.

시에 대한 키팅 선생의 관점이 꼭 옳다고 볼 수는 없다. 예술작품에서 내용미 못지않게 형식미도 중요하기 때문이다. 〈죽은 시인의 사회〉에 나오는 학교처럼 획일적인 통제로 학생들을 질식시키는 곳에서는 형식을 과감히 혁파하는 교육이 필요할지 모르나, 다부초같이 자유로운 학교에서는 형식미의 중요성을 강조하는 것도 필요하다고 본다.

내용과 형식의 관계처럼, 유희와 질서, 발랄함과 예의, 자기주장과 배려, 자존감과 겸손, 욕구와 인내 등의 대립적 가치들도 불가분의 관계에 있다. 이 대립쌍bipolarity 가운데 어느 한쪽도 경시되어서는 안 된다. 새는 좌우로 날갯짓하며 균형을 잡아간다. 아쉽게도 진보진영에서 이 말은 극심하게 우편향된 우리 사회의 보수적 정서에 대한 안티테제로 내세울 뿐, 이 이치가 자신에게도 적용되는 것이라는 점을 너무 쉽게 망각한다. 즉, 자신의 좌편향적 오류를 돌아보지 않는 것이다.

"빈 우유팩을 반듯하게 정리해놓게 교육시키자"는 것과 "그건 바람직하지 않다. 저렇게 무질서하게 던져놓는 것을 허용하자"는 서로 다른 두 의견이 경합을 벌이는 것은 좋은 일이다. 모든 대립은 발전

을 낳는다. 서로 상처를 안기지 않는 범위 내에서 치열하게 대립해야
한다. 차이는 축복이다.

절대 튀어서는 안 돼?

절대 튀어서는 안 돼. 무조건 같이 가는 거야!

교사인 사람이 해마다 3월쯤 학교에서 자주 듣게 되는 말이다. "뭉치면 살고 흩어지면 죽는다!"는 비장한 공동체적 결의를 연상케 하는 위 슬로건은 실은 비합리적일뿐더러 폭력적이기까지 한 점에서 문제가 많다.

한국 사회에서 '같이' 혹은 '함께'라는 낱말은 일견 어떠한 이의나 유감도 원천적으로 차단하는 긍정 가치어로 간주된다. 문제는 '같이'의 표준을 누가 결정하는가 하는 것이다. 저런 말을 후배 교사가 선배 교사에게 하는 경우는 거의 없다. 우리 교육 현실에서 '같이'가 의미하는 바는 후배 교사가 선배 교사와 보조步調를 같이하라는 뜻이다. 즉, '같이'의 표준은 선배 교사가 일방적으로 정하는 것이다. 더 구체적으로 풀이하면, 새 학년도를 맞아 담임교사가 교실을 꾸미는 것을 비롯하여 학급경영을 함에 낡은 방식을 고수하는 선배 교사들의 스타일을 따르라는 것이다. 후배 교사는 참신한 방식을 알고 있어도, 아이들을 즐겁게 할 의지와 열정이 있어도 나대지 말라는

뜻이다.

우리 사회에서 '혁신'이라는 화두는 지금 하나의 상식으로 자리하고 있다. 학교도 예전에 비해 많이 혁신되고 있지만, 민주주의의 산실인 학교에서 혁신은 더욱 앞서가야 한다. 학교가 지금보다 발전하기 위해선 혁신교육이 구호 속에 머물지 않고 교육 실천 속에서 도도히 펼쳐져야 한다. 그러기 위해선 무엇보다 "절대 튀어서는 안 돼. 무조건 같이 가는 거야!"라는 따위의 말이 교단에서 사라져야 한다.

올해 우리 다부에 새로 오신 선생님들 가운데 튀는 분들이 많아서 학교가 활기가 넘친다. 엊그제 입학한 1학년 친구들, 올해 복 터졌다. 기실, 엄마 품에서 귀하게 자란 1학년 병아리들에게 학교라는 공간은 얼마나 두려운 곳인가? 스무 살 청년이 군대 가듯 비장한 각오로 학교라는 낯선 곳에 던져진 것인데, 저렇게 섬세하고 따스한 사랑으로 어미닭이 병아리들을 품듯이 아이들을 맞이하는 담임선생님을 만난 것이, 이 아이들에겐 실로 어마어마한 행운이요 축복인 것을…교사인 나는 안다. 다부에서 4년을 살아온 나는 익히 안다.

교육하는 삶

　교육의 성패는 교사에게 달려 있다. 학교에서 교사의 인적 구성이 정말 중요한데, 교사 개개인의 자질이나 역량이 뛰어나도 교사집단의 응집력이 부족하면 학교교육이 제대로 돌아가지 않는다. 다부초와 같이 혁신교육이라는 선명한 집단적 가치를 표방하는 소규모 학교에서 교사집단의 팀워크는 절대적으로 중요하다.

　운동판에서 회자되는 "진보는 분열로 망한다"는 말은 결코 속설이 아니다. 다만, 진보의 분열이 꼭 나쁜 것만은 아니다. 무릇 가치를 좇는 모든 집단은 내적 갈등을 겪기 마련이고, 그것은 그만큼 집단의 건강성을 말해주기도 한다. 문제는, 차이를 존중하고 서로에 대한 신뢰와 애정에 기초한 비판과 토론 문화를 경작해가는 것인데, 이게 쉽지 않은 것은 물론이다. 전교조 교사로 대표되는 진보교육 진영의 활동가들은 자기확신이 강해서 집단 내에서 불필요한 파열음을 내면서 동료들에게 상처를 안기는 우를 범하는 경우가 적지 않다. 다부초에서도 한때 교사들 사이에 갈등과 대립으로 내홍을 겪으며 학교교육 역량을 소진해가던 시기가 있었다. 불행한 순간들이었지만, 멀리 보면 모든 것이 학교의 발전에 약이 되었다고 생각한다. 좌와 우, 급진과 온건의 진자놀이를 거듭해가면서 지금은 교사집단의 응집력이 어느 정도 갖춰져 있다.

학교에서 교직원의 상호작용이 활발히 일어날수록 바람직한 것은 당연하다. 하지만 보통의 학교에선 이 상호작용의 이면에 아이들의 소외가 파생되는 경우가 많았다. 아침자습시간에 아이들은 한 묶음의 학습지를 떠안고 헉헉거리는데 교사들은 학년실에서 무익한 수다 떨기로 일관하는 것이 초등교직의 일상적 모습이 아니었던가 싶다. '동학년 분위기가 좋다' 함은 주로 이런 분위기를 즐기면서 위에서 페이퍼워크 오더가 떨어질 때 일사불란하게 척척 해내는 모습을 말한다. 이것은 전문직 종사자 혹은 지성인으로서의 교사의 모습은 아니다.

진정한 교사의 교직 일상은 '교육하는 삶'이 멋있는 표현은 경북에서 다부초 못지않게 훌륭한 자생적 혁신학교인 상주남부초의 김주영 선생님에게서 배운 것이다 이어야 한다. 승진을 좇는 삶, 배구 하는 삶, 직원협의회 때는 침묵하면서 친목회 때 요설을 늘어놓는 삶이 아닌, 교육의 이름으로 웃고 울고 감동하고 분노하는 삶을 영위해야 한다.

다부 교사들은 직원협의회 같은 공식석상은 물론 사적인 자리에서도 늘 교육 이야기로 수다를 떤다. 이를테면, 중간놀이시간이나 점심시간에 교무실에서 커피 마시면서도 학생동아리 문제로 가끔씩 날선 공방을 펼친다. 경상도 남자들은 싸움하듯이 대화하는 것에 익숙하다. 뒷담화보다 앞에서 싸우는 게 백번 낫다. 첨예한 이슈일수록 이성적으로나 감정적으로도 치열해지기 마련이고 목소리도 높아지는 법이다. 그리고 그 치열함만큼 학교는 발전하고 교육 동지 사이의 신뢰와 정도 깊어간다.

　다부초 교사들은 토론을 치열하게 하고, 일반 학교 교사들은 배구를 치열하게 한다. 진보가 분열로 망한다면 보수는 인화단결(친목회)로 망한다. 배구로 망하는 것보다 토론으로 망하는 게 교육 발전에 훨씬 이롭다.

사람이 희망이다

다부초에서 깜짝 놀라는 것이 몇 가지 있다.

다른 학교에선 잘 볼 수 없는 다부의 진풍경 중 하나가 아이들이 시험 치는 자세다. 이곳 아이들에게 시험지를 나눠주면 있는 힘을 다해 열심히 문제를 푼다. 그 이유가 중요하다. 다부 아이들이 혼신의 노력으로 문제풀이에 몰입하는 것은 시험을 자주 치지 않기 때문이다. 다부에는 중간고사도 기말고사도 없다. 6학년 이전까지는 사설학원에 다니는 아이도 거의 없다. 그러니 이런저런 시험지를 풀어본 경험이 별로 없다. 이런 아이들이 3월에 교육청에서 보내주는 진단평가 같은 시험을 치면 매우 진지하게 푼다. 이런 모습은 보통의 학교에서 보기 드문 광경이다.

다부 아이들에게서 볼 수 있는 두 번째 진풍경은, 아이들이 청소를 열심히 하는 것이다. 이곳 아이들은 청소를 열심히 할 뿐만 아니라 즐겁게 참여한다. 존 듀이가 말하는 흥미와 노력의 변증법적 통일을 엿볼 수 있다. 그 흥미는 교사가 같이 거들 때 더욱 흥겨운 노작활동이 된다. 이 이유 또한 평소에 청소를 잘 안 시키는 것과 관계

있다.

세 번째 진풍경으로, 이곳에선 도난 사고가 일어나지 않는다. 다른 학교처럼 아이들이 교사의 지갑에 손 타거나 급우들의 가방을 뒤지는 경우는 지금까지 단 한 번도 없었다. 그렇다고 이 아이들의 심성이 특별히 착한 것은 아니다. 그렇다면 그 이유는 뭘까? 이곳 아이들의 가정환경과 관계있다. 특별히 부유하지는 않지만 학부모들이 하나같이 자녀교육에 관심이 많고, 넘치는 애정으로 아이들을 품는 편이다. 아이들 입장에선 필요한 것이 있으면 부모님께 말씀드리면 해결되기 때문에 굳이 불안에 떨며 친구의 가방을 뒤질 필요가 없는 것이다.

- 진지한 자세로 시험 문제를 열심히 푸는 아이들의 모습을 보고 싶다면, 시험 치는 횟수를 줄이면 된다.
- 청소를 열심히 하는 아이들의 모습을 보고 싶다면, 청소 시키는 횟수를 줄이고 교사도 청소에 참여하면 된다.
- 남의 물건에 손 안 대고 정직하게 살아가는 아이를 원한다면, 물질적으로 쪼들리지 않을 정도의 경제적 여건을 갖추고 아이들의 필수적인 욕구를 충족시켜주면 된다.

이처럼 아이의 인성이나 행동특성은 어떤 환경에서 자라고 어떤 시스템 속에서 교육받느냐에 달려 있는 것이다. 따라서 좋은 교육 환경과 교육 시스템을 구비하면 모든 문제가 저절로 해결될 것처럼 생각하기 쉽다. 그게 그렇지 않다는 것은, 진보 교육감 체제하에서 혁신적인 교육 시스템이 갖춰져도 혁신교육의 성과가 드러나지 않는 현실이 잘 말해준다.

다부초의 특별한 교육 시스템이 특별한 아이들을 길러낸다고 치자. 잊지 말아야 할 것은, 그 특별한 교육 시스템은 누가 만들었는가 하는 것이다. 다부초 사람들이 만들었다. 사람이 시스템을 만들고, 사람의 의지와 열정과 노력으로 그 시스템을 구동하여 교육을 실천한다. 시스템이 아무리 훌륭해도 그것을 작동시키는 사람의 의지와 열정과 노력 그리고 역량이 뒷받침되지 않으면 바람직한 교육 결실을 기대하기 어렵다.

인간의 실천에서 실천 주체의 개인적인 속성(역량, 의지, 열정, 헌신성 등)을 주관 혹은 주관성subjectivity이라 하고 실천의 여건이나 환경적 속성을 객관 혹은 객관성objectivity이라 한다. 여기서 객관적 조건, 즉 환경이나 시스템의 문제가 해결되지 않으면 실천 주체인 개인이 아무리 노력해도 어쩔 수 없다는 관점을 '객관주의objectivism'라 한다. 반대로, 개인을 둘러싼 환경이 아무리 열악해도 개인의 노력 여하에 따라 희망을 만들 수 있다는 관점이 '주관주의subjectivism'다.

객관주의와 주관주의 모두 바람직하지 않기는 마찬가지다. 교육을 바라봄에 우리는 이 둘 가운데 어느 하나의 오류를 범하기 쉽다. 이를테면, 냉혹한 경쟁을 부추기는 입시제도가 철폐되지 않으면 인간화 교육이니 참교육이니 하는 것이 불가능하다는 관점이 객관주의의 오류에 해당한다. 반면, 교육의 제도적 측면이 아무리 나빠도 교사의 노력 여하에 따라 참교육은 얼마든지 가능하다는 관점은 주관주의의 오류다.

교육은 교사와 학생의 따뜻한 만남에서 시작된다. 아무리 좋은 교육 여건(객관)이 구비된들, 교육애가 결핍된 교사(주관)가 좋은 교육을 할 수는 없다. 또한, 남다른 열정과 헌신을 지닌 교사라도 제도적 악조건 속에서는 참교육을 실천하기 어렵다. 한 예로, 이명박 시대에 6학년 담임교사들은 학업성취도 검사에 대비해 1학기 내내 예체능 수업은 포기하고 문제풀이 위주의 교육을 했다. 이 나쁜 제도(객관) 속에서 교사의 참교육 의지(주관)는 무기력해질 수밖에 없다.

교육이 참으로 오묘한 것이, 교육 실천의 주체인 교사는 주관적인 변인subjectivity인 동시에 객관적인 변인objectivity인 점이다. 이명박 시대의 일제고사나 박근혜 시대의 역사교과서 국정화 문제 같은 거대한 제도 속에 던져진 교사는 '주관'으로서의 일정한 한계를 극복하기 어렵다. 하지만 학생을 가르치는 교육자로서 그는 학생들에게 중요한 교육 환경으로 영향력을 행사하기 때문에 '객관'이 된다. 그리고 교육 실천 주체로서 그가 제도라는 객관을 어떻게 운행하느냐에 따라서도 교육의 결과는 달라진다. 이를테면 국정화 역사교과서를 비판적으로 가르칠 수도 있고 보수적 입장을 대변할 수도 있다.

실천 주체의 주관적 측면과 실천 환경이라는 객관적 측면 사이의 방정식(주관-객관 변증법)을 이해하는 것은 정말 중요하다. 둘 중 어느 것이 더 중요한가 하는 물음에 어떤 답을 영혼 속에 품느냐에 따라 학교와 사회 그리고 세계와 인간을 바라보는 관점이 결정된다. 나는 사람(주관)이 절대적으로 중요하다고 본다. 4년간 다부에서 치열하게 부대끼면서 얻은 가장 값진 배움도 이것이다.

사람만이 희망이다!

삶의 행복을 꿈꾸는 교육은 어디에서 오는가?

미래 100년을 향한 새로운 교육 혁신교육을 실천하는 교사들의 필독서

▶ 교육혁명을 앞당기는 배움책 이야기
혁신교육의 철학과 잉걸진 미래를 만나다!

한국교육연구네트워크 총서

01 핀란드 교육혁명
한국교육연구네트워크 엮음 | 320쪽 | 값 15,000원

02 일제고사를 넘어서
한국교육연구네트워크 엮음 | 284쪽 | 값 13,000원

03 새로운 사회를 여는 교육혁명
한국교육연구네트워크 엮음 | 380쪽 | 값 17,000원

04 교장제도 혁명
한국교육연구네트워크 엮음 | 268쪽 | 값 14,000원

05 새로운 사회를 여는 교육자치 혁명
한국교육연구네트워크 엮음 | 312쪽 | 값 15,000원

06 혁신학교에 대한 교육학적 성찰
한국교육연구네트워크 엮음 | 308쪽 | 값 15,000원

07 진보주의 교육의 세계적 동향
한국교육연구네트워크 엮음 | 324쪽 | 값 17,000원

08 더 나은 세상을 위한 학교혁명
한국교육연구네트워크 엮음 | 404쪽 | 값 21,000원

혁신학교
성열관·이순철 지음 | 224쪽 | 값 12,000원

행복한 혁신학교 만들기
초등교육과정연구모임 지음 | 264쪽 | 값 13,000원

서울형 혁신학교 이야기
이부영 지음 | 320쪽 | 값 15,000원

혁신교육, 철학을 만나다
브렌트 데이비스·데니스 수마라 지음
현인철·서용선 옮김 | 304쪽 | 값 15,000원

혁신교육 존 듀이에게 묻다
서용선 지음 | 292쪽 | 값 14,000원

다시 읽는 조선 교육사
이만규 지음 | 750쪽 | 값 33,000원

대한민국 교육혁명
교육혁명공동행동 연구위원회 지음 | 224쪽 | 값 12,000원

한국교육연구네트워크 번역 총서

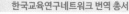

01 프레이리와 교육
존 엘리아스 지음 | 한국교육연구네트워크 옮김
276쪽 | 값 14,000원

02 교육은 사회를 바꿀 수 있을까?
마이클 애플 지음 | 강희룡·김선우·박원순·이형빈 옮김
352쪽 | 값 16,000원

**03 비판적 페다고지는
세상을 변화시킬 수 있는가?**
Seewha Cho 지음 | 심성보·조시화 옮김 | 280쪽 | 값 14,000원

04 마이클 애플의 민주학교
마이클 애플·제임스 빈 엮음 | 강희룡 옮김 | 276쪽 | 값 14,000원

05 21세기 교육과 민주주의
넬 나딩스 지음 | 심성보 옮김 | 392쪽 | 값 18,000원

**06 세계교육개혁:
민영화 우선인가 공적 투자 강화인가?**
린다 달링-해먼드 외 지음 | 심성보 외 옮김 | 408쪽 | 값 21,000원

대한민국 교사, 어떻게 가르칠 것인가?
윤성관 지음 | 320쪽 | 값 15,000원

아이들을 어떻게 가르칠 것인가
사토 마나부 지음 | 박찬영 옮김 | 232쪽 | 값 13,000원

아이들의 배움은 어떻게 깊어지는가
이시이 준지 지음 | 방지현·이창희 옮김 | 200쪽 | 값 11,000원

모두를 위한 국제이해교육
한국국제이해교육학회 지음 | 364쪽 | 값 16,000원

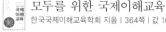
경쟁을 넘어 발달 교육으로
현광일 지음 | 288쪽 | 값 14,000원

독일 교육, 왜 강한가?
박성희 지음 | 324쪽 | 값 15,000원

핀란드 교육의 기적
한넬레 니에미 외 엮음 | 장수명 외 옮김 | 452쪽 | 값 23,000원

▶ 비고츠키 선집 시리즈
발달과 협력의 교육학 어떻게 읽을 것인가?

생각과 말
레프 세묘노비치 비고츠키 지음
배희철·김용호·D. 켈로그 옮김 | 690쪽 | 값 33,000원

성장과 분화
L.S. 비고츠키 지음 | 비고츠키 연구회 옮김
308쪽 | 값 15,000원

도구와 기호
비고츠키·루리야 지음 | 비고츠키 연구회 옮김
336쪽 | 값 16,000원

의식과 숙달
L.S 비고츠키 | 비고츠키 연구회 옮김
348쪽 | 값 17,000원

어린이 자기행동숙달의 역사와 발달 I
L.S. 비고츠키 지음 | 비고츠키 연구회 옮김
564쪽 | 값 28,000원

관계의 교육학, 비고츠키
진보교육연구소 비고츠키교육학실천연구모임 지음
300쪽 | 값 15,000원

어린이 자기행동숙달의 역사와 발달 II
L.S. 비고츠키 지음 | 비고츠키 연구회 옮김
552쪽 | 값 28,000원

비고츠키 생각과 말 쉽게 읽기
진보교육연구소 비고츠키교육학실천연구모임 지음
316쪽 | 값 15,000원

어린이의 상상과 창조
L.S. 비고츠키 지음 | 비고츠키 연구회 옮김
280쪽 | 값 15,000원

비고츠키와 인지 발달의 비밀
A.R. 루리야 지음 | 배희철 옮김 | 280쪽 | 값 15,000원

연령과 위기
L.S. 비고츠키 지음 | 비고츠키 연구회 옮김
336쪽 | 값 17,000원

수업과 수업 사이
비고츠키 연구회 지음 | 196쪽 | 값 12,000원

분열과 사랑
L.S. 비고츠키 지음 | 비고츠키연구회 옮김
260쪽 | 값 16,000

▶ 창의적인 협력수업을 지향하는 삶이 있는 국어 교실
우리말 글을 배우며 세상을 배운다

중학교 국어 수업 어떻게 할 것인가?
김미경 지음 | 340쪽 | 값 15,000원

이야기 꽃 1
박용성 엮어 지음 | 276쪽 | 값 9,800원

토론의 숲에서 나를 만나다
명혜정 엮음 | 312쪽 | 값 15,000원

이야기 꽃 2
박용성 엮어 지음 | 294쪽 | 값 13,000원

토닥토닥 토론해요
명혜정·이명선·조선미 엮음 | 288쪽 | 값 15,000원

인문학의 숲을 거니는 토론 수업
순천국어교사모임 엮음 | 308쪽 | 값 15,000원

어린이와 시
오인태 지음 | 192쪽 | 값 12,000원

수업, 슬로리딩과 함께
박경숙·강슬기·김정욱·장소현·강민정·전혜림·이혜민 지음
268쪽 | 값 15,000원

▶ 평화샘 프로젝트 매뉴얼 시리즈
학교 폭력에 대한 근본적인 예방과 대책을 찾는다

학교 폭력 어떻게 만들어지는가
문재현 외 지음 | 300쪽 | 값 14,000원

아이들을 살리는 동네
문재현·신동명·김수동 지음 | 204쪽 | 값 10,000원

학교 폭력, 멈춰!
문재현 외 지음 | 348쪽 | 값 15,000원

평화! 행복한 학교의 시작
문재현 외 지음 | 252쪽 | 값 12,000원

왕따, 이렇게 해결할 수 있다
문재현 외 지음 | 236쪽 | 값 12,000원

마을에 배움의 길이 있다
문재현 지음 | 208쪽 | 값 10,000원

젊은 부모를 위한 백만 년의 육아 슬기
문재현 지음 | 248쪽 | 값 13,000원

별자리, 인류의 이야기 주머니
문재현·문한뫼 지음 | 444쪽 | 값 20,000원

▶ 4·16, 질문이 있는 교실 마주이야기
통합수업으로 혁신교육과정을 재구성하다!

통하는 공부
김태호·김형우·이경석·심우근·허진만 지음
324쪽 | 값 15,000원

내일 수업 어떻게 하지?
아이함께 지음 | 300쪽 | 값 15,000원
2015 세종도서 교양부문

인간 회복의 교육
성래운 지음 | 260쪽 | 값 13,000원

교과서 너머 교육과정 마주하기
이윤미 외 지음 | 368쪽 | 값 17,000원

수업 고수들 수업·교육과정·평가를 말하다
박현숙 외 지음 | 368쪽 | 값 17,000원

도덕 수업, 책으로 묻고 윤리로 답하다
울산도덕교사모임 지음 | 320쪽 | 값 15,000원

체육 교사, 수업을 말하다
전용진 지음 | 304쪽 | 값 15,000원

교실을 위한 프레이리
아이러 쇼어 엮음 | 사람대사람 옮김 | 412쪽 | 값 18,000원

마을교육공동체란 무엇인가?
서용선 외 지음 | 360쪽 | 값 17,000원

학교생활기록부를 디자인하라
박용성 지음 | 268쪽 | 값 14,000원

교사, 학교를 바꾸다
정진화 지음 | 372쪽 | 값 17,000원

함께 배움
학생 주도 배움 중심 수업 이렇게 한다
니시카와 준 지음 | 백경석 옮김 | 280쪽 | 값 15,000원

공교육은 왜?
홍섭근 지음 | 352쪽 | 값 16,000원

자기혁신과 공동의 성장을 위한
교사들의 필리버스터
윤양수·원종희·장군·조경삼 지음 | 280쪽 | 값 14,000원

함께 배움 이렇게 시작한다
니시카와 준 지음 | 백경석 옮김 | 196쪽 | 값 12,000원

함께 배움 교사의 말하기
니시카와 준 지음 | 백경석 옮김 | 188쪽 | 값 12,000원

미래교육의 열쇠, 창의적 문화교육
심광현·노명우·강정석 지음 | 368쪽 | 값 16,000원

주제통합수업, 아이들을 수업의 주인공으로!
이윤미 외 지음 | 392쪽 | 값 17,000원

수업과 교육의 지평을 확장하는 수업 비평
윤양수 지음 | 316쪽 | 값 15,000원
2014 문화체육관광부 우수교양도서

교사, 선생이 되다
김태은 외 지음 | 260쪽 | 값 13,000원

교사의 전문성, 어떻게 만들어지나
국제교원노조연맹 보고서 | 김석규 옮김 392쪽 | 값 17,000원

수업의 정치
윤양수·원종희·장군 지음 | 280쪽 | 값 14,000원

학교협동조합,
현장체험학습과 마을교육공동체를 잇다
주수원 외 지음 | 296쪽 | 값 15,000원

거꾸로교실,
잠자는 아이들을 깨우는 수업의 비밀
이민경 지음 | 280쪽 | 값 14,000원

교사는 무엇으로 사는가
정은균 지음 | 292쪽 | 값 15,000원

마음의 힘을 기르는 감성수업
조선미 외 지음 | 300쪽 | 값 15,000원

작은 학교 아이들
지경준 엮음 | 376쪽 | 값 17,000원

감성 지휘자, 우리 선생님
박종국 지음 | 308쪽 | 값 15,000원

대한민국 입시혁명
참교육연구소 입시연구팀 지음 | 220쪽 | 값 12,000원

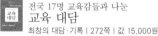
교사를 세우는 교육과정
박승열 지음 | 312쪽 | 값 15,000원

전국 17명 교육감들과 나눈
교육 대담
최창의 대담·기록 | 272쪽 | 값 15,000원

들뢰즈와 가타리를 통해
유아교육 읽기
리세롯 마리엣 올슨 지음 | 이연선 외 옮김 | 328쪽 | 값 17,000원

교육과정 통합, 어떻게 할 것인가?
성열관 외 지음 | 192쪽 | 값 13,000원

 학교 민주주의의 불한당들
정은균 지음 | 276쪽 | 값 14,000원

 동양사상에게 인공지능 시대를 묻다
홍승표 외 지음 | 260쪽 | 값 15,000원

 교육과정, 수업, 평가의 일체화
리사 카터 지음 | 박승열 외 옮김 | 196쪽 | 값 13,000원

 학교 혁신의 길, 아이들에게 묻다
남궁상운 외 지음 | 268쪽 | 값 15,000원

 학교를 개선하는 교장
지속가능한 학교 혁신을 위한 실천 전략
마이클 풀란 지음 | 서동연·정효준 옮김 | 216쪽 | 값 13,000원

 프레이리의 사상과 실천
사람대사람 지음 | 352쪽 | 값 18,000원

 공자뎐, 논어는 이것이다
유문상 지음 | 392쪽 | 값 18,000원

 혁신학교, 한국 교육의 미래를 열다
송순재 외 지음 | 608쪽 | 값 30,000원

 교사와 부모를 위한
발달교육이란 무엇인가?
현광일 지음 | 380쪽 | 값 18,000원

 페다고지를 위하여
프레네의 『페다고지 불변요소』 읽기
박찬영 지음 | 296쪽 | 값 15,000원

 교사, 이오덕에게 길을 묻다
이무완 지음 | 328쪽 | 값 15,000원

노자와 탈현대 문명
홍승표 지음 | 284쪽 | 값 15,000원

 낙오자 없는 스웨덴 교육
레이프 스트란드베리 지음 | 변광수 옮김 | 208쪽 | 값 13,000원

 선생님, 민주시민교육이 뭐예요?
염경미 지음 | 244쪽 | 값 15,000원

 끝나지 않은 마지막 수업
장석웅 지음 | 328쪽 | 값 20,000원

 어쩌다 혁신학교
유우석 외 지음 | 380쪽 | 값 17,000원

 대구, 박정희 패러다임을 넘다
세대열 엮음 | 292쪽 | 값 20,000원

 미래, 교육을 묻다
정광필 지음 | 232쪽 | 값 15,000원

 경기꿈의학교
진흥섭 외 지음 | 360쪽 | 값 17,000원

 대학, 협동조합으로 교육하라
박주희 외 지음 | 252쪽 | 값 15,000원

 학교를 말한다
이성우 지음 | 292쪽 | 값 15,000원

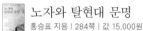

▶ 교과서 밖에서 만나는 역사 교실
상식이 통하는 살아 있는 역사를 만나다

 전봉준과 동학농민혁명
조광환 지음 | 336쪽 | 값 15,000원

 교과서 밖에서 배우는 역사 공부
정은교 지음 | 292쪽 | 값 14,000원

 남도의 기억을 걷다
노성태 지음 | 344쪽 | 값 14,000원

 팔만대장경도 모르면 빨래판이다
전병철 지음 | 360쪽 | 값 16,000원

 응답하라 한국사 1·2
김은석 지음 | 356쪽·368쪽 | 각권 값 15,000원

 빨래판도 잘 보면 팔만대장경이다
전병철 지음 | 360쪽 | 값 16,000원

 즐거운 국사수업 32강
김남선 지음 | 280쪽 | 값 11,000원

 영화는 역사다
강성률 지음 | 288쪽 | 값 13,000원

 즐거운 세계사 수업
김은석 지음 | 328쪽 | 값 13,000원

 친일 영화의 해부학
강성률 지음 | 264쪽 | 값 15,000원

강화도의 기억을 걷다
최보길 지음 | 276쪽 | 값 14,000원

광주의 기억을 걷다
노성태 지음 | 348쪽 | 값 15,000원

선생님도 궁금해하는 한국사의 비밀 20가지
김은석 지음 | 312쪽 | 값 15,000원

걸림돌
키르스텐 세룹-빌펠트 지음 | 문봉애 옮김
248쪽 | 값 13,000원

역사수업을 부탁해
열 사람의 한 걸음 지음 | 388쪽 | 값 18,000원

진실과 거짓, 인물 한국사
하성환 지음 | 400쪽 | 값 18,000원

한국 고대사의 비밀
김은석 지음 | 304쪽 | 값 13,000원

조선족 근현대 교육사
정미량 지음 | 320쪽 | 값 15,000원

다시 읽는 조선근대교육의 사상과 운동
윤건차 지음 | 이명실·심성보 옮김 | 516쪽 | 값 25,000원

음악과 함께 떠나는 세계의 혁명 이야기
조광환 지음 | 292쪽 | 값 15,000원

논쟁으로 보는 일본 근대교육의 역사
이명실 지음 | 324쪽 | 값 17,000원

다시, 독립의 기억을 걷다
노성태 지음 | 320쪽 | 값 16,000원

▶ 더불어 사는 정의로운 세상을 여는 인문사회과학
사람의 존엄과 평등의 가치를 배운다

밥상혁명
강양구·강이현 지음 | 298쪽 | 값 13,800원

도덕 교과서 무엇이 문제인가?
김대용 지음 | 272쪽 | 값 14,000원

자율주의와 진보교육
조엘 스프링 지음 | 심성보 옮김 | 320쪽 | 값 15,000원

민주화 이후의 공동체 교육
심성보 지음 | 392쪽 | 값 15,000원
2009 문화체육관광부 우수학술도서

갈등을 넘어 협력 사회로
이창언·오수길·유문종·신윤관 지음 | 280쪽 | 값 15,000원

동양사상과 마음교육
정재걸 외 지음 | 356쪽 | 값 16,000원
2015 세종도서 학술부문

교과서 밖에서 배우는 철학 공부
정은교 지음 | 280쪽 | 값 14,000원

교과서 밖에서 배우는 사회 공부
정은교 지음 | 304쪽 | 값 15,000원

교과서 밖에서 배우는 윤리 공부
정은교 지음 | 292쪽 | 값 15,000원

한글 혁명
김슬옹 지음 | 388쪽 | 값 18,000원

좌우지간 인권이다
안경환 지음 | 288쪽 | 값 13,000원

민주시민교육
심성보 지음 | 544쪽 | 값 25,000원

민주시민을 위한 도덕교육
심성보 지음 | 500쪽 | 값 25,000원
2015 세종도서 학술부문

교과서 밖에서 배우는 인문학 공부
정은교 지음 | 280쪽 | 값 13,000원

오래된 미래교육
정재걸 지음 | 392쪽 | 값 18,000원

대한민국 의료혁명
전국보건의료산업노동조합 엮음 | 548쪽 | 값 25,000원

교과서 밖에서 배우는 고전 공부
정은교 지음 | 288쪽 | 값 14,000원

전체 안의 전체 사고 속의 사고
김우창의 인문학을 읽다
현광일 지음 | 320쪽 | 값 15,000원

카스트로, 종교를 말하다
피델 카스트로·프레이 베토 대담 | 조세종 옮김
420쪽 | 값 21,000원

교사와 부모를 위한 비고츠키 교육학
카르포프 지음 | 실천교사번역팀 옮김 | 308쪽 | 값 15,000원

▶ 살림터 참교육 문예 시리즈
영혼이 있는 삶을 가르치는 온 선생님을 만나다!

 꽃보다 귀한 우리 아이는
조재도 지음 | 244쪽 | 값 12,000원

 선생님이 먼저 때렸는데요
강병철 지음 | 248쪽 | 값 12,000원

 성깔 있는 나무들
최은숙 지음 | 244쪽 | 값 12,000원

 서울 여자, 시골 선생님 되다
조경선 지음 | 252쪽 | 값 12,000원

 아이들에게 세상을 배웠네
명혜정 지음 | 240쪽 | 값 12,000원

 행복한 창의 교육
최창의 지음 | 328쪽 | 값 15,000원

 밥상에서 세상으로
김흥숙 지음 | 280쪽 | 값 13,000원

 북유럽 교육 기행
정애경 외 14인 지음 | 288쪽 | 값 14,000원

▶ 남북이 하나 되는 두물머리 평화교육
분단 극복을 위한 치열한 배움과 실천을 만나다

 10년 후 통일
정동영·지승호 지음 | 328쪽 | 값 15,000원

 선생님, 통일이 뭐예요?
정경호 지음 | 252쪽 | 값 13,000원

 분단시대의 통일교육
성래운 지음 | 428쪽 | 값 18,000원

 김창환 교수의 DMZ 지리 이야기
김창환 지음 | 264쪽 | 값 15,000원

▶ 출간 예정